京都大学史料叢書 20

晴豊公記

思文閣出版

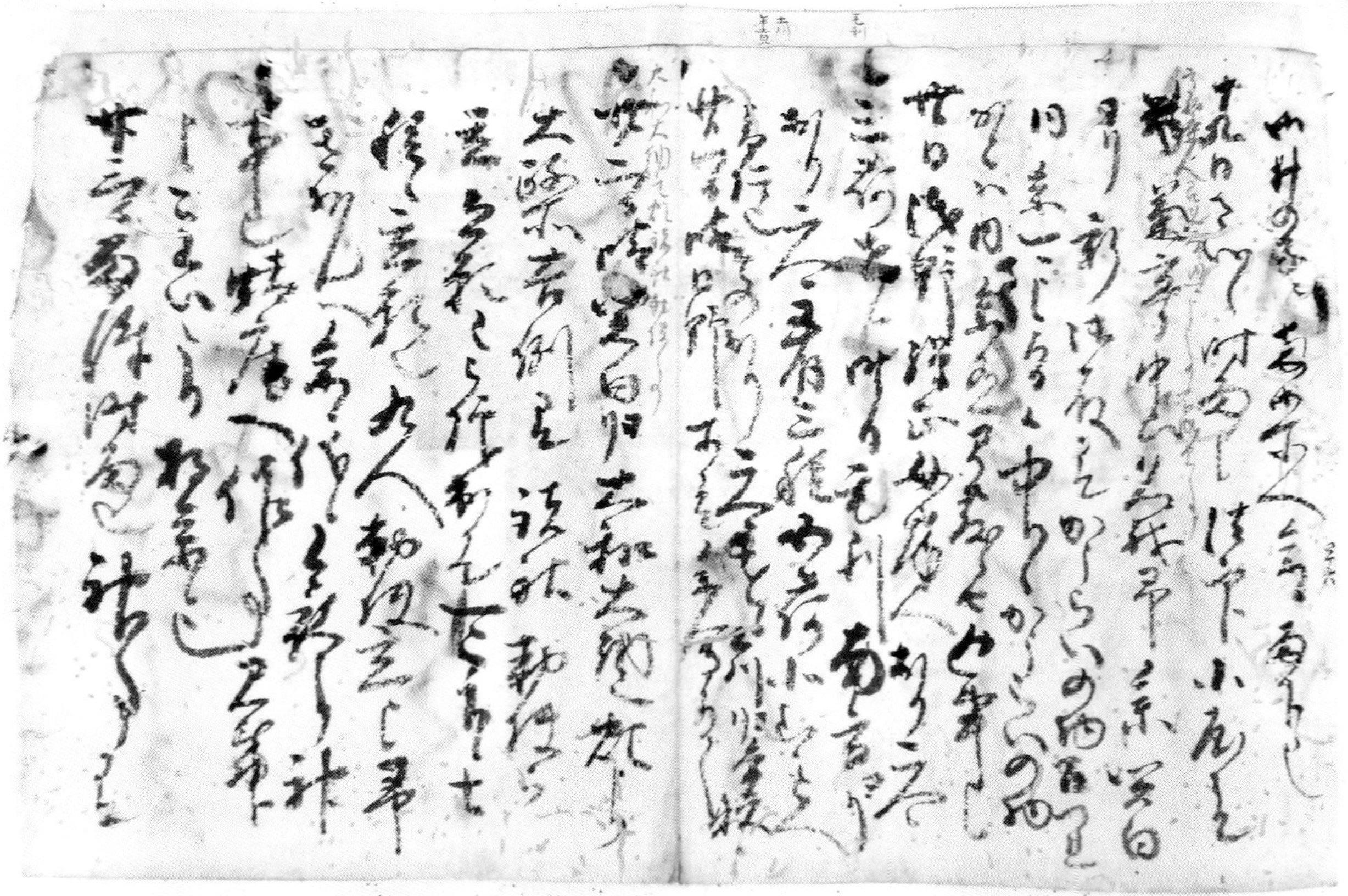

天正18年10月19日～22日条

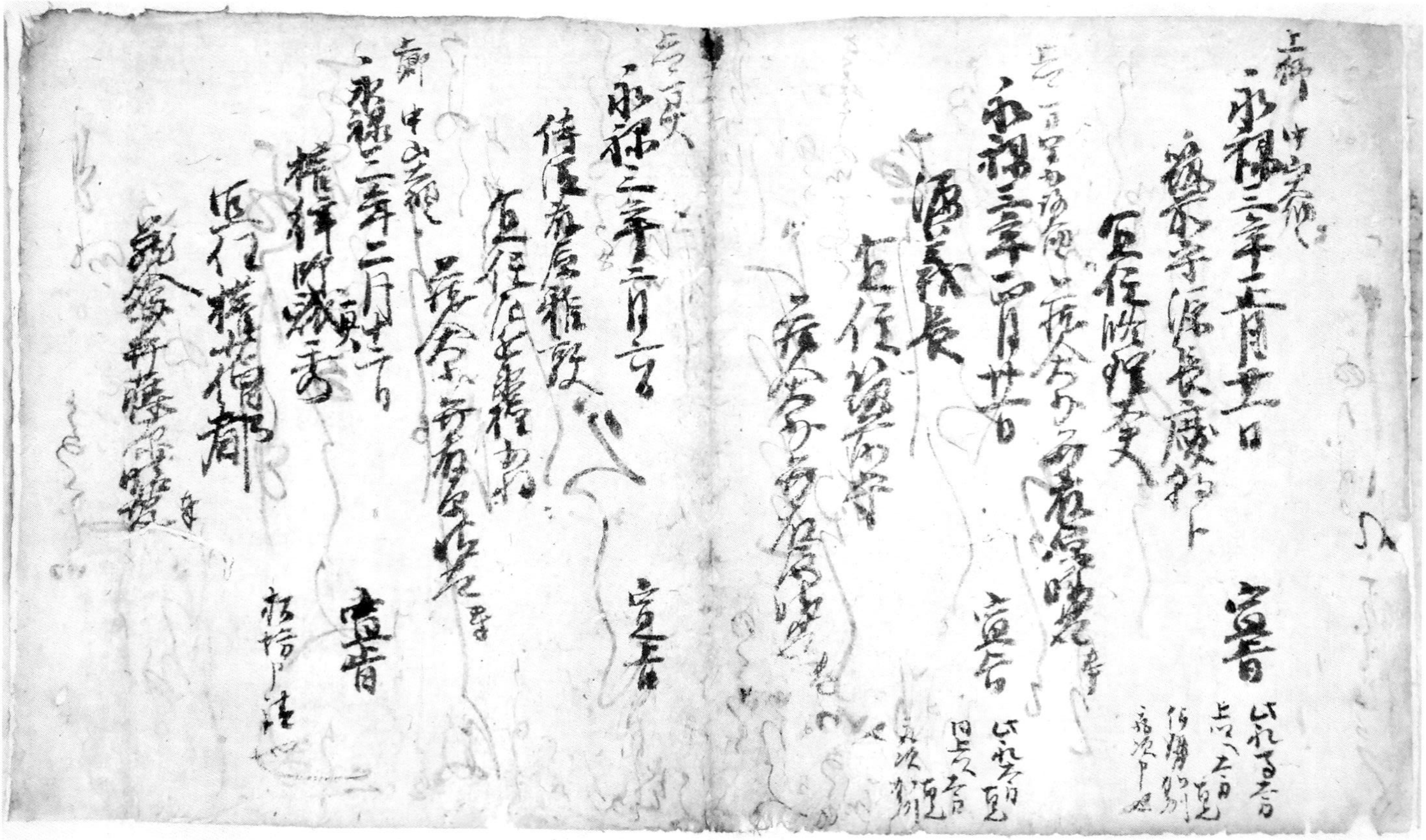

永禄2年～4年符案14-14～17

凡例

一、本書には、勧修寺家一五代当主、勧修寺晴豊（天文十三〈一五四四〉年生、慶長七〈一六〇二〉年没）の自筆日記と晴豊が作成した符案や記録（以下、符案等と記す）を収めた。

一、日記については、原本の各年表紙には「日々記」と記すが、本書の題名は記主の名を採って「晴豊公記」とした。また符案等についても、江戸期に巻子装に改変されたおりその外題に「晴豊公御記」と記されているものもあり、ここでは晴豊作成のものを「晴豊公記」とした。

一、日記については、京都大学総合博物館所蔵の勧修寺家文書に残されたものと、内閣文庫所蔵の原本を使用した。符案等は京都大学総合博物館所蔵の勧修寺家文書に残されたものである。

一、本日記は、天正六〈一五七八〉年より文禄三〈一五九四〉年まで一七年にわたるが、その間多くの欠失がある。一年を通して残されているのは天正十八年分のみである。

一、刊行にあたっては、努めて原本の体裁を残したが、日記の月・日付にはゴシック体を用いて明示した。

一、符案等は、多くは元袋綴であったものが、江戸時代に綴じを解き、数点を一巻に成巻されており、また成巻するにあたって錯簡が生じた部分もあり、本書収録にあたっては、訂正可能なものは改めた。また収録の口宣案・綸旨・書状案の冒頭に番号を付した。

一、字体は通用の文字を使用し、変体仮名は現行の平仮名に改めた。ただし、次に揭げる仮名・俗字・異体字は

残した。

江（え）茂（も）与（と）〆（シテ）哥（歌）帋（紙）躰（体）帋（紙）艮（銀）

一、校訂にあたって、本文中に読点、並列点を加えた。

一、日記原本の丁替わりおよび表裏を示すため、その箇所に」を付し、かつその丁数と表裏とを（1オ）のごとく表示した。

一、原本の欠損、判読不能の文字については、その字数が判明するものは、その数を□で示し、不明の場合は［　　］を用いた。また、原本では欠損し判読できない箇所も明治十九年に作成された東京大学史料編纂所所蔵の謄写本「晴豊公記」にみえるものは、□の右傍に【　】でその文字を記した。

一、原本に塗抹もしくは改変のある場合、もとの文字が判読できるときには、その文字を記したうえ、その箇所の左傍に〻を付し、上に記された文字のある場合には、その文字を右傍に記した。判読できないものは▨をもって示した。

一、原本には日記の内容を後年に摘記した朱注等があるが、翻刻にあたっては採らなかった。

一、編者が加えた注記は、（　）を施した。

一、欄外に、本文中の主要な事項・用語その他を標記した。

一、巻末には、符案等編年目録と人名索引とを付した。

目次

凡例

一 日々記 天正六年九月～十一月……三
二 日々記 天正七年正月～五月、六月、七月、十月……一二
三 日々記 天正八年六月……二五
四 日々記 天正十年正月～三月……二八
五 日々記 天正十年四月～六月……四六
六 日々記 天正十年十月……六四
七 日々記 天正十三年正月、二月……六九
八 日々記 天正十三年八月……七三
九 日々記 天正十八年正月～十二月……七五
一〇 日々記 天正十九年正月～三月……一二一
一一 日々記 天正十九年四月、五月、七月、八月、九月、十一月、十二月、
天正二十年正月……一四〇
一二 日々記 天正二十年正月、三月、五月、六月、七月、八月～十月……一五一

一三　日々記　文禄三年正月、七月、十月……一六三
一四　永禄二年～四年符案……一六八
一五　永禄二年～四年宣下・綸旨案文……一八六
一六　永禄四年御祈案文……一九五
一七　永禄七年宣下・綸旨案文……二〇〇
一八　永禄九年・十年符案……二一一
一九　永禄十年符案(一)……二一四
二〇　永禄十年符案(二)……二一九
二一　永禄十年符案(三)……二二四
二二　永禄十一年・元亀三年除服宣下符案……二二九
二三　元亀元年符案(一)……二三三
二四　元亀元年符案(二)……二三六
二五　元亀二年四方拝中沙汰……二三八
二六　元亀二年符案(一)……二四一
二七　元亀二年符案(二)……二四八
二八　元亀二年・三年神宮関係綸旨・宣旨案……二五六
二九　元亀二年・三年雑符・綸旨案……二六六
三〇　元亀三年五月符案……二六九

三一　元亀三年綸旨案・符案……二七一
三二　元亀三年大徳寺住持職申文留……二七七
三三　備前鳥取庄関係書状・女房奉書等留……二八一
三四　遊行上人関係留……二八九
三五　天正十一年大徳寺住持職入院関係文書……二九五
三六　天正十四年上杉景勝加級一件……三〇〇
三七　天正十四年徳川家康叙任一件……三〇四
三八　天正十五年八月八日徳川家康宛口宣案……三一五
三九　天正十六年武家公家成留……三一六
四〇　天正十七年・文禄四年禅師号下知案……三一八
四一　文禄二年禁中大閤御能・銀山御公用之請取案文……三三〇
四二　文禄五年八月十四日天寧寺禅師号事……三三三
四三　慶長三年・四年書状案……三三四
四四　慶長四年豊国大明神神号之記……三三九
四五　慶長五年・六年・七年書状案……三四〇
四六　慶長六年・七年書状案……三五〇

解題……三五
符案等編年目録
人名索引

晴豊公記

晴豊、本年三四歳、正三位権中納言

一　日々記　天正六年九月〜十一月

「(後補表紙)
九月十月
晴雲院贈内大臣晴豊公 于時中納言
天正六年
第一」

「(表紙)
日々記　(花押)(勧修寺晴豊)(花押)
天正六年九月七日
」(1オ)

○縦二六・一cm×横二〇・五cm

賀茂伝奏

大徳寺ト柳原地子相論

西庄年貢

北山能坂迎

(天正六年九月)
七日　天晴、今日賀茂伝奏被仰付候也、□【種】々斟酌申入候へ共、仰出候也、河内河□□□【島より】御たる(樽)進上、一折まきたい(鯛)五ツ、晴豊(勧修寺)茂同、大徳寺より柳原(淳光)ト地子事申分ニ使僧来候、指たるかきかへ也、西庄よりヒエキヒ(稗黍)年貢七石□【之】分内少渡也、
□【八】日　天晴、二条殿(晴良)御方(昭実)北山能御見物、さか(坂)迎江御返ニ参、同通(道カ)、庭田(重保)・同御方(重通)・正親町(実彦)、鴨社

務ニ□□□【百疋礼】」（2オ）

経師

【九】□日　天晴、経師仙丸鈴両種、同高橋、同なんしゆ、同釜人、両人礼者ト也、うたい（謡）事外有之、

賀茂神主

十日　天晴、小あこ若狭召候、賀茂神主参、同ちこにて御扇拝領、御ミマニテ指たる（樽）両種、【伝】□奏へ礼、梅津ホウセイクウ御方（誠仁親王）御所江【かき】□□（柿）一折、我等（勧修寺晴豊）鈴、

十一日　天晴、

十二日　同、

泉涌寺へイタテ取

十三日　同、晩降、今日泉涌寺へ御局衆イタテ」（2ウ）取ニ御出、大典（万里小路賢房女）・新大典（万里小路房子）・御阿茶々（勧修寺晴子）、其外女はう（房）衆、公家衆、庭田親子（重保・重通）・甘露寺（経元）・中山（親綱）・ちやうしゆゐん・しやくせん院（積善院尊雅）・入道（勧修寺尹豊）・晴豊、事外ふり、新大典・御阿ちや〱御かへり、其外とうりう（逗留）也、寺のさ【うさ】□□無申斗候、遣迎院より鈴、

石風呂

十四日　天雨下、泉涌寺より帰申候、やかて石ロ風（風呂）ニ入、

松茸

十五日　天晴、松茸葉室（頼宣）より一コ、因幡女松たけ、今【日】□しやうき（将棋）の会、徳大寺（公維）・五辻（為仲）・庭田（重保）・阿せち・せんや・なんこウ・甘見物（甘露寺経元）、めし申候、今日大聖寺殿（恵仙尼）御日待、

麩焼

十六日　雨下、筆屋ふて（筆）一ツイ、大夫よりふのやき（麩焼）一折、典薬よひ、ちとのと（喉）はれ（腫）くすり（薬）をふき

申候、」(3オ)

伊勢神領ノ綸旨

十七日　天雨降、今朝祭主(藤波慶忠)より一かモチトヒホ(餅)まつりトありて□【御】神(供)共来候、伊勢神領之綸旨申入候て、甘遣し候、いまた案文也、書出葉室ニ可申候由甘露寺被申候也、

村井貞勝へ鴨祝職事ニテ行

十八日　天晴、今日村井(貞勝)所へ鴨祝職事ニ御使参候、近衛(前久)殿参、

川島大水

十九(日脱)　天晴、中務大夫祝礼、先二十疋、しやうてん(昇殿)、供僧中よりかき(柿)・ひけ二、小野長かきひけ二、今夜川島御料所中申事、川島大水に相なかれゆへ、別所江相移、相残へき衆申事也、」(3ウ)相移衆百疋、相残へき衆□【三】百疋、今日一日申事有之也、

川島申事

廿日　天晴、今朝川島来候、申事有之候、御方(誠仁親王)所(御脱)へも早々参候也、村井新衛門(宗信)江かきひけ二遣候、大夫よりモチ来、さぬき松茸、同かうつけ松茸十本、立本寺鈴持参、あこちゝ所へまつり也、

伊勢伝奏奏事始
鴨奏事
祝宣下

廿一日　天晴、今日伊勢伝奏徳大寺(公維)奏事始、同鴨奏事申候也、目録如此候、」(4オ)
則　内侍所参候也、祝　宣下書出者万里小路(充房)、
上卿　勧修寺中納言(晴豊)
天正六年九月廿一日　宣旨
従五位下鴨秀延
宜為鴨社祝

▨▨▨▨代官事▨河▨小島弥兵衛ニ申付▨▨▨」（4ウ）

鴨祝拝賀

廿三日　天晴、鴨祝（秀延）拝加（賀）、今日信長（織田）御上洛相のひ申候、

信長上洛

廿四日　天晴、今日信長上洛、御迎罷出也、立本寺へ甘同道申参也、則勅使上洛珍重候仰□【出】、村井申渡参也、川島事種々申事有之候、

北野詣
信長見舞ニ参ル
丹波ヨリ松茸

廿五日　天晴、晩雨降、夜中ニ北野参候、二十疋卅三火（燈）、能重遣候、信長見まい（舞）参也、あかやとひおり・くりのこもち（栗粉小餅）信長遣候也、鴨にてうし（牛）二疋やとひ、黒木はた取遣也、たんは（丹波）より松茸さかいのより給也、

廿六日　雨降、今日川島九人書状遣候、立入請文共出有之候、」（5オ）

信長陣立
鴨祝職ノ礼

廿七日　天晴、今日信長陣立、罷出御礼申候也、鴨祝職之礼来候、二か（荷）三色定、伝奏百疋、奏者五十疋有之候由、大夫ニ申候へハ、何もまへ〳〵の日記見可申候由候、入道（勧修寺尹豊）相おほへ候て申候キ、然共甘露寺へ相尋申候へハ、如此返事、

伝奏ヘノ礼

如仰只今者御供本望存候、仍鴨祝職伝奏へ御礼之事百疋之様候、一樽そひ申候、奏者之事ハしるし置候ハす候、定而五十□【疋】ハかりにて候へきと存候、此返事にて候、此外ハ」（5ウ）され事共にて候、造営之儀折帋鴨遣候、

廿八日　天晴、泉涌寺下草禁裏（正親町天皇）被仰出候、遣迎院夕方ニメシ被来候、

鵜

廿九日　天晴、祭主（藤波慶忠）う（鵜）つか（対）い見せられ、なマス、川原一さん、甘・中山・伯（白川雅朝）・庭田・甚七郎、

晦日　天晴、治部大夫晩名申候、せうゆゐん、

十月小

村井貞勝へ礼

信長河内ヨリ上洛

一日　天晴、今日礼村井（貞勝）所、一条（内基）殿・とうけゐん（曇花院聖秀）殿参候、たんは（丹波）の女房衆をは所鈴し《き》ろ（食籠）遣し候、夜四時長信（織田）長河内より上洛、

十阿弥生害

二日　天晴、今日十阿弥しやうかい（生害）、ほうきやうゐん（宝鏡院）殿」（6オ）知行取あけ被成候、御見物候てさしき（桟敷）にすな（砂）・さけ（酒）のあと有之により、近衛（前久）殿まて参、各罷帰申候也、

信長へ参ル

三日　天晴、村井所へ各行、則信長参候、明後日すまい（相撲）有之由候也、

四日　天晴、

信長相撲

京衆・近江衆相撲

五日　天晴、晩降、今日早天より信長すまう《まう》有、各いかにもきれい（綺麗）候て罷出候也、京中あふ（近）ミ（江）衆トあり、京衆七百程有之、同一人三番きり勝、其外ハ皆まけ、あふミとりすくり候、あふミ衆めし有之、【き】□りたい（桐台）の物ふちたか（縁高）きんき（金銀）んかす（数）をしらす候也、」（6ウ）

信長下向

六日　天晴、信長下向候也、

【七日】□□　天晴、夜中あこ八屋へ遣、二種二荷返、ちりめんちく五十疋、

八日　天晴、

虚空蔵詣

九日　天晴、今日こくてう（虚空蔵）参候、同道庭田（重保）、御い（亥）の子禁裏参候、

十日　天晴、夕かた治部大夫夕めし（飯）行、今日たゝ（畳）□□□【ミさす】、

十一日　天晴、

奈良西大寺

十二日、天晴、近衛殿御ふくろ（袋）より新藤（進藤）御使、なら（奈良）の西たい寺（西大寺）別当職事承候間、おもてむき（表向）申入られ候て可然候由申候、内儀ハ可申入候由申候、然ハ西なん（南）院五十疋、銀（脱有カ）まい（枚）の折かみ（紙）にて礼ニ被来候也、則御方御所（誠仁親王）へ申入候、」（7オ）大石《【ヲ】□ウイシ》二十疋礼来候也、

伏見殿知行ノ事ニ鴨造営ノ衆奉加帳

伏見殿（邦房親王）御知行事ニ鴨造営之衆ほうか（奉加）帳申入、鈴持参候、

十三日　天晴、今日御めかう《い》に立本寺四人やとハかし□□【申候】、□【河】島小次郎下申候、今晩御菊ニ

禁中当座

御当座□□【禁中】にて有之候、内々衆斗、藤中納言（高倉永相・永孝）父子、

十四日　天晴、

風呂
禁中日待

十五日　雨降、今日神光院風ロ（呂）入参候、今夜□□【禁中】御日待、

□□□【十六日】　天晴、治大夫ヨリ鈴来候、則新大典（万里小路房子）被参□【候】、

□【十】七日　天晴、」（7ウ）

十八日
　川島談合、庭田・甘《甘露寺経元》・入道申入候也　　川島談合
十九日　天晴、清和院指たる《樽》持被来候《勧修寺尹豊》、かてのこう寺《勘解由小路》なかれ仁五十疋、
廿日　天晴、茶うす《臼》ほらいさせ候、遣迎院被来候、せんにて酔申候也、　　茶臼
廿一日　天晴、立本よりとうしん《カ》持被来候、万五田□【上乗】□《道順》院・持明院《基孝》よひ申候、鴨祝三石礼渡
候也、
廿二日　天晴、水田御わひ事ニせい来候、きし《雉》一つかい、　　水田詫事
廿□【三】日　雨降、
廿四日　天晴、
廿五日　天晴、北野早天こくさう《虚空蔵》参、庭田・入道・中山《親綱》鈴三ケ《二ツい》、」(8オ)　　北野・虚空蔵詣
廿六日　天晴、」(8ウ)

(中欠)

四日《天正六年十一月》　天晴、今日午刻村井《貞勝》竹村被来候、仍我等《勧修寺晴豊》信長《織田》より被申候候子細候、来候由、庭田《重保》同前ニ被申候、庭田ハ信長へ見まい《舞》まいられ候、我等一人先竹村方参候、長州《村井貞勝》一人我等ニ披露申候へ之由候、其子細先度より被申候大坂あつかい《扱》の事、庭田・我等被申候とをりニ、只　　村井貞勝ヨリ呼出　大坂扱いノ事

大坂行
佐久間信盛ト会ウ
勅使

今今日大さか（坂）へ罷越、早々申可納候、子細共申聞され候、則八時罷越とひのもり（富ノ森）にとまり（泊）、五日ニ太（天）王寺へ越、佐久間（信盛）へ申候、さくま（佐久間）被申候とをり此おもて（表）ニ申付候て、大しやう（将）ニあひ候、此おもてよりハあつかい申候事なるましく候付、勅使俄御出」（9オ）なとそんち（存知）いたし候ハぬやうにて、ひらの（平野）へなりともこし候へのよし候て、六時よりまかり出、ひらのへ参候、路次きつかい（気遣）条々在之事候、五日ニ大さかへ甚十郎・豊後遣候て申候、十日帰

安芸ヘノ綸旨

申候、返事に大さか《あき》（安芸）へ申候へのよし候、則あきへの綸旨も遣申候、此間平野ゐ申候、十三日、玉作（玉造）江をしかけ（押し掛）参候、やかて帰申候、

信長様躰

則十五日信長様躰申候、御気遣候、十六日のほり申候、これよりあきへの勅使こしらへ在之也、」（9ウ）

（中欠）

地黄煎商買ノ綸旨

地黄煎商売《買》事、従往古十五人之外無之処、近年恣儀曲事次第也、如先規堅可申付旨可令下知典薬頭給之由者、依
天気言上如件、充房（万里小路）謹言、
天正六年四月五日　右少弁判（万里小路充房）

地黄煎商買綸旨紛失

進上　勧修寺中納言（晴豊）殿」（10オ）

就地黄煎商買事、先年被成綸旨候処紛失之由候之条、重而被成　綸旨候、然者諸国抜売等之儀如先々堅被申付可被全朝役之由被仰出旨、座中江可申付事肝要候也、

四月五日　判（勧修寺晴豊）

典薬頭殿」（10ウ）

（奥書）「右晴雲院贈内府晴豊公御記也、依恐破損令加修復畢、

寛文十二年十一月下旬

権中納言経慶（勧修寺）（朱印）

」

晴豊、本年三五歳、正三位権中納言

二　日々記　天正七年正月～五月、六月、七月、十月

（後補表紙）「日々記」

（表紙）「
日々記　天正七年
（勧修寺晴豊）（花押）」（1オ）

○縦二三・二cm×横一九・九cm

天正七年
（正月）一日、天晴、

禁裏御盃

二日、天晴、今夜御盃参、御コワコ（強供御）参、則御番、

村井貞勝へ礼

三日、天晴、今夜村井（貞勝）所へ礼、百疋、其外御所へ参候、御盃参候、

千秋万歳

四日、天晴、セスマサイ（千秋万歳）参候、
六日、天晴、てんほうりん（転法輪三条実綱）江始テ礼、女房衆（勧修寺晴豊室）同前行也、

智仁親王誕生
三毬打
虚空蔵参詣
正法寺ヨリ巻数等進上
三条実枝数寄
代官参
大雪

七日、天同、此あたり礼あるく也、御盃ニ参也、則御番、
八日、天同、若宮御方(智仁親王)御たい(誕)生也、
十五日、天晴、三毬打三本進上申候也、御盃ニ参也、
十八日、天同、三毬ニ不参候也、忘候、十三日コクサウ(虚空蔵)へ参詣申候、
廿四日、天同、八幡正法寺ヨリ御巻数・御茶、私(勧修寺晴豊)へも巻数」(2オ)・御茶三・タイ、今日三条(三条西実枝)
大納言スキ(数寄)御座候、
廿五日、天晴、今日竹内殿御成候、夕方ロ▨▨《メシニアン》(驢庵・半井光成)エ参候、遣迎院五十疋遣候、
廿六日、天同、今朝御代官参七人、薬師山科(言継)ヨリ相ふれ被申候へ共、故障申候、巳刻ヨリ事
外大雪、昼中山(親綱)所ニ而五父子(玉辻為仲・元仲)・外記(中原師廉カ)・我等(勧修寺晴豊)メシ有之、
廿七日、天晴、今日伯(白川雅朝)・万里(万里小路充房)・持明院(基孝)被来、雑談、
廿八日、天同、夕ハンニ庭田(重保)・持明院・坊城(東坊城盛長)・宗越被来候、横大路勘七郎扇一本持、礼来候、
廿九日、天同、午刻一条殿(内基)御女はう(房)衆御煩舞(見)参候、同入道殿(勧修寺尹豊)・中山夕かた坊城夕ハン有之、
庭田・入道殿・中山・予(勧修寺晴豊)参也、
卅日、天同、今日巳刻　竹音院鈴、経師備前鈴・つシマシヤク〳〵」(2ウ)

三条西実枝葬礼
火事
浄花院法談　伊勢観音寺寺領　黒日
浄花院法談
御忌明

二□(月)一日

一日、天晴、御盃参、御方之御所御番祗候申候、今夜御たむらいよひ申候、

二日、天同、今日三条(三条西実枝)サウレイ(葬礼)有之、ぬりこし(塗輿)中納言(三条西公国)、てんほうりん(転法輪三条実綱)なか(長柄)へ六丁、にないかけて廿一ちやうあり、丹後守(入見)申付出申候、二条殿(晴良)御見舞参候、

三日、天同、今夕駈庵(半井光成)より被申候へとも不参候也、今夜未刻ニ飛鳥井町ハイヤ所より火事、行也、

四日、天同、今夕駈庵より被申候へとも不参候也、浄花院法談参候、伊勢観音寺寺領之儀瀧(一益)川へ禁裏(正親町天皇)於(ママ)仰候様ト使僧来候、三十疋礼、黒日候間、明日可申入候、

五日、天同、浄花院法談参候、入道殿(勧修寺尹豊)・坊城(東坊城盛長)・善七郎・立卜・予(勧修寺晴豊)、無量寿院にてイレフロにて酒有之、

六日、天同、於庭田(重保)終日雑談申候、夕御汁有之、」(3オ)

七日、天晴、今朝御さんせうの代五石相渡、以上十石分也、小野之円蔵坊二十疋当春礼来候、

八日、天同、明日御いミあけ(忌明)のこしらへ申候、ほうせいたう百疋給候、御方御所(誠仁親王)へ御扇・杉原、

九日、雨降、今日御いミあけ、　禁裏御たる(樽)三か(荷)・コワイ・鳥子卅・御鯛三ツ、御方之御所

江鳥子二十たい（鯛）三ツ、新大典殿（万里小路房子）へ一か（荷）・鳥子十・たい三ツ、大典殿（万里小路賢房女）へ鈴ハチニコワイ・スルメ（鯣）、大御ちの人（万里小路秀房女）江鈴・コワイ・イカ五、女中へ鈴同、来候衆、庭田（重保・重通）父子・中山（親綱）・左馬助（土御門久脩）・持明院・大外記（中原師廉）・御局衆　新大典・ちよ中・大ちの人（万里小路秀房女）、若宮さま（和仁王）・三宮さま（良恕）・五宮殿（道勝）・あんせん殿・御ちの人たち・大聖寺殿（恵仙尼）衆、御局へクコもたせ申候、御出なき之ゆへ大せのすけ二か（荷）二色コワイ遺候□□二宮（空性）、」（3ウ）

御梅見

十日、天晴、こく所（御供）にて御梅見あり、参候、

北石蔵積ム

十一日、天同、今日北石蔵つむ也、村井（貞勝）より申付候て、村井より使にて申付候、祝着にて可有候由被申候、ゑんまん（円満）院殿御内の物礼来候、三色樽代、瀧川所円後遣候、観音之儀、今日内々外様御番ケンカイ（結改）也、予相ふれ（触）候也、石蔵之礼村井参候也、

内々外様御番結改

十二日、天晴、石蔵つミ申候也、法談参詣申候也、

十三日、天同今日大典殿江朝□（食カ）ニ参候、入たう（道）殿（勧修寺尹豊）者其御座敷にて入道殿御申候、明日十四日ニ武家江まへ〳〵法物とてゆきう経のそう衆被参候に進上申、伝奏之事也、明日信長（織田）御上洛候由申也、相不定候也、

明日信長上洛

十四日、天晴、今日さかい大くらかてのこう（勘解由小路）跡めたる□い十、駈庵へ親王（誠仁親王）御方ヨリ雁」（4オ）被遣之候、

誠仁親王北山へ
小御所ニテ謡
狂言
信長上洛
新千載集
カモシカの皮
信長ノ使
薬師七人参

十五日、天晴、今日ふしん《普請》とも申付候、
十六日、天同、北山御しの《忍》ひにてになひこし《担輿》にて親王御方被成、いまたくらきより、やはん《夜半》に御くわんきよ《還御》なり、御供四辻中納言《公遠》・中山宰相《親綱》・中院《通勝》・伯《白川雅朝》・万里小路《充房》・右《左》馬助五辻《元仲》、予くわとにて北山か、ミ石なと御見物也、くわとの衆・中山・中院・予、以上四人、
十七日、天同、月一段よく候て今夜小御所にて御うたい《謡》あり、予めしつかい候ふく山い介ト申候物、きやうけん《狂言》御見物させられたき由被仰、やはん《夜半》まて御うたいあり、信長当年始て上洛也、」(4ウ)
十八日、天同、信長《織田》当年始上洛也、四条のや茶湯座敷見物、入道殿・宗越、観音寺綸旨礼三百疋、
十九日、雨降、山科《言継》江新千載集カリ上下返申候、治部大夫ひた《飛騨》より上洛、みやけ《土産》ニにくのかわ《皮》持来候也、竹村米弐石かり申候也、弐石九斗返申候分也、
廿日、天同、とい《樋》水落申付候、信長御使、匂貝持参候、
廿一日、天同、薬師七人参候、持明院所にて予人数にてなくよは《呼》れめし《飯》あり、魚・もち《餅》給候、
夕雨降、
廿二日、

廿三日、雨降、甘(甘露寺経元)にて酔(酒カ)あり、
廿四日、雨降、
北野参詣
廿五日、天晴、今朝北野参詣、入道殿のうせう(能重)神前にて盃出申候、竹門江御とき(斎)参候也、」
(5オ)

三月

信長参洛
一日、□(夕)降、信長(織田)参洛一書にて申入候、御茶子出候也、
二日、天晴、今日村井専二所江礼、庭田(重保)卜参候、立本寺にて立より之予(勧修寺晴豊)にて酒出申候也、禁
裏しやうけんのちやうろう(長老)、同者法談被申候也、山科大納言(言継)モ参候て御盃出申候、相はて
罷出、薄所(諸光)にてハン有之、二口三口もちゐ(餅)、そのまゝ相はて申候、
信長へ礼
三日、天晴、信長礼ニ各罷出申候也、
四日、天晴、近衛殿(前久)新主(親王)(誠仁親王)御かたより御使参候、御煩舞(見)、御書被参候也、御煩候へとも御
くすり(薬)参候ハす候、その儀無勿躰との儀也、
信長出陣
五日、降雨少ゝ、信長出陣也、
六日、天晴、今夜禁中花下二条殿(晴良)御方(昭実)・せい(蜻)庵」(5ウ)御盃を　親王(誠仁親王)御方参候、則明日御返

可被申候由、二条殿・せい庵御申候て、
七日、天晴、小々所（小御所）今夜二条殿・せい庵御参、御盃参候、
八日、天同、午刻ヨリ上乗院（道順）御方御所様（誠仁親王）御成候、御供庭田父子（重保・重通）・持明院（基孝）・甘（甘露寺経元）・中山（親綱）・伯（白川雅朝）・中（通勝）院・左馬助（土御門久脩）・予参候、

一条殿茶湯

九日、天同、一条殿（内基）御茶湯参候、駈庵父子（半井光成・成信）・入道殿（勧修寺尹豊）・庭田・予参候、
十日、天同、観喜寺へ大聖殿（恵仙尼）御成候、予家中皆御供、

双六勝負

十一日、天同、予所双六勝負在之、うたい（謡）とも也、
十二日、天同、何方も罷出不申候也、

大徳寺公事

十三日、天同、大徳寺ヨリ同参一そく（束）一本、予二十疋、惣中より、ちやうらう（長老）よりさしたる（指樽）・まん（饅）・こふ（昆布）、これハ公事」（6オ）ありてめいしゆく私也、明日くらま（鞍馬）へ御かた所（御脱カ）御参、俄たい二ツ、晩よりこしらへ申候、夜中ニかけて、

誠仁親王鞍馬へ

十四日、天晴、早天よりくらまへ御かた御所御参、
十五日、天同、二条殿にて御慶事あり、虫気之由申入不参候、はんせつ所にて中山・伯物語申也、

庚申

かのへさる（庚申）も沈酔にて尋不申候也、
十六日、雨降、御所之衆又くらまへ御参之由候、

十七日、
十八日、
十九日、晩降、小々所にて御うたいあり、上乗院（道順）御申、
廿日、雨降、白屋朝より各よひ申候、」（6ウ）

誠仁親王御成

廿一日、天晴、今夜当番参候、てんほうりん（転法輪三条実綱）江御方御所与風夜中ニ御成也、

算置

廿二日、天同、今日さんおき（算置）来候、山田有介ト云、さかい（堺）の物也、我小判なおし候也、二本扇遣候、
廿三日、天晴、庭田こくさう（虚空蔵）参候、庭ヨリ鈴・コツケ（小漬）被持候、
廿四日、天同、

千本念仏

廿五日、天同、千本念仏参候、伯・万里（万里小路充房）・中御（中御門宣光）・土治部（土御門久脩）・善七大酒有之、則安楽光院打入申候、

花見

廿六日、晩降、大聖殿へも花見御供参候、
廿七日、雨降、何方へも罷出不申候、

信長ノ陣へ見舞

廿八日、天晴、泉涌寺衆五十疋被持来候、しやり□あかたへもち勧進可申談合也、」（7オ）
廿九日、天晴、明日陣江見舞人見下候、こしらへ申、甘ヨリ鈴被持光儀候、

卅日、天晴、信長江茶子、村井専次樽一か（荷）鯛二ツ、近衛殿茶子、孫八郎も下候、

四月

鴨河合事

一日、天晴、村井（貞勝）ニ礼、鴨河合之事、御使藤中（高倉永相）・伯（白川雅朝）両三人、則鴨前社務・当社務来候て様躰申候、二条殿（晴良）参候、沈酔申候、

信長ヨリ返事

二日、天同、信長（織田）ヨリ黒印返事有之也、御方御所（誠仁親王）きシ（雉）御ふるまい（振舞）也、

三日、降雨、中山（親綱）・中院（通勝）・僧都夕かたよひ申候也、」（7ウ）

四日、天晴、勝負ニ庭田父子（重保・重通）・あせちはんニ被来候、

女房舞禁裏へ

五日、天同、女はう（房）舞、禁裏参候、四番舞申、御扇拝領、予（勧修寺晴豊）持遣候、

信長ヨリ誠仁親王へ雉

六日、天同、信長《ヨリ御所》御方へきち（雉）廿参候、各くたされ、御盃参候、参候（ママ）

七日、天晴、

八日、天同、

積善院懺法

九日、天同、万里小路（充房）しやくせんゐん（積善院尊雅）せんほう（懺法）あり、参候、柳遣候、

十日、天晴、晩降候、

奏事始

十一日、雨降、今朝奏事始いたし、内侍所則参候也、

石蔵

穴太

坂迎
三十三間堂

賀茂競馬見物

信長帰陣

廿日、天晴、石蔵つき申候也、」（8オ）
廿一日、天同、石蔵、今日なら（奈良）へ御つほね女はうしゆ参候、
廿二日、天同、石蔵、
廿三日、天同、今日あなう（穴太）かへる也、
廿四日、天同、
廿五日、天同、むかいなら（奈良）へ人遣候也、
廿六日、天同、ならへさかむかい（坂迎）三十三間まて参候也、夜に入帰申候也、」（8ウ）

五月

一日、天晴、賀茂ケイハ（競馬）見物申候、神光にて夕ハンアリ、今日信長（織田）帰陣也、御盃参候也、
二日、天晴也、
三日、天晴、
四日、天晴、夕降、甘（甘露寺経元）ヨリサウハク（相博）、
五日、雨降、礼者共有之、かないへす（鈴）ゝ、大夫鈴、なんしゆ鈴、高橋鈴、せい春院鈴、松村鈴、御上鈴、大つかより柳ニ色、御方御所（誠仁親王）へ参、予（勧修寺晴豊）ニモ同さぬき扇三本、

高尾地蔵院跡目

六日、天晴、高尾ちさう《（地蔵）》院あとめ子あこおなし可申候由、村井《（貞勝）》ニつね川して申候、大覚寺《（尊信）》殿」（9オ）被仰候者、別儀有間敷由被申候間、

九日、雨降、大かく《（覚）》寺殿江人見参候、

十一日、雨降、せた・右近両人村井被遣候、村井他行にて罷帰、夕ハン申付候、両人ニ、

女房の文

十二日、村井申候、則女はう《（房）》の文取、村井明日遣候、さかの儀遣迎院被来候、あつかいにて相はて申候由、予次第ト被申候、落合つね川ヨリまへ〳〵すちめにて可承候由申也、

十三日、天晴、大覚寺殿御使ちさうゐん儀ニ、

十四日、雨降、

庚申

十五日、天晴、かのへさる《（庚申）》也、

十六日、天同、今夜当番也、」（9ウ）

大徳寺ヨリ五石借用

十七日、天晴、今日大徳寺北壁仕候五石借用申候へハ、銀子壱まい《（枚）》先かきかへ申候由被申、役者あんたう持来候、則さうめん《（素麺）》にて酔《（酒カ）》出候也、予あひ申候也、

十八日、雨降、

十九日、汁《雨降》、すん巡駅庵《（半井光成）》、庭せいあんそうちよ、

瓦上ケ

廿日、雨降、かわら《（瓦）》あけ申候、

浄土・法花ノ法文
北ノ塀ツク

廿一日、天晴、
廿二日、雨降、かなへと十良左衛門鈴持来候、せタノを（ママ）、
廿七日、浄土ト法花ト法文有之、法花負申候也、」（10オ）
廿八日、天晴、かさをとし申候、廿七日ニ北ノへイ（塀）ツケ申也、今日ハ法花ことにノへ申候、
廿九日、天晴、夕々立也、へイツクル也、

六月

大工

一日、天晴、へイ（塀）ツクル也、御盃参候也、
二日、雨降、
三日、天晴、大工ツカイ申候也、
四日、雨降、大工同、

七月

墓参リ

一日、天晴、はかまいり（墓）申候、御盃不参候、」（10ウ）
七日、雨降、クワクラン（霍乱）、御盃ニ不参　泉涌寺楽音院喝食両人ヨリ鈴、高橋鈴、

十八日、天晴、若宮《（和仁王）》さま御成、村井《（貞勝）》ヨリはしら《（柱）》七本かくれ申候、

和仁王御成
村井貞勝ヨリ柱七本

十月一日

十一日、夕降、今日高尾チサウイン《（地蔵院）》入室申させ候、タイ三か《（荷）》をされのはうより鈴出され候、此はう《（方）》より柳遣候由候、」（11オ）

三　日々記　天正八年六月

晴豊、本年三六歳、正三位権中納言、十二月二十二日叙従二位

「（後補表紙）
六月
晴雲院贈内大臣晴豊公于時中納言御記
天正八年
第二」

「（表紙）
天正八年六月
日々記
」（1オ）

○縦二五・一cm×横二〇・四cm

天正八年六月

一日　天晴、二条（誠仁親王）御盃参候、村井（貞勝）所御使ニ、紅花之公事ニ御使参候、晩　禁裏御盃参候、

村井所へ紅花公事ノ使

二日　天晴、

三日　晩夕立、

四日　昼夕立、かミ(髪)あらい申候、神事友盛・丹後守(人見)、くたし申候、

御霊・北野へ詣ル

五日　コリヤウ(御霊)・北野参候、

一身田内参

六日　天晴、伊勢身田門跡内(尭真)　参、僧正申入られ□(内)参之御礼帖十金参両、入道(勧修寺尹豊)帖十、壱両余、内(勧修寺晴豊)外」(2オ)奏者五十疋也、夕方近衛殿大納言(信基)二条之御所(誠仁親王)江御参、御見舞ニ一身田(専修寺尭真)ニそろすい(吸)物一こんにて見参申候、入道申入候、

祇園会

七日　天晴、きおん(祇園)のい(会)、長刀・かわはかま(皮袴)さぬきかり申候、

大友義統御礼

八日　天晴、一身田二条之御方(誠仁親王)御所参帖十金三両、若御局(勧修寺晴子)へ帖十二分、御地ニテ一盃被参候、今日大友(大友義統)ヨリ右兵衛佐御礼、友盛ヨリ銀子三枚禁裏(正親町天皇)、親王(誠仁親王)御方江二まい(枚)、書出広橋(兼勝)江一まい、余三枚、人見丹後守奏者ニ一枚、

九日　天晴、一身田ヨリタイ(鯛)・サシたる(指樽)到来候、」(2ウ)

因幡堂籠

□□(十日)　天晴、二条御所江たい・柳三か(荷)進□(上)申候、夜入御ハヤシ(囃子)有之也、女はう(房)衆(勧修寺晴豊室)いなはたう(因幡堂)に二夜三日こり(籠)申候、

十一日　天晴、あこ各いなはたう見舞也、」(3オ)

「右(奥書)准大臣従一位晴豊公御記、依恐破損裏打表紙等令沙汰之者也、

寛文十二年黄鐘

権中納言経（勧修寺経慶）（花押）（朱印）

」

天正八年六月

晴豊、本年三八歳、従二位権中納言、十二月二十七日任権大納言

四　日々記　天正十年正月〜三月

「（後補表紙）
正月　二月　三月

晴雲院儀同晴豊公于時権中納言御記

天正十年

第三」

「（表紙）
天正十年正月　日々記

春中分

権中納言（勧修寺晴豊）（花押）」（1オ）

○縦二七・二cm×横二一・八cm

禁裏御盃
村井貞勝へ礼

天正十年正月大

一日、天晴、今日二条（誠仁親王）御盃参、禁裏（正親町天皇）〇ヨリたる（樽）・たい（台）物、参也、御とをり以後、又【御】□盃参候、村井（貞勝）所へ百疋持礼申也、同道甘露（甘露寺経元）・藤中納言父子（高倉永相・高倉永孝）・□□【中山】父子（親綱・慶親）・万里小路（充房）・伯（白川雅朝）・極﨟（富小路秀直）、親王御方（誠仁親王）・

庚申

阿茶々産所
対屋産所

千秋万歳

節分方違
明智者年豆

宇喜多直家ヨリ銀運上

行幸ノ用意馬鞍ヲ禁裏ニ見セル

若宮（和仁王）さまニ上（正親町天皇）〈禁裏江〉成御、御盃□【過】、□【御】くわんきよ（還御）也、かのへさる（庚申）なり、

□□【二日】、雪降、甘露寺（経元・経遠）父子柳一荷二色、御阿茶〳〵（勧修寺晴子）御さんしよ（産所）に□□【て二】条之たい（対）の屋に御さんしよ也、旧冬九日也、光豊（勧修寺）女はう（房）衆御礼参也、今夜御盃祇候申候也、大すけ殿（万里小路賢房女）一か（荷）二色持参、

三日、天晴、二条御所御盃参候、二条殿（昭実）光豊召つれ□□□【参候御】、内記へめし、御扇被下候、今夜禁裏御盃参候、備□□□□【前より孫】四郎上候也、

□□□【四日雨】降、今日せ□□□【んすう】（千秋万歳）まんさいにしこう（祇候）□□□【不申候】、□□□□□【御阿茶〳〵候】」（2オ）□□□【御さん】所へ礼参候也、

□【節】分方違□【三】子□□□□□□□【ノ方吉方なり則】北ニ井上申者あり、ト あけち（明智光秀）者彼者□□□□【所へ余】（勧修寺晴豊）方違也、大すけ殿・御阿茶〳〵年まめ（豆）参候也、人見丹後守□□□【参候也】、近衛殿（前久）御たる二か（荷）二色進上申也、代々如此也、雨夜□【中】迄降□【也】、備前ウ喜多（宇喜多直家）ヨリ銀拾枚路銭壱まい（枚）うん（運）上申也、

□【五】日、天晴、今日二条之加番にて参也、留主礼者共有之、□【御】倉両人たるかれい（嘉例）、ゑほし（烏帽子）にて、すい（吸）物盃出申候也、

六日、天晴、御所〳〵御礼ニ出也、同道中山中納言（親綱）・伯・□□【万里】（万里小路充房）、親王御方上（禁裏）御成、御供参也、

□□【七日】、雨降、晩ヨリ晴、行幸之用意馬くら（鞍）こしらへ出来申候間、禁裏御目かけ申候、今夜御盃参、御こわこ（強供御）参候、御方御所（誠仁親王）御は□□【んせ】ん（配膳）申、御はんはいりやう（拝領）いたし候」（2ウ）

関白一条内基内参ヲ命ジラレル

姫宮忌明

久我季道大納言勅許

八日、天晴、今日しやう□【こ】うゐん(聖護院)殿内　参あるへき由候、御使御たる二か三種拝領申也、則
申次参候也、妙法院(常胤)殿御参、□【申】次也、はう〳〵(方々)よりのたる来候、へち(別)にかく也、
□【九】日、□【天】晴、今日二条御所当巳刻ヨリ参候、留主礼者共有之、
十日、天晴、明日関白時一条殿(内基)可内参有之由被仰、一□□□□□【か二色拝取(領)】也、二条にて申次可申候由
申入、　禁裏にてハ頭弁(万里小路充房)也、明日□□【ハひ】め宮御いミあけ(忌明)也、夜中まてこしらへ二条へ何もこ
しらへはこはし申候、多分夜明也、
十一□□【日晴】、今日御いミあけ、ないく〳〵(内々衆)しゆ十人はかり二条へめし也、余家中皆参候也、禁裏
へ御たるこ▨《鳥子》い廿五、まへ〳〵ハ卅也、□【ひ】めミや《御方》御いミあけめてたく二色二かまいられ候、
よく〳〵□□□□【御心候て】御ひろう(披露)候へく候、わた□【く】し(勧修寺晴豊)へも二色一かまい□□□□□【らせ候、心候て申】とて、
なかハし(長橋)(高倉永相女)殿□□□□□【御局へまいる】、晴□【豊】(勧修寺)雑賀より□□□□□□【下間少進(仲孝)安土】江本く□【わ】ん寺(本願寺・顕如光佐)より□□□□【使下向之】由□□□【申来候】
也、」(3オ)
十二日、天晴、泉涌寺□【衆】鈴□【六】つい代二□□□□【丁来、久我】(季通)大納言被申候、披露、則　勅許也、夕□□□【方二条】
□□□【御見ま】い参也、
十三日、天晴、今晩中山(親綱)江夕方入道殿(勧修寺尹豊)両人めしニまい□【り】、伯・五辻(為仲・元仲)父子・源中納言(庭田重通)・大炊御(経頼)
門、二条御会始明日也、うた(歌)御目かけ参也、夕方　禁裏当番参也、御前ニ而酔下□【さ】れ候、

【大】□たかを二条之御所江被参候也、

二条御会始
歌会ノ人数

【十】□四日、天晴、早天ニ馬にて二条参也、ひる《昼》御会はしめ、各しこう也、御人数 親王御方・若宮《和仁王》さま・聖護院殿《道澄》・飛鳥井父子《雅春・雅継》・【四辻】□□父子《公遠・季満》・大炊御門・久我大納言《季通》・藤中納言《高倉永相》・水無瀬父子《兼成・氏成》・持明院《基孝》・源中納言・余・広橋《兼勝》・坊城《東坊城盛長》・五辻父子・竹内《長治》・六条《有広》・西洞院《時慶》・【五】□条《為良》・極﨟《富小路秀直》・中山父子《親綱・慶親》・薄《諸光》、此分カ、かうし《講師》頭中将中山《慶親》、」(3ウ)とくし《読師》四辻大納言《公遠》、はせい《発声》飛鳥井大納言《雅春》、此祇候候也、

左毬打

十五日、天晴、今日余二条加番也、昼祇候申、 親王御方上御成、御供ニ罷上、御さか月《盃》、さきちやう《左毬打》過、又御番さかる也、さき【ちや】□□う三かとしん《進》上申也、さきちや三かとしん上いたし候、御心候て御ひろう《披露》候へく候、なかハし殿御局へ【参】□候、晴豊、

【十】□六日、雪少下、中山江とき参也、

禅師号
禅師ノ礼

【十七】□□日、雪下、大徳寺ヨリ内参也、禅師号申入られ候、ちやうろう《長老》当しゆ也、かれい《嘉例》の御れい一そく《束》一本也、禅師の礼大たか《高》・かうはこ《香箱》、又いうん《怡雲宗悦》も同前ニ参候也、まき《巻》物一ツ御進上也、村井新右衛門《宗信》ちそう《馳走》にて禅師相調申也、今日是も来候也、うんとん《饂飩》・すい物・つい《衝》かさね《重》二ツ出申也、余上卿【壱】□石二斗、書出頭中将中山《慶親》也、同壱石二斗、てんそう《伝奏》【使】□二【斗】□也、

沈香

てん【そうに】□□□一そ【くに】□□」(4オ)沈香五両也、長橋局へも一そく・ちん五両也、い【うん】□□一そく

に千(線)香也、今夜中山(親綱)はんたい(番代)ニ祇候申候也、

左毬打

十八日、天晴、さきちやう(左毬打)ニ参也、大すけ殿にてかれいのあまさけある也、よすい(余酔)中〳〵無正躰也、

禁裏御会始

十九日、天晴、禁裏御会始也、祇候申也、雑賀より使明日来也、大かたこしらへ申つくる也、今日之かうし(講師)頭弁万里小路(充房)也、とくし(読師)四辻(公遠)也、はんせい(発声)(つ)飛鳥井大納言(雅春)、三条大納言(三条西公国)とくししかるへきよし甘露寺(経元)・余・中□□【山な】と存分也、

本願寺雑賀ヨリ年頭ノ礼

廿日、天晴、今日雑賀ヨリ御使者来候也、八木するか(矢木駿河守)ト□【申】者、年頭御礼、禁裏(正親町天皇)へ十合十荷代五石か銀子参、下間少進(仲孝)法橋御音信としてしそ五きん、少進馬太刀進上申也、長橋にて中ノ間にて一ツ被下候、下間たうにハ□□□□【古新大すけ】」(万里小路賢房女・万里小路房子)(4ウ)にも御けさん(見参)也、今夜者長橋ふあんない(不案内)に□□□□□□□【て御けさんなし、下】御所参候也、年頭大しに段子二ま《き》代銀子壱枚御音□【信】しう五斤、御あちや〳〵(勧修寺晴子)へもんせき(門跡)よりわた(綿)十は(把)、せうしん二百疋、大御ちの人(万里小路秀房女)わた五は、少しん二百疋、女はうしゆそうしや(奏者)(顕如光佐)へ百疋つゝ、少進御方御所様馬大刀代五百疋、余所にて少進・八木・寺内わかさ(若狭)来候、すい物二こんむしむき(蒸麦)、たい(台)の物、しち《き》ろう(食籠)にて見参申候、▨にて余門跡よりわた綿二わ、少進して音信二まいしろかね(白銀)、少しん三貫□【文】、八木百疋、寺内わかさ綿二わ也、

雑賀衆ヲ茶湯ニ呼ブ
名所見物
信長事外気色能

廿一日、天晴、雑賀衆茶ノ易（湯）ニよひ申候へ共、名所見物申度之由申候間、不及、

廿二日、天晴、下間少進御使罷上候、安土前右府（織田信長）□【事】外気色能候て罷上候□【間】、法橋当官也、法印□【三】」（5オ）被成候て可然候由余申（勧修寺晴豊）也、尤候仰也、則申聞也、□【主】事外したい（次第）也、これハおもて（表）むき（向）也、とてもの儀□□【法印】ノ由申請度候由、余ニおんミつ（隠密）にて申也、則庭田（重保）申候て書状取、

法印勅許

二条御所参候て申入、中山中納言親綱卿当番也、御談合也、くるしからすの申也、余おもてそのふん也、法印めしくたさるへき也、二条御所文取、禁裏申入候、然ハ法眼天正九年十二月八日日付、頭中将書出、上卿余、法印天正十年正月廿三日也、書出頭中弁也、□□【上卿】源大納言（庭田重保）也、

信長鶴進上

今夜信長（織田）より鷹鳥鶴五ツ参申候、村井専二使也、余申経《つき》候て披露申入、長橋にて一く□【た】され候、それより二条参　勅書御談合候て持参、勅書出也、もたせつかわせ候、すんし（寸志）にまき物く□【た】」（5ウ）され候、

雑賀者下向

廿三日、今日雑賀物共下候也、みやけ（土産）給候、遣候也、少進にハ扇・すへしゝら（縅）、八木おひ（帯）一たけ、寺内若狭一そく・おひ一たけ、もんせきニ扇・いた（板）物、こうもん（興門・興正寺佐超）ニ扇、北御方（顕如光佐室）おひ一たけ、八□扇五本、芳春軒扇三本・馬をくりに遣也、人夫一人かわこ一ツかり申候也、つる（鶴）

今夜二条デ謡

二ツ二条御所・禁裏ヨ□【リ】被参候、今夜二条御うたい（謡）有、参也、たいの物進上申也、御室（任助）御所御供申也、

村井貞勝へ鶴
砂糖餅
新典侍事
長恨歌講尺
安土ヨリ当年十二月ニ閏アリ

廿四日、天《雨》下、雨中ノ間四辻《公遠》・甘・伯・極﨟おい《饗》申也、夜中まて酒也、各酒也沈酔、つる《鶴》一
ッ村井《貞勝》被遣候、
廿五日、天晴、梅津ほうせいとう《西堂》ちやうろう《長老》也、百疋・丹後《人見》十疋、毎年さたうもち《砂糖餅》にて盃出
申候、禁裏申」(6オ)次予《勧修寺晴豊》参候也、二条之加番祗候申也、村井つる礼来□【候】、
廿六日、天晴、今朝御局各あさめし《朝飯》申也、村井より藤中納言ト可来候由間、馬ニテ余一人参
候へハ新すけ《冷泉為益女》《典侍》殿御事　禁裏江御参あるへき様ニト談合也、中〱成候間敷候由申也、
廿七日、天晴、二条御所長恨歌御かうしやく《講尺》あり、水無瀬中納言《兼成》申也、
廿八日、天晴、一条殿御参、大酔也、時関白也、
廿九日、天晴、夜中大雨、二条之当也《番脱カ》、こゆミ《暦》の事、安土種々事有之、当年十二月壬有之由
申、せんさく《穿鑿》あり、
卅日、天晴、今日近衛殿御ふくろ《袋》・入江殿《昌隆尼》・まんちいゐん殿申入候也、二条之加番ニ参也、
ひやうとんのちやうろう《長老》来候也、」(6ウ)

二月小

一日、天晴、今日心相煩、何方へも不出候也、さりなから　禁裏御盃□【に】ハ参也、

信長ヨリ鶴包丁

二日、天晴、今日信長(織田)より五ツ被参候つる御か丶り(鶴)にて高橋はうちやう(包丁)させられ、一ツくたされ候、高橋ニ御太刀拝領、すい物(吸)にて一ツくたされ候也、夕かた上﨟御局(花山院家輔養女)にて親王(誠仁親王)御方江御盃参也、

尾張ノ暦作

漢暦宣明暦

【三】□日、天晴、土御門治部大夫(久脩)あつち(安土)より罷上候、こゆミ(暦)当年十二月閏あるなきとの儀也、おわり(尾張)のこゆミつくり(暦作)壬あるよし申、さんたん(算段)あり、うちつき申さす候、ちふの大夫ニ小袖一かさね(重)・はかま(袴)・かたきぬ(肩衣)・しろかね(白銀)五まい(枚)被遣候、近衛殿(前久)よりめし候て、藤中納言(高倉永相)・余(勧修寺晴豊)・中山(親綱)・広橋(兼勝)参候也、こゆミの儀あつちにて種々有之、一書にて被申入候、その御使様躰中〳〵かきつくされす候、村井(貞勝)御方御所(誠仁親王)より匂ひかい十被遣候、余御使、余茶子もち(餅)遣候也

おわりの□こゆミつくりハくわんれき(漢暦)と申物にてつくる
両□【家】者ハせいめいれき(宣明暦)にてけんきやうさう(見行草)をつくり候て申也」(7オ)

閏月ナシト安土ニ返事

四日、天晴、近衛殿村井所へ藤中・中山・広橋・余こゆミの事御使参候、村井所にて道三(曲直瀬正盛)・けんさく(玄朔・曲直瀬正紹)さんたん申、さりとてハ壬なき由申、安土くたし申候、夜中罷帰候也、

五日、天晴、こゆミのさんたんはかりなり、▨両家とも壬なきとをり也、近衛殿参、又それより村井所参、道三・けんさく・在政(賀茂在昌)・久脩(土御門)各申分、十二月閏なき分也、藤中・中山・広橋・余御使也、

雑賀ニテ鈴木孫一、土橋年次ヲ打ツ

女房文

信濃半国ヲ信長手ニ入ル

馬血

御霊・北野詣

庭田へ盗人

六日、天晴、雑賀にて廿三日土橋(平次)を孫一(鈴木)打也、それにより門跡(顕如光佐)めいわく(迷惑)、ようしん(用心)申され候、信長人数を孫一申請也、門跡けいこ(警固)として野々村三十郎を被越申、見まいに袖岡(景久)をくたし申候、談合庭田にて申也、両御所より女房文出也、

七日、晩雨下、村井所へ藤中御使参也、しな(信濃)之国を半分信長手入之由村井申也、珍重候、被仰也、親王御方へ道三古今申入、御礼花ひん二ツ持せ進上」(7ウ)

八日、天晴、夜前降、今日雑賀袖岡見まい下申候、□□【竹内】殿へ女房衆(勧修寺晴豊室)・余参也、

九日、雨少降、馬ち(血)を取、二条当中山さうはく(相博)申也、

十日、天晴、明日内侍所参、夜部より神事也、何方へも不罷出、村井ヨリ以立佐(立入宗継)辻ノおほいいたすへき由被申候也、

十一日、天晴、内侍所参也、それより五りやう(御霊)・北野参也、北野にて目代(昭世)召出候也、能重正月廿三日ニすき候間、目代をよひ出、御はつお(初穂)参、卅三灯被参也、しやう〳〵に御みき(神酒)もたせ候也、松木源大夫百度申、よひ出一ツ御みきのませ候へハ、かんなへ(燗鍋)もちて礼来也、それより二条之御番ニ参候、□【中】山代也、若局(勧修寺晴子)各ゆきうきやうへ被参候、さかむかい(坂迎)藤中なこ□【ん】・甘露寺(経元)・余申也、大さけ(酒)也、あすかい(飛鳥井雅春)・はうしやう(坊城盛長)・五せう(五条為良)当番也、今夜庭田へしのひ入、せんさへもん馬引ニ入候、則き丶つけおいつめうち申候也、村井内はんとり六兵

盗人穿鑿
和仁王煩
今夜天あかく
和仁王ノ煩能五宮・姫宮、若宮煩ノタメ余所へ御成
方違
雑賀ヨリ使者
本願寺北方ヨリ預物

衛者也、然者」（8オ）六兵衛つかいに大はらへ遣候をころし候由中かけ候、何とはて申候ハんや、これハけふ《今日》十二日之せんさく《穿鑿》也、
十二日、夕方雨下、夜前のぬす人《盗人》せんさく《穿鑿》あり、いまた様躰相聞申さす候、
十三日、雨晴、安楽光院しゅんせう十四日ニ可来候由申候、然ハ入道殿《勧修寺尹豊》・庭田・伯《白川雅朝》可申旨申来候、広橋代二条宿御番参候也、
十四日、天晴、二条より罷上候、夜部より若宮《和仁王》さま御煩なり、安楽光院へ入道殿・庭田・伯・あせち、夕ニ帰申候、あか月　若宮様御煩下参候、雪少下、今夜天あかく、雲こと〱しき事也、
十五日、天晴、二条祗候申也、若宮様御煩能候也、二条御番申也、
十六日、天晴、暮テより降也、二条ニ一昨日祗候申候、五の宮《道勝》・ひめ宮、若宮様御煩に余所御なり也、今夜方違行、二条より罷出也、立ト上洛来候由申候、
十七日、雨下、藤右衛門督《高倉永孝》御代御番参也、
十八日、天晴、昼二条より罷上候、雑賀より使者来也、八木するか《矢木駿河》・寺内たくミ《内匠》両人より百疋、北方《顕如光佐室》□□【より】わた《綿》三わ《把》」（8ウ）いれむき《入麺》にて一ツのませ申候、北方よ□□□【りむし】ろ□【に】つゝミたる物一ツ、あつけ《預》をかれ候也、あつかり申也、返事、則被遣候也、信長より朱印雑賀被遣

地震

候、今朝五之の時分ちしん《地震》ゆる也、二条にて聞申也、

春日祭

十九日、天晴、春日祭、上卿からす丸《烏丸光宣》にて候へ共相煩、柳原《淳光》ニ相定候へハ、当月さんしよ《産所》のよし候て、其月なり申さす候、吉田《兼和》相尋被申候也、正親町《季秀》上卿也、からす丸かたらい也、

二条之御番さかり申也、

村井貞勝明日安土へ

廿日、天晴、二条之御番也、村井所へわたほうし《綿帽子》三ツ持候て、あす安土くたりのよしニて音信参候、

水無瀬歌

廿一日、天晴、水無瀬御うた二首詠進申也、今日者隙□□【有之】、

廿二日、昼降、うんさい《芸斎》くすり《薬》のミ申也、土御門《久脩》御礼之儀中山・広橋御使也、六位ニけき《御》たい《退》申、祗候すへき由被仰出候、中〳〵めいわく《迷惑》のよし申也、さためて五位ニて祗候可申候か、」（9オ）

廿三日、天晴、少相煩、何方へも不出、廿五日　禁裏《正親町天皇》御当座あそハし御ふれ、余加奉申也、

廿四日、天晴、二条之御所へ光豊《勧修寺》両人祗候申候、事成儀なし、

天神講
禁裏当座

廿五日、雨少降、竹内殿天神かう《講》に前内府《菊亭晴季》・光豊参候也、禁裏御当座祗候申、廿首、余二首、折花寄松恋、二条之御くわんきよ《還御》御供、則加番参候、

二条ニ和漢

廿六日、天晴、二条ニ和かん《漢》有之、うんさいへ山鳥遣也、立入卜斎ニきんかん《金柑》四本つかせ申

茶湯

一身田ヨリ進上
鯨桶
狗状

信濃信長ノ陣へノ勅使

和仁王湯掛

庚申

鳥合祇候
嵯峨角倉

也、なんせん茶湯よひ申、せいあん（蜻庵・尊悟）・入道殿事外沈酔也、
廿七日、雨少降、二条之御所参、伊勢一身田（専修寺尭真）より　禁裏へ三合三荷進上くしら（鯨）桶二ツ、親王御方江くしらの桶二ツ進上、余ニ鯨桶一ツ・狗状十帖・文箱一ツ、入道殿へ鯨桶一ツ・れうし（料紙）卅帖」（9ウ）
廿八日、天晴、村井所へ御使ニ信長陣立候由、しなの（信濃）へ御見舞として　勅使つかわさるへきか御談□【合】也、時分はからい可申候由候、近衛殿御ふくろ（袋）夕めし（飯）参候、せうし（状紙）一そく（束）・まりまかん・つる（鶴）一ツ御みや（土産）被参候也、
廿九日、天晴、二条之御当番参候、

三月大

一日、天晴、せいくわんし（誓願寺）御経参候、今日何方へも罷不出申□【候】、
二日、天晴、若宮（和仁王）さま御湯かけ（掛）にて参候、雑賀北ノ方（顕如光佐室）より文、はまあふり廿給候、返事遣候、
今夜かう神（庚申）也、
三日、天晴、鳥合祇候申也、礼者共有之、内物鈴、高橋鈴、衛士鈴、嵯峨すミくら（角倉）二十疋、小河弥二郎さか月（盃）一、二条御盃参候、下（二条御所）より御成、　禁裏御盃参候、

明智光秀信濃へ出陣
京童の言
信長陣立
八幡法楽、信長祈禱
茶湯
牛公事
上河島ヨリ九石参ル
八幡法楽、信長出陣祈禱
下御所千返御楽、信長陣祈禱
伊勢上人内参

四日、天晴、今日　明知（明智光秀）人数しなへ（信濃）ちり〳〵とこし候也、」（10オ）今度大事ノ陣之由申、各人数いかにもしほ〳〵したるていにてせうし（笑止）なるよし、京ハらへ（童）の言也、
五日、天晴、あか月（暁）信長（織田）陣立之由候、今晩親王（誠仁親王）御方二条へ御成、余（勧修寺晴豊）御供、則御番等祗候申候、八わた（幡）の御ほうらく（法楽）九日百首御うたあり、信長きたう（祈禱）也、余二首出ス也、
六日、天晴、早天ニ二条之御所より罷出、通仙（半井光成）へ夕方茶湯ニよはれ候、しちきろう（食籠）・鈴遣候、
七日、雨下、夕方晴、中山中納言（親綱）・入道殿（勧修寺尹豊）・古市入道宗超・高橋若狭しやうはん（相伴）申也、二条へ中山（親綱）・牧庵参也、
八日、天晴、近衛殿内府（信基）より明日之御法楽之御うた（歌）　禁裏（正親町天皇）懸御目候、余大覚寺殿（尊信）より牛公事薄（諸光）ト中分有之、甘露寺（経元）と二条参罷出、近衛殿（前久）詠草もち候て近衛殿参候也、上河島より十石之分九石被参候、」（10ウ）
九日、天晴、八幡御法楽うた進上申也、信長陣立御き□□（たう）百首也、下御所御番、村井（貞勝）陣へ御音信之物談合申、
十日、天晴、下御番昨日より祗候申也、小つけもたせ申入也、女房参候也、
十一日、天晴、下御所千返御楽有之、信長陣御きたう也、伊勢上人（慶光院清順）ひくにん（比丘尼）也、内参申、余申次なり、　禁裏へひき合（引）十てう・白かね壱まい（枚）、みきよ（御教）書十てう、御方御所（誠仁親王）杉原十て

信長甲斐入、村井貞勝注進

内侍所御楽

内侍所かめ詫事

村井貞勝ニ神楽警固ヲ求ム

高倉永相信長陣へ

う・かね一まい、余三種三荷、御あちや〳〵（勧修寺晴子）二か（荷）二種、下御所申次中山、千返かく（楽）のうちに信長甲州まて入、東国相見可申候、村井注進也、武田四郎（勝頼）三百斗にて上かうつけ（上野）（江）のき申候由也、首ちうもん（注文）のほり（上）申候、

十二日、夜中風あらく吹、一日あられ（霰）・雪降也、久敷シコイン不参候間、三種三荷持参申候、柳原（淳光）同道也、則」（11オ）御見参、種々御さけ出也、近衛殿御方御所御出時内府（信基）事外大酔申也、

十三日、天晴、明後日十五日、内侍所御楽有之也、万里小路頭弁充房奉行也、諸事役人ふれ共事届かね可有候間、余・中山可申付之由被仰出候間、各召候て申付候、大かた相済也、てうしんもつ（調進物）御下行也、夕方下御所参候、上へ（禁裏）御成候也、御供申也、内侍所かめ（亀）てうかん（勅勘）なり、その御わひ（詫）事申、余頼也、彼之儀夜中申入候也、

十四日、天晴明日御かくら（神楽）けいこ（警固）可被参候之由、村井所へ御使参也、藤中納言（高倉永相）信長陣所へ御使被下候、十八、九日比可然か談合、則両人可申候由、村井御けいこかたく申つけ可進候由也、陣へ之儀早々可然候由藤」（11ウ）中納言なと八年より申候間、わかき（若）しゅ可然候、被申候へ共、先其分也、かめ儀上臈御局（花山院家輔養女）へ申入候、長橋殿（高倉永相女）・持明院（基孝）・伯（白川雅朝）・余めし、かめ参候てもすく被参候事ハ成間敷候由、五辻（為仲）長橋被申候、此両人おさへ被申候しさい（子細）有之、す丶まいらせ事成ましきとのしさい（子細）ハ御ミかくら（神楽）にわ内侍所とちも別而神事をいたし、下たん

親所ニテ神事

別勅

内侍所神楽

万里小路充房信長陣へ

五宮・姫宮御帰

へおり不申候由被申候、かめハおやとろにて水もと《本》す〻成候間敷之由、五辻・長橋被申候、

両三人申ハ御わひ事申入候間、神事いたし候へと申つけ候間、おや所にて神事いたし候、内侍所にていたし候ハて成候ましきにハかきるましく候、内侍白関なともいつれも宿にて

神事の事候間、くるしかるましきかと申候、とかく別　勅にて可然候由申候、別　勅にてしこう《祗候》申候、かめす〻のつとうを古さいにさうてん《相伝》一人なり、」(12オ)

十五日、雨降、御かくらさたまるなり、ちよしん物わあり、下行、かくらしゆその外□【半】下行也、かめ別　勅めし出也、初まり時分雨晴也、半下行四貫五百疋程入、しんちよ物ニ二十貫ほと也、今度奉行万里小路也、はやくはしまり夜あけニ相はて、

十六日、雨降、陣へ万里さしくたさる〻へきよし也、

十七日、昼雨下、やいと《灸》二百する也、又百やいと、

十八日、雨降、夕晴、陣之様躰種々せつ《説》也、定相不聞也、御局・万里当年始御出、両人こし《輿》そへ参候、恒川五石横大路にて遣候、源内うちの物壱石遣候、

十九日、天晴、五の宮《道勝》・ひめ宮前月若宮御方出物させられ候ゆへ、五の宮・ひめ宮余所へ御成也、今日御帰也、大徳寺うんしか来り、越前十ケ年之」(12ウ)間いられ候ちや□【う】ろう《長老》さんちうの間、内参可申候由申来候、廿五日可然之由申候、やいと二百する也、

下御所ニテ清祓
楽人
万里小路充房信長陣へ使
武田勝頼等ノ首上ル
太神宮山口祭
舞人
馬血ヲ取ル
大徳寺和尚内参

廿日、天晴、明日下御所にて清祓、吉田(兼和)参候、ぬの三たん(反)・てんく(天狗)状(帖)かミ(紙)一そく(束)遣候也、玄世扇一本持礼来候、かく(楽)人つしま(対馬・多久益カ)鈴、かいのかミ(甲斐守・多久宗カ)両人来也、

廿一日、天晴、芸斎江ミやく(脈)、わた(綿)百目持候て参也、くすり(薬)けふより土用中のミ申候也、

廿二日、雨少降、晴、万里小路頭弁信長陣所甲州へ御使被越候、予馬道まて遣候、十一日うちとる(討取)とて武田四郎(武田勝頼)・同大郎(武田信勝)▨▨也・典厩(武田信豊)馬頭首三ツのほる也、下五りやう(御霊)まとのある所ニかけられ候、八時見物申候也、首三ツかけらるゝ也、典厩《てんきう》おち□【也】、廿七日 大神宮山口祭、上卿・奉行よりふれ(触)也、可上卿参候ていにより可参候由申候へハ甘露寺参候也、」(13オ)

廿三日、天晴、明日雑賀庭田(重保)より人被下、書状遣候也、とうけゐん(曇花院聖秀)殿へ月待、下御所御成候由候、相煩不参候也、舞人さぬき(讃岐・多忠宗)参宮申、馬かり申候間、予馬昨日より万里かし申候間、官務(小槻朝芳)かり候て遣候也、馬万里ゑち(愛知)川より返、

廿四日、天晴、御あちや〳〵よりこつけ(小漬)被持候、おかたより若上らうと申候物来候て、よこおちたて(帯刀)わきよりさひそく(催促)の事よしやあるへきよし被申、さいそくハまつ引可申候由申候、かうつけ(上野・多忠雄)祓のり・しきろう(食籠)・すゝ(鈴)、さぬき祓持来候、馬ノち(血)取申候、

廿五日、天晴、大徳寺和尚内参候也、禁裏(正親町天皇)江　《コタカヲリ》一、巻物一巻、下御所へ内少　《サイシュ》也、甘露大寺　《コセウ》納言(経元)ノ拝加也、見舞之衆源大納言(庭田重保)・柳大納言(柳原淳光)・藤中納言・予・中山・葉室弁(頼宣)・中御門(宣光)・

葉室・中御門（衍カ）・甘露寺（経元）へ　御《イシ》（闈司）」(13ウ)内にて可有之由□【被】申候、余・中山□【へ】、内外□□【申也】、其分也、ゑほしき（烏帽子着）一人・雑色二人遣候也、二種一荷甘遣候、

高橋若狭ニ包丁ヲサセル

廿六日、天晴、今日通仙《ロアン》（驢庵）（半井光成）也　夕食《ヨフ》、庭田大納言（重保）・坊城（東坊城盛長）・伯・芸斎也、鯉うんさい（芸斎）よりをくり候、則高橋若狭ニ　ハウチヤウ（包丁）させ申候也、大酒也、

神宮山口祭日時定

廿七日、天晴、神宮山口祭日時さため也、上卿甘露寺、奉行頭中将（中山慶親）煩ニより中御門右（左）少弁（宣光）奉行也、内宮外宮両社一同也、正親町（季秀カ）着陣也、さた（沙汰）□かきり中〳〵可申様無之候、見物之衆物ハらい（笑）也、余くわとう（裹頭）にて見物、同道柳（柳原淳光）・広（広橋兼勝）・藤中（高倉永相）也、陣過近衛殿御　フクロへ鯉近比見事なるを」(14オ)親王御方より被遣、御使参候也、

廿八日、雨降、風次（吹カ）、下御所御番源中納言（庭田重通）代参候、

興正寺秘ニ在洛

廿九日、天晴、下御所より罷出候、雑賀興正寺（佐超）此程上洛かくし候て今日下向候由、一そく・きん□□【らん】（金襴）一まき（巻）入被申、直候て給候、

方違失念

下ノ外様御番六度三度

卅日、天晴、夜前方違失念申候、今夜方違也、下ノ外様御番六度三度明日より成也、只々（今カ）下祗候いたし申入候也、村井所へ御使参候由被仰候也、村井所不参候、下御番外様六三と、

明日一日ヨリ加番六と三と也、」（14ウ）

「（奥書）右晴雲院贈内大臣晴豊公御記、禿破損惜如此加修復畢、

寛文十二暦十一月下旬

権中納言藤原経（勧修寺経慶）（花押）（朱印）」

晴豊、本年三八歳、従二位権中納言、十二月二十七日任権大納言

五　日々記　天正十年四月～六月

「日々記」（後補表紙）

○縦二七・〇cm×二一・五cm

四月一日小　天正十

下御所外様御番六三ニ成ル

一日、天晴、今日より下御所外様御番六三ニ成、御番きつくなる也、加番も三成《ト》也、下御所上（禁裏）へ御□、

二日、天晴、下（下御所）より上、朝食ニ牧庵・大藤よひ申候、夕方庭田大納言（重保）方へ蜻庵（尊悟）・芸斎・余（勧修寺晴豊）夕食、御方御所（誠仁親王）下へ御帰也、

下御所清祓

三日、天晴、よすいさん（余酔）〱也、下御所清祓吉田（兼和・兼治）父子参也、晩也、事外大儀なる儀也、とら（虎）の間にて社たん（壇）をかさり、まく（幕）にてれいす、神道一座のおこなひ、庭上にて机八御へい種々也、庭にてハ親子出也、存之外大儀也、馬太刀遣され候、本そん（尊）ハ」（1オ）なし、則本そんくわんちやう（勧請）申由候、夜中事也、土御門（久脩）陣より上洛、馬むかい遣候、

土御門久脩陣ヨリ上洛

為替

四日、天晴、中山（親綱）食被持、汁申付也、雑賀へ弥二郎くたし候、宮内法印（松井友閑）かわし（為替）の物請取ニ下

馬ニ草ナシ

中山慶親神宮奉行罷免

賀茂伝奏

土御門久脩公家成ノ御礼

松井友閑ニテ借リ物代物

候也、庭田よりも一人、御局・万里小路(充房)るす事、女はう(房)(勧修寺晴豊室)衆も参候」帰りニ食ふるまい(振舞)申、
四辻(公遠)へ鈴・しきろう(食籠)持、見舞也、
五日、天晴、馬ニ草なく候て、一日より草ニ付候、今日はり(針)をせす」相煩候心也、一九郎ニ
中、茶一ふく(服)のませはり出也、昨日頭中将(中山慶親)神宮奉行あけられ候由、只今親の物語也、
賀茂伝奏もあけ可申候由、未相不聞候、
六日、天晴、官務(小槻朝芳)より蕨三わ、参河之林泉寺　勅ヨリ今日信濃兵部所遣候也、
七日、天晴、下御所御番、左馬頭(五辻元仲)代、久脩(土御門)事申入候」(1ウ)
八日、天晴、下ヨリ早天出、甘露寺(経元)へ食よはれ候、只一人、事外沈酔申也、今日土御門久脩
公家成御礼可申入候、禁裏(正親町天皇)江小鷹・巻物一ツ、御方御所江引合・巻物一ツ、若宮様(和仁王)江杉原・
扇、御局かたへ三種二荷ツヽ、御礼申入候、中山・広橋(兼勝)、近衛殿(信輔)内付ヨリ御使也、此中相つ
かへ申候也、
九日、天晴、当番、下御所へ参候、信濃兵部ヨリ鈴送候、土御門上臈御局(花山院家輔養女)すゝし一つ被参候、
御取合共頼入尋候由候、御たる(樽)被遣候由候、
十日、雨降、大炊御門(経頼)食参候、入道殿(勧修寺尹豊)、中山中納言(親綱)下ヨリ罷上候、則　加番ニ又参候也、雑
賀ヨリ」(2オ)人のほり去々年あつかいの時ニ友感(松井友閑)にてかり申候代物、雑賀申候五十貫を

藤波慶忠神宮へ

庭田両人のほせ候、祭主（藤波慶忠）神宮参候、八日ニしやう〳〵遣候、ふのり（布海苔）・祓・かつ魚（鰹）二ツくれ候、
十一日、天晴、下御所より早天ニ退出申候、夕方長岡権佐陣より帰陣候条、よひ申候、柳原大納言（淳光）両人、

下御所御番ノ掟

十二日、天晴、下ノやふ（藪）かき申付、持明院持明院（基孝）・中山・牧庵・余三人して、泉涌寺楽音院鈴持来候、下ノ御所越後鈴持来候、下ノ御所御番の掟　打《ハリ》をかれ候、

禁裏へ村井貞勝茶壺進上

十三日、天晴、下御所参候、村井（貞勝）ヨリ藤中納言（高倉永相）・中山・」（2ウ）余ニ折紙□被出、下ノ御番をきて（掟）かたく申可付由、禁裏江村井茶《ツホ》　被参候、去年進上被申候あしく御座候由被申候、
今日箱出被見候、事外見事也、
十四日、天晴、昼雑賀上らく寺中将・竹村・庭田父子（重保・重通）よひ申候、大酔也、上らく寺ちきろう・たる、鈴・ちきろう竹村、
十五日、天晴、村井はりま（播磨）鈴・しやく〳〵・ちきろう・勅筆たいしやく三まい（枚）持候て参候、大さけ也、

万里小路充房帰洛

十六日、天晴、今朝より大聖寺（恵仙尼）御かつしき（喝食）御所た□（い）三ねん御仏事今日より有之候、万里小路陣より帰候、信長（織田）より銀五まい、城介殿（織田信忠）より馬被出候、

多賀参リ

十七日、夜明少降、女はう衆・あこ・前内府(勧修寺尹豊)御たか(多賀)へ参候也、あこ・女はうしゆかこ(駕籠)、入道(勧修寺尹豊)殿馬也、」(3オ) 鴨大夫鈴、御上人より鈴、

村井貞勝へ禁裏ヨリ懸香

十八日、天　村井所　禁裏ヨリ懸香卅被遣候、御使ニ参候、万里昼食有、

十九日、雨降、中山へ朝食有、夕方竹門有、晩ニおたかより返也、るす事大酔(酒カ)有之、

廿日、天晴、余酔けなり、

明日、勅使トシテ安土へ下ル

廿一日、天晴、明日安土へ下可申候用意申候、私ニ罷下申候へハ、則　勅使可下候由仰出也、

守山泊

廿二日、天晴、今日昼立、安土江　勅使下候、同道庭田大納言(重保)・甘露寺大納言(経元)・祭主同道被申候、今日もり山(守)まて也、もり山ニとまる、早天ニ安土へ、」(3ウ)

安土着

信長へノ進物

廿三日、天晴、早天ニ安土へ越候、おくまへぬし所宿也、友感所へ参、進物上、禁裏ヨリ信長へかけ(懸)香卅、親王(誠仁親王)御方よりたき(薫)物十、余おミなめしのすゝし・おひ(帯)一すち(筋)、ゆうかん(友感)へ百疋、おかゝへたひ(足袋)、うちのわか(若)上らう(臈)と申物のふなか(信長)へ出候物也、それにこあふき三本、せんし、むらいの子かけ袋十、信長へ庭田鷹ゆかけ(弓懸)一そく(足)、甘露寺白とうすん(緞子)一まき(巻)、祭主のしはらい・しゝら(縅)一たん(反)、ゆうかんへ庭田ゆかけ、廿五十疋、祭主五十疋、ゆうかん

誠仁親王へノ信長返事

にてそろ、大さけあり、親王御方返事出、それよりのほり申候、宿へかへり候へハ、お

守山へ戻ル

かゝよりたる給候、わか上ろう来り大さけ也、それすミ候てのほり、又もり山かへり、明日

早天立用意也、」(4オ)

上洛
下御所へ参

廿四日、天、早天よりのほり、せた《（瀬田）》にて甘露寺さけふるまい、それせゝかさき《（膳所崎）》にて小野之武部初て安土みなるこまい《（氷下魚）》ふるまう、それより上候、余下御所へすくニ参候也、

信長へ太政大臣カ関白カ将軍カ推任
安土へノ女房衆

廿五日、天晴、村井所へ参候、安土へ女はうしゆ御くたし候て、太政大臣か関白か将軍か御すいにん《（推任）》候て可然候よし被申候、その由申入候、

廿六日、天晴、下ノ御所晩に上へ被成、人くたし可有御談合也、大御ち人《（万里小路秀房女）》と大かたさた《（定）》まり申候、

安土への使、上﨟局・大御乳人

廿七日、天晴、村井所へ夕かた庭田・甘・中山・余・牧庵参候て談合申候、甘処へ上﨟の御つほね・大御ちの人二人、余あいそへ《（相添）》候てくたされ候て可然」(4ウ)よし被申候、その分ニ相さたまり申候也、

貴船へ参
下御所和漢

廿八日、天晴、木舟《（貴船）》へあこ・女はうしう衆・入道殿御参候、下御所ニ和漢御座候、来迎院《（舜甫明韶）》より一籠送候、

安土へノ路銭
御料所代官

廿九日、早天、下御所当番請取参候、水無瀬《（兼成）》中納言さうはく《（相博）》申也、上らう・大御ちの人安土くたりに御料所御代官衆御引かへ六人して八貫六十六つゝ也、申付候、余ニ路銭三石之分代物出候也、

五月小

明日安土下リ

一日、天晴、晩より大雨降、下御所御盃参候、明日安土下上らう《花山院家輔養女》・大御ち人《万里小路秀房女》、晩ニ　親王《誠仁親王》御方御成、則今夜　　《リンキヨ》、　禁裏御盃参候、　勅作五貝拝領いたし候、明日安土罷下候、御さしむしろ《差筵》□《に》て一くたさり、」（5オ）

安土下リ延期

二日、降晴、今日之安土くたり村井《貞勝》より大足《ママ》人足参候ハて相のひ候、明日ハ早天よりの分也、

安土下リ
勅使

三日、天晴、早天より上﨟の局・大御ちの人・余《勧修寺晴豊》、上らうハ、余勅使、おもてむき《表向》ニ上らうをそへられ、おもてむきにてハ成申さす候間、大御ちの人ハ御方《誠仁親王》の御所より、　両御所より御書、禁裏《正親町天皇》ヨリ御ふく《服》一重、　御方の御所よりかけ《懸》香廿ふろ《く脱》、立入入道路次まかなひしや、

草津ニテ昼休

草津にてひる《昼》のやすミする、

安土城へ

四日、天晴、晩より大雨、しろ《城》へ上らうのおさこ《佐五》・大御ちの人・あこ・おくニそへ、禁裏御ふく一重、御方《誠仁親王》御所よりかけ香その外進物共持あかり候、上らうヨリ」（5ウ）す、し一重、

信長へノ進物

大御ちよりゆしは、余御茶の子大なるを、やうひもち《求肥餅カ》・うちくり・山いも・あめ〱・ふのこさし、立入ゆかけ《弓懸》・少御茶の子、上らう・大御ちの人御出候へのよし候て、若君御座候、成水申、信長《織田》まかない候物所へ御出也、余友感《松井友閑》所へ参也、勅作五貝・もつく《海蘊》一おけ、

信長、森蘭ヲ
遣シ用件ヲ尋
ネル

こしやう《小姓》衆六七人ニ扇二本つゝ、うたあり、遣候、のふなかより御らん《森蘭》と申候こしやうも

将軍ニナサル

ちて、いかやうの御使のよし候、関東打はたされ珍重候間、将軍ニなさるへきよし申候へハ、又御らんもつて御書あかる也、長庵《(楠長諳)》御使にて上らう御局へ御目かゝり可申ふんなから、

信長ヘノ見参ヲ求ム

御返事申入候ハて、御目かゝり申候儀、いかゝにて御座候間、余に心へ可申候由、いかやうにも御けさん《(見参)》あるへく候由申候へハ、かさねて又御両御所へ返事」(6オ)被出候、長庵余五十疋遣候、おかゝに三十疋、若上らうおかゝ物に二十疋、

見参ナシ

五日、大雨降、今日も御け《さ》んいまたなし、なむきよりハ、御けさんあるへきよし被申候間、まち申候、はう〳〵より御きけんよくまいらせ候て、あすハ御けさんあるへく候よし候、

見参ヲ待ツ

六日、天晴、今日又上らうより文被遣候、せ《せ》ひとも御けさんあるへきよし候へハ、御けさんあるへきよし候て、まち申候、こん分候、やかて〳〵御けさん也、

夕方、信長申シ付ケノ舟ニテ上ル

それ夕かた舟三そう申付られ、六日のほり申候、上らうきぬ《(絹)》三ひき《(疋)》・みきよせう《(御教書)》一そく《(束)》・ゑちこ《(越後)》つゝき五たん《(反)》、大御ちの人へも同前、

夜舟ニテ大津着上洛

七日、天晴、よへ《(昨夜)》より夜舟にて大津へつき申候、坂本見物申候、大津にてひる《(昼)》のやすミ、それより」(6ウ)のほり申候、上らう局よりゑちこつゝき御すそわけ《(裾分)》と候て給候、いなか《(田舎)》一か《(荷)》・まきはむ《(鱧)》持候て御礼ニ参候、村井ニ安土よりの返事、鯉五ツ禁裏より下候、

八日、天晴、大御ちの人よりきぬ一ひきすそわけもち参候、しんしやく《(斟酌)》申候へ共、せひ給候、

若御局（勧修寺晴子）へかた〳〵参候、

今宮見物　九日、天晴、下御所当番ニ参候、あこみな〳〵いまミや（今宮）へけん（見）物也、

十日、天晴、早天ニ下より罷出候、大御ちの人かけかうのはくけんせいにをかせ候、もんちや也、大外記（中原師廉）所中山（親綱）よひ一ツくれ候、吉田三位（兼和）申、ト御所にて御盃進上候、めし候へ共不参候、」（7オ）

花立　十一日、天晴、下御所参候、花立候、夕かた罷出候也、

十二日、天晴、牧庵より鈴・諸白給候、晩より降也、

十三日、雨降、昼晴、せいほうゐん（盛法院・吉田浄慶）当年之御礼申入候、ふさよりしなの（信濃）へくたり御礼不申候、

御教書紙　余みきよし（御教書）よ一そく持来候、内侍所亀ふるまい（振舞）、持明院（基孝）・五辻父子（為仲・元仲）・中山・万里小路（充房）・伯（白川雅朝）・余大酒也、山さき法花寺よりたる（樽）持来候、水無瀬（兼成）寄進候、白地申事也、

嵯峨牛ノ公事　十四日、天晴、近衛殿（前久）鈴、女房衆もち参候、嵯峨牛の公事ニ河くほたる持来候、女はうしゆ（房衆）るす（留守）、坊城（東坊城盛長）入道（勧修寺尹豊）所こつつけ持来候、芸斎へ鈴二色遣候、」（7ウ）

貴船へ参　十五日、小雨降、夜部土御門治部（久脩）上洛、さかなみやけ（土産）也、明日木舟（貴船）参、しきろう（食籠）こしらへ申候、

十六日、雨降、御局（勧修寺晴子）・女はう衆・御ふく木舟参、昼晴、山形（光政カ）鈴、

十七日、天晴、うらかへ（ノ壁）入道ぬりなをし（塗直）、平野ニこほうし親類の者有、はちやかたへことわり申、ろあん（驢庵・半井光成）状・余状くたし申候へハ、下代それ聞相はて申候由、喧哢事也、その礼大たい（鯛カ）ツ（脱有カ）、戸庵へも五ツ持来候、

十八日、雨降、（驟）晩晴中山へ入道殿・土御門治部大夫・余朝食ニよはれ、昼下御所ニ南禅寺保長（有節瑞保）心経のコウシヤク（講尺）被申候、罷出通仙入道所ニ汁ふるまいあり、大酒《サケ》、」（8オ）庭田（重保）・五辻（為仲）・通仙（半井光成・成信）父子・靖庵（尊悟）・伯・余、

心経講尺

十九日、天晴、北向衆来候、早水あき（速水安芸・有益）山形賀（加賀・光政）・河端（通次）来候、申事有之也、土御門所夕方食有、女房衆近衛殿御ふくろ（袋）御出、入道殿・余それより坊城所にて大酒有也、藤田泉うたい（謡）也、沈酔也、

廿日、天晴、早天下御番ニ罷下候、若衆五六人食ふるまい申候、御つほね小野参、るす（留守）へ御出候、こつけ（小漬）申候、

小野参

廿一日、天晴、村井所へ広橋（兼勝）・余　勅使被遣候、子細者あんしゆとかうはと小西しゆ」（8ウ）と申事也、今日城介（織田信忠）・徳河（徳川家康）・あな山（穴山梅雪）上洛候由候、見物各参候、沙汰有入道殿御出候也、

申事ニ付、村井貞勝へ勅使

織田信忠・徳川家康・穴山梅雪上洛

廿二日、天晴、城介より　禁裏へさらし（晒）卅五たん・ひたぬの（飛騨布）十五たん・きぬしけなし卅たん、

織田信忠禁裏へ進上

御方の御所へも此分也、はした（端）にてのちにふしん（不審）ゆへいてきぬ六十ひき、ぬのを両御所へかたつけ可進候由、村井被申付候、村井心得にてこなたにて二ツニ分可進由候、余ニ被申候間、余二ツニわけ申候、御使ニ参候へハはや〱大酒にて先帰り申候、余ニ禁裏よりさらし一たん拝領いたし候、」（9オ）

禁裏ヨリ村井貞勝へ下賜

廿三日、天晴、早天より下まかりさかり候、村井所へ禁裏ヨリぬき一引、さらし一たん・越後つゝき被遣候、下御所より同前也、被遣候、城介殿へ禁裏ヨリ小鷹ニからにしき（唐錦）・勅作十貝被遣、余御使、下御所より甘露寺（経元）御書にて被遣候、甘露寺よりたか大々二すち、余も同前、みやけ（土産）也、をくりて被出候、御方御所よりきぬ一引拝領、

廿四日、晩降、下御所参候、東のへい（塀）なをし申候、つめ衆ニきぬ下御所より被下候、

曼殊院天神講

廿五日、雨降、竹門へ天神聞ニ参、入道殿・甘露寺・持明院・上乗院（道順）、下御所参候、城介殿十合」（9ウ）十荷、親王御方より可被参候御談合にて、つのたる（角樽）十荷いれ申候、いた竹此方のにて、

清水ニテ能

廿六日、雨降、今日十合十荷可遣候由候へ共、清水にて能有之、城介・徳河・あな山ニ城をくわんふるまい也、暮帰り也、明日之由候、下ニ御畨ニ参候、

誠仁親王、織田信忠ニ十合十荷送ル

廿七日、天晴、食過ニ御使ニ参、城介江十合十荷被遣候、村井ニ申渡、見参なく候、来光院

山崎法華寺ト水無瀬申事

よりひわ一籠来候、山嶋（崎）法花寺よりひわ一折、山崎法花寺事上﨟の御局もつて披露申候、水無瀬と申事也、寄進状　綸旨被成候、又可取之由懸申候事也、

下御所楊弓

廿八日、天晴、下御所御陽（楊）弓ニ四辻（公遠）同道にて参候也、

信長上洛

廿九日、雨降、信長上洛也、各あわたくち（粟田口）まてむかい」（10オ）に出也、むかい之衆無用之由候て帰申候、余ハ下御所御番也、青蓮院（尊朝）殿参候、御盃出候也、

六月

信長へ使　公家衆信長へ礼

西国手遣、四日出陣

十二月閏ノ事

一日、天晴、今日信長（織田）へ御使、甘露寺（経元）ト余（勧修寺晴豊）両人、　両御所ヨリ参候、其外公家衆各礼ニ被出候、則村井（貞勝）ニ申所ニ信長各見参候、音信共有間敷由候て各不出候、各出候て物語共、今度関東打はたし候物語共　被申候、又西国手つかい（遣）四日出陣可申候、手たて（立）さうさ（造作）あるましき事中〳〵聞事也、十二月閏の事申出、閏可有之由被申候、いわれさる事也、これ信長むり（無理）なる事候、各申事也、城介殿（織田信忠）余なと二条殿（昭実）・一条殿（内基）・九てう殿（九条兼孝）御出候、」（10ウ）見参なく候也、余それより二条御盃ニ参候、やかて罷出也、

明智光秀、信長ヲ本能寺ニ討ツ

二日、天晴、未余いね（寝）候て有之処ニ袖岡越中（景久）来り、明知（明智光秀）、本のう（能）寺法花寺也、信長いられ候所へ明知取懸やき（焼）打ニ申也、由申候、そのま丶出候て二条之御所へ可参ト候へハ、はや

二条御所取巻
誠仁親王逃ル

〱人数取まき入申事不成、各公家衆不成候、井上ト申者明知者（明智光秀）也、かれよせ衆也、輙参度由申候へ共、成間敷候由申候間、しはし（暫）立やすらい候へ共、成候て御所参候て此分申入候、城介ハ二条之御所□（二）　親王（誠仁親王）御方御座候、被参候、そのまゝ取つめ申候、村井のかれ（逃）候への由申、当番之衆御供申のかれ候、　若宮様（和仁王）・二宮様（空性）・」（11オ）五宮様（道勝）・　ひめ宮様・あ御茶々局（勧修寺晴子）、其外女房衆、公家飛鳥井父子（雅春・雅継）、庭田（重保）・藤中納言（高倉永相）・中山頭中将（慶親）・四辻中将（季満）・薄（諸光）・左馬頭（五辻元仲）・中御門弁（宣光）、柳原大納言淳光卿二日御番請取にて其朝被参候也、正親町中納言（季秀）参候て御供不申候て、跡のこり候て二ケ所手おひ（負）、あとよりのき申候、余存候河勝左近ト申者、余をたつね候て御供申のけ申候、ひるい（比類）もなき事也、誠のかれ候事あるましき事也、天道にて御座候由各申入候也、庭田・河端朝（通次）はせ参候て御供申、これきとく（奇特）とて御ほうひ（褒美）候也、城介被参候事各上にて不存候也、夕方」（11ウ）屋敷共見物、くひ（首）・しにん（死人）かす（数）かきりなし、

首・死人数知ラズ
禁中除ケモノ正躰ナシ

三日、天晴、物のけ種々さうせつ（雑説）共日記書へき隙なく、後かき申間、大かたなり、禁中者のけ（除）申、無正躰事也、

禁中小屋懸

四日、天晴、者共のけ、禁中小屋懸、弥々無正躰事也、

明智光秀安土へ

五日、雨降、さうせつ同前、のけ物小屋懸也、明知ハ安土越、未安土有之由申也、

吉田兼和、安土ノ明智所へ勅使

六日、雨降、のけ者数かきりなし、こや（小屋）共かけ事外也、吉田（兼和）めし、安土へ明知方へ　勅使也、

吉田兼和安土ヨリ上洛

明智光秀安土ヨリ吉田マテ来

明智光秀、禁裏へ銀子進上明智本陣

誠仁親王ヨリ銀子拝領

明日可罷下候由候、巻物被下候、各御談合共也、
七日、天晴、種々さうせつ事外也、近衛殿内府(信輔)御方御所(誠仁親王)へいていにて御参候、御樽御進上候也、御盃参候、加番参候、」(12オ)
八日、天晴、吉田右衛門督(兼和)安土より罷上候、かたしけなく存候由、一段明知御礼申入候、親王様のかせられ祝着申候、明知申入候、明日罷上御礼可申入之由候、小屋かけ無正躰、夜中ニ大雨降也、
九日、天晴、今日河内へ手遣候由候、吉田まて明知参候て、禁裏(正親町天皇)銀子五百まい(枚)を両御所江進上申候、披露、長橋(高倉永相女)もつて余披露申候、京頭之儀かたく申付候由候、文にて御礼被仰候、吉田鳥羽なんてん寺明知本陣也、そこへ吉田御礼被遣候、禁裏より銀子壱まい余拝領、各卅目つゝ也、小西衆十人二まい拝領、河端二条御所はやく参之由候て、別ニ一まいくだされ候、」(12ウ)
十日、天晴、者共のけいまた無正躰、夜中ニ　親王御方ヨリ銀子二まい拝領、入道殿(勧修寺尹豊)へ一まい、二条御所御供申者ニ二まいつゝ也、余ハ不御供申入候へ共二まい拝領也、
十一日、雨降、坊城(東坊城盛長)へふるまい(振舞)也、入道殿・通仙(半井光成)・烏丸(光宣)大さけ也、
十二日、天晴、世上さうせつ、のけ物小屋かけ同前也、

明智敗軍京中錯乱

十三日、雨降、早天ニ明知陣所はいくん《敗軍》、吉田まへ其外にけのき申者正躰もなき、京中さくらん《錯乱》、中〳〵申はかりなし、　禁中京中参候也、

織田信孝・羽柴秀吉上洛両人へ勅使

十四日、雨降、せうれん寺《勝龍》おもて打はたし、三七郎《織田信孝》・藤吉郎《羽柴秀吉》上洛候由候、余　勅使、両人御太刀拝領させられ候、広橋《兼勝》　親王御方ヨリ御使参候、御太刀同前也、たうのもり《藤森》まて参候て待申候、たうの林《森》にて申聞候、一段はや〳〵とかたしけなき由申候、」（13オ）両人の者馬よりおり申候、渡申候、上鳥羽やけけふり、しにん、雨ハふり、中〳〵めいわく申はかりなし、藤右衛門佐《高倉永孝》・万里小路《充房》・左馬頭《五辻元仲》つき候て出被申候、多人数かきりなし、

小屋共除ケ明智光秀首

十五日、天晴、はや〳〵小屋共のけ申候、明知くひ、勧修寺在所にて百姓取候て出申候、本能寺ニむくろ《骸》ト一所首おかれ候、見物衆数しらぬ也、首共を信長はてられ候跡ニならへ候、三千程有之由候、

近衛前久事

十六日、天晴、早天ニ宮内法印《松井友閑》上洛、友感事也、庭田大納言《重保》同道申候、まき三十は遣候、庭田ゆかけ《弓懸》遣候、見参にて、近衛殿《前久》御事せひとも存分可申候、かちやう《嘉定》御方御所内々衆めし候、余所にも各来候、」（13ウ）

斎藤利三京中渡ス

十七日、天晴、早天ニ斎藤蔵助《利三》ト申者明知者也、武者なる物也、かれなと信長打談合衆也、いけとられ《生捕》、車にて京中わたり申候、見物出也、事外見物也、京わらへ《童》とり〳〵申事也、

近衛前久嵯峨へ忍

あさましき事無申斗候、近衛殿(前久)入道殿嵯峨御忍候、打可申とて人数さか(嵯峨)へ越候、御ぬけ候、御方御所にても御きつかい也、見舞参候也、近衛殿今度ひきよ(引避)事外也、

十八日、天晴、世上種々さうせつ共有之也、

女ヲ人質ニ蔵ニ籠ル

十九日、天晴、余所にて万里・中山(親綱)各雑談申候、遣迎院江にけ入、下京より女を人しち(質)ニ取、蔵内はり候て有之也、蔵のうちニあつけ者、太刀・かたな(刀)共あまたあり、おひ候物ハ　禁中御あたりのよし申候て、其者かへり申候、はつとり五右衛門と申物也、いけ入たる」(14オ) 者村井さくへもん者也、小者定の者いんてつきト申候物也、種々申候へ共不出候、今夜ハ番をすへをく也、

廿日、天晴、雑賀より平井主水使ニ上候、御見舞門跡(顕如光佐)より千疋、五百疋、こうもん(興門)(興正寺佐超)より御方御所被参候、庭田両人二百疋つゝ、門主より給候、

本願寺父子仲直リ

預物焼ケル

廿一日、天晴、早天ニ友感江御使ニ参候、禁裏ヨリ勅作十貝被遣候、同道せいあん(蜻庵・尊悟)・庭田・中山・立佐(立入宗継)つれて参候、門跡父子(顕如光佐・教如光寿)中なをりの事申調候、雑賀より主水(平井)使ニ来り、北方(顕如光佐室)よりむしろ(莚)つゝミ壱つあつけられ候、渡申候、雑賀より二条之御所御あちや(勧修寺晴子)〳〵の御局へ北方よりあつけられやけ申候、さいか(雑賀)よりのほせ候てやかれ候、しらさる事也、主水におひ(帯)五すち(筋)遣候」(14ウ) りよ和寺のけんかう御方御所御樽進上候て小御所にて大酒也、大

土用入
妙香円

砂糖瓜

本願寺仲直リニ女房文

夜中大風

さけのミ也、八十歳はかり也、
廿二日、天晴、土用入、妙香円あか（閼伽）水にてのむ也、せい法印より来候、加例也、吉田来、ほしい（糒）ふるまう也、道三（曲直瀬正盛）ニ親王御方銀子五まい御かり返弁にて状、牧庵ト余遣候、今日さく也、法印よりさとうり（砂糖瓜）、　禁裏被参候、
廿三日、天晴、本願寺新門跡（教如光寿）ト父子之中なをり（直）に女はう（房）の文共出、庭田者、余所より袖岡越（景久）中、法印方（松井友閑）より梅かへ藤玄入道さしくたし申候、水無瀬中納言（兼成）・侍従（水無瀬氏成）両人を子兵へのかミ三七殿（織田信孝）へ出候て打へきとて八わた（幡）に有之を人数にて打そこなひ候、　禁裏よりめし」
（15オ）のほせられ候、柳原大納言淳光卿・伯（白川雅朝）参候、余代人見丹後守遣候、友感よりけいこ（警固）参候、夕方上洛事也、近衛殿（信輔）御かた御所へ　親王御方より銀子三まい被参候、御使持候て参候、
廿四日、天晴、何方へも今日不出、あつさ（暑）也、
廿五日、天晴、早天行水、天神おかむ也、各被来、一日雑談申也、泉涌寺より鈴、僧両人来、各トさけ有之候也、
廿六日、雨降、昼晴也、村井孫所へ　親王御方より御▨▨音信ニすゝし二たん（反）被遣候、御使余参候也、名をこほと云也、夕方庭田大納言（重保）迎、汁有、中山・伯・万里・右馬也、夜中ニ

小河地子事

友感書状

小西河端者知行ニ女房奉書

河端者未進米

織田信長ノ官位

院号定マラズ明智内弥平二親生捕リ

大風吹、こと〱しき事也、」(15ウ)

廿七日、雨降、昼過ニ晴、とんけい(曇花院聖秀)殿より樽・こわい(強飯)給候、友感遣候、事外気遣にて小河地子之事、千若かまいのふん申遣候へハ、安間事也、心安存候へ申付、別儀有間敷由候、まへ此折紙被出候、村井・法印(松井友閑)申候、きにあひ不申候て成かね候、砂糖瓜一籠・鱧百本到来候、友感より給候、　禁裏瓜進上申候、

急度以折紙申上候、小河之地子之事・嵯峨之事、何れも昨夕申上候て、御存分ニ申定候、今日急度被仰付候事候、若於▨如在者拙者方より可申付候、為其如此申上候、恐惶謹言、

十月廿日　　友閑(松井)宮内法印 判

進上勧修寺(晴豊)様□(人)々御中」(16オ)

廿八日、天晴、御ふくのしゆよひ申候、小西河端者知行、村井まきれられ候、禁裏ヨリ女房奉□(書)出まいらせ候すちめにて、今日仰出候、五六年代官衆あつかり申候、可取之由仰出候、小野松一寸ハ、廿間懸申候、七郷より二間つゝにてわひ申、一郷より二間先出申候、河端者未進米請取也、泉涌寺より信長三位中将ニ官官(位)しるし所望之由候間、此分しるし遣候

前右大臣(唐名右丞相)　正二位(特進)　三位中将(銀青光禄大夫　羽林中郎将)

院号未さたまり不申候、明知内弥平二親いけとり申候、

明智弥平女房
北向ノ姉

廿九日、少降、明知弥平二□(後カ)女房衆北向あね也、たんは(丹波)の」(16ウ)城にてのけ行さきにてからめとる也、女はうしゆ、さうさき左近ト申物藤吉郎(羽柴秀吉)者也、これかむさうにておくり申候、立花かつしとくうんと申物あひむこ也、余ひとつをきゝてかやういたし候、今夜先女はうしゆ此方へよひとり申候、まゝこ二人あり、そのおやこたつねあす渡へき也、さくのあふミ取物のを四貫ニ取申候、五十くちぬく也、三貫九百五十文、一段見事也、夕より事外降、

卅日、天晴《雨降》何方出申無事事なし、各被来候て雑談候、」(17オ)

晴豊、本年三八歳、従二位権中納言、十二月二十七日任権大納言

六　日々記　天正十年十月

「(後補表紙)
十月
晴雲院准大臣晴豊公于時権中納言御記
天正十年　第四」

「(表紙)
天正十年冬分日々記
権中納言(勧修寺晴豊)(花押)」(1オ)

○縦二四・三cm×横一九・八cm

十月大

二条屋敷返ス

一日、天晴、かうつけ(上野・多忠雄)鈴持来候、柳原(淳光)・伯(白川雅朝)・極﨟(富小路秀直)ふるまい(振舞)申候、二条殿(昭実)より二条屋敷返被参候、御使余(勧修寺晴豊)申候、其御礼ニ三種三荷被下候、御使わたト申者ニせいあん(蜻庵・尊悟)御出也、左馬頭(五辻元仲)来、しやく申、盃出申候、暮て事也、則御礼ニ参候て申入候也、　御盃ニ祗候申候、

大徳寺転経楽人下行米申分

二日、天晴、大徳てんきやう(転経)ニ楽人下行之事申分なり、楽人申分ハ光源院(足利義輝)殿御時銀子十五まい(枚)出候也、十人之内出候由」(2オ)申候、それハ参拾石分也、今度之儀銀子二千まい羽柴(秀吉)より大徳寺江渡候間、廿五人楽人出申事候間、廿五人▨▨可出之由申候、大徳寺よりハ廿五人ても十人にても卅石之由申分有之也、長講当《チカウタウ》(堂)より院のちやうかうたう上人、柳二種持参候、伝奏之儀被仰出候、長講当伝奏也、

清水へ松茸取
下京囃子衆

三日、天晴、清水江上らう(花山院家輔養女)のつほね・あちや〳〵(勧修寺晴子)の局松たけ(茸)取御出候、則くわん」(2ウ)ふるまい申候、四辻(公遠)大納言・余・烏丸(光宣)・広橋(兼勝)・五辻(為仲・元仲)父子・上乗院(道順)・竹田(定加)法印、下京之はやし(囃子)衆はやしあり、夜中ニ帰候、

大徳寺法事

四日、雨降、大徳寺法事、楽人下行申事有之、

五日、天晴、大徳寺法事一儀斗也、

六日、天晴、夕かた甘露寺(経元)夕食有之、

七日、天晴、四辻(公遠)・庭田(重保)大納言・中山(親綱)・左馬頭・持明院(基孝)夕食被来候也、

織田信長贈官

八日、天晴、大徳寺信長(織田)贈官様躰申遣候、」(3オ)

陣儀、信長贈官、太政大臣

九日、天晴、大徳寺仏事大儀見舞参候、当住江十てう(帖)・すへひろ(末広)扇、いうん(怡雲宗悦)・こけい(古渓宗陳)三人ミやけ(土産)也、むしむき(蒸麦)にて大さけ(酒)也、楽人衆めしつれ候也、今日夜陣儀信長贈官也、贈太

贈官ノ申沙汰下行ナシ信長ノ贈官禁裏ヨリ

無足

政大臣カラナ（唐名）贈太相国贈位同前也、従一位也、イハイ（位牌）ニ贈太相国一品、此寺へ申遣候、今夜陣之儀、上卿甘露寺・奉行」(3ウ) 頭中将慶親、中山也、公人供下行の事有来候よりこと〳〵敷申しかけ存分申候へ共、贈くわん申さた（沙汰）の仁ある時ハ其方より出候也、今度者　禁裏ヨリなしくたされ候間、罷出申候へのよし仰出候、さりなからしやうとう（掌燈）なとハ下行出也、各も信長少成共新知給候間、名残之儀候間、可罷出候由申、役人もあり、又種々申かけ候物あり、さりなから各むそく（無足）にて出候也、」

(4オ)

宣命ヲ位牌前ニテ読ム

砂金

十日、天晴、夜前陣之儀無事也、然者　宣命いはい（位牌）の前持むかい、よミあけ申候、此程は大内記（五条為良）参候様ニ申しかけ、しやきん（砂金）十両給候間、羽柴（秀吉）ニ申、又ハ何方より成共より出候様にと種々申され候、余大徳寺伝奏ニより参儀成候間敷候程に申され、しや金出候ましきさたまり申ニより、大内記よりかんれい（勘例）両度之引宣命ハ少納言（清原国賢）ニさたま（り脱）申候由候、又中山記にも清少納言したかい」(4ウ) 申候かんれい出候て、その分ニさたまり申候、少納言・外記（中原師廉）参儀申候、十三日之持向ニさため申候、

大徳寺伝経楽人下行

十一日、天晴、今日より大徳寺てんきやう（伝経）ニ候て、法事始申され候、今日伝経《テンきやう》也、此中楽人下行事申事也、さりなから今度程大そうの事あるましく候間と申ニより五拾石出候也、そ

の内友盛者罷出種々ちそう《馳走》申、大徳寺へ参候、申候由申、三石礼取申候、袖岡越中守《景久》余者也、かれ壱石礼也、余に五石、楽人衆」(5オ)出申候、

禁裏ヨリ経送リ

十二日、天晴、明日大徳寺江　禁裏両御所、その外局衆経をくり《送》なされ候、余御使参候、明日ハ四時ニ可参候也、

大徳寺へ送経持参

十三日、天晴、今日大徳寺をくり経持参候也、禁裏ヨリ一分きやう《経》、内親王御方より上﨟《花山院家輔養女》局・大典侍《万里小路賢房女》・御あち〳〵・いよ《伊予》殿・長橋《高倉永相女》其外公家衆各一品経也、余一ふ経也、壱石八斗にて経師ひせん《備前》申付候、」(5ウ)玉ちく《軸》也、相渡申候、こけいと申候ちやうらう《長老》也、正寿院にてうんせうき盃出候、源中納言《庭田重通》伏見殿《邦房親王》より御使ニ参候、同道申候、ふのすい《吸》物にて出候也、経各公家よりことつけられ候、

織田信雄・信孝葬礼ノ押ヘニ上洛ノ噂
亥の子

十四日、天晴、おわり《尾張》よりちやせん《茶筅・織田信雄》、ミの《美濃》より三七郎《織田信孝》あす《明日》のそうれい《葬礼》おさへに被出候よし申、さうせつ《雑説》、物とものけ申候也、い《亥》の子　禁裏へ参候也、

大徳寺葬礼

十五日、天晴、今朝早天より大徳寺へ見物共京中より参候、今夜御日待禁裏へ参候間、さうれい見物くるしからす」(6オ)候よし申候へ共、無用之由申方も候間、余・中山なとハ日待ゆへ見物申候、

信長ノ木像
長岡藤孝

八方こし《輿》にちん《沈》にて木さう《像》つくり入候由候、こしさきハいけた《池田秀政》子、これハ信長めのと《乳母・養徳院》也、あとハをつき《於次・秀勝》、信長子也、羽柴ちくせん《筑前・秀吉》太刀也、いろき千人なり、長岡

蓮台野
御日待

兵部大夫《（藤孝）》など被出候、れんたい《（蓮台）》野へ也、庭田屋ねヨリ見へ候て、庭田父子《（重保・重通）》・余も参候て見申候也、こしかき《（輿舁）》そうしゆ、やき《（焼）》申候けふり《（煙）》なともこと〳〵く見申候也、今夜御日待ニ参候て、八時ましこう《（祗候）》いたし、罷出候也、（6ウ）

「右《（奥書）》晴雲院贈内府晴豊公御記、禿懽損亡裏打表紙等令沙汰之畢、
寛文十二暦中寒景
権中納言藤原経《（勧修寺経慶）》（花押）（朱印）」

七　日々記　天正十三年正月、二月

晴豊、本年四一歳、従二位権大納言、正月六日叙正二位

（後補表紙）「日々記」

（表紙）「天正十三年正月一日

日々記」（1オ）　○縦二三・四cm×横二〇・三cm

正月

禁裏御盃

一日、御盃、左衛門佐（勧修寺光豊）祗候申候、予（勧修寺晴豊）不参也、

二日、御盃両人（勧修寺晴豊・光豊）参、大すけ局（万里小路賢房女）二こん、御あちや〳〵（勧修寺晴子）二こん、

三日、御盃両人参候、一日小さか月（盃）ニより余（勧修寺晴豊）両御所にて御さか月申出、沈酒也、

千秋万歳

四日、せつまんさい（千秋万歳）に両人参、

五日、同、余はかり参候、さい法印ちこ参候、余たき候て罷出也、

節分方違

七日、御盃両人参、節分方違中御門（宣光）所江」（2オ）向、とまり申候、明夜より大法有之也、

理性院大法

八日、りしゆん（立春）御盃参候、今夜より大法、理性院（堯助）行也、こまたん（護摩壇）二ツ、両人こまたく也、天

文三年有之也、当年五十二年成也、

中山親綱任中納言拝賀

十日、今夜中山親綱卿中納言拝賀也、余両人座敷十七人、数人也、

左毬打山科御代官

十五日、今夜御盃参候、さきちやう《(左毬打)》十三本進上申候、此中者三本也、当年」(2ウ) 山科御代官存知ゆへ、山科江竹百十本かけ申候、大竹十ほんくわへ、はら卅そく《(束)》相かけ、十三本進上申候、自然山科ちかいある時者又三本也、今日近衛殿《(信輔)》参内也、

十六日、関白《(二条昭実)》参内、両人申次参候也、

古渓宗陳参内

十七日、大徳寺こけい《(古渓宗陳)》参　内、禁裏《(正親町天皇)》御扇引合、親王《(誠仁親王)》御方江同前、小御所にて親王御方御さか月拝領也、余百疋、左衛門佐ニ末ひろ扇、毎年之ことくうとん《(饂飩)》・」(3オ) すい《(吸)》物、一こん、さきちやう進上申候、

御所手斧始
烏帽子大工棟梁

十八日、今朝院御所ちよの《(手斧)》はしめ、ひかし御屋敷有之、大工百人ニあ□《(ま)》る也、ゑほし《(烏帽子)》御大工とらう《(棟梁)》共かふり、そくたい《(束帯)》、かへの大く《(工)》ミす、かち《(鍛冶)》、そま《(杣)》かれこれ出也、太刀折紙、玄以《(前田)》より出候、廿六七人遣候、柳一か《(荷)》つ、、かしらの御大く八九人取也、ことく〳〵しき事也、

中山親綱、大納言勅許

中山親綱卿大納言被申入、勅許」(3ウ)、余申沙汰候沙汰也、

十九日、今日御会始、各祗候申也、夜入也、

院御所手斧始

院御所東にてちよのはしめあり、玄以《(前田)》法印各見物出也、御大工共とうりやう・かち大工廿

六人也、

御会始

十九日、今日御会始、祗候申也、夜入也、

廿日、

誠仁親王御会始

廿一日、御方御所（誠仁親王）御会始也、大酒也、

院御所小屋吹倒レル

廿三日、朝風吹、院御所こや吹」（4オ）たをし申候、十八間七間のこや也、はん衆二三人あひまちする也、ひるらい（雷）なる也、よからさる事候由、各申事也、

廿四日、

禁裏能
渋谷与吉郎

廿七日、今日御能、禁裏よりさせられ、内々外様のこらすめし也、しふや大夫（渋谷与吉郎）也、五番過花ふくろ（袋）廿、梅のむすひ花のえたにかけられわたされ候、」（4ウ）そのえたもちて出、室君をいたし候、

後朝謡

廿八日、後朝御うたい（謡）あり、

二月

高倉永相内々ニ加エラル

三日、藤中納言永相（高倉）卿内々ニめしくわへられ候、余御使（勧修寺晴豊）むかい候、

御番結改
正親町季秀外様トナル

十一日ニ御番けんかい（結改）、正親町季秀卿外様被成候、めんほく（面目）うしない申候、余方より申ふれ

辻突キ

候、」（5オ）院同前、

十七日、今日より辻つき申候、こと〳〵しき事中はかりなし、

十八日、辻つき也、近衛（信輔）殿女はうしゆ（房衆）・入江殿（昌隆尼）・そんち殿余所御出也、

廿日、雨降、辻つき共にけ候て、かミなり（雷）こと〳〵敷事也、各辻つきあかる也、さうさかわい」（5ウ）事也、」（6オ）

八　日々記　天正十三年八月

「（後補表紙）
八月
晴雲院贈内大臣御記
天正十三年　　第五　」

「（表紙）
天正拾三年八月一日
日々記　○縦二四・六cm×横二〇・四cm
（勧修寺晴豊）
権大納言（花押）」（1オ）

八朔祝進上

けふ（今日）よりの御めてた（目出）さ、いく秋も申入候ハんするしるしはかりに十てう（帖）一つ、ミしん（進）上いたし候、
御心して御ひろう（披露）候へく候、かしく、
（高倉永相女）
勾当内侍殿

御局へまいる　晴豊(勧修寺)

御方御所(誠仁親王)御所御大刀進上、いとまきふた(糸巻)」(2オ)付しん上、御所への一つ、ミハちいさき文はこ(箱)二ツ、御返筆十ツイ・杉原ニ御たのむ(田実)の文はかり、殿上人にても引合ニ書也、

七日、天晴、今日関白秀吉(豊臣)公よと(淀)より上洛、五条まて迎、各罷出也、予(勧修寺晴豊)相煩乗物出也、

八日、天晴、今朝関白秀吉越中出陣也、」(2ウ)各見物可有之由也、各摂家・清花□【吉】田前にて見物申也、はいかう(俳諧)ニかけられ候、かり〳〵とるや秋のなかはのいなくひを、せうは(里村紹巴)、か〳〵まやりもちててきを三か月、近衛(信輔)殿跡より、▨〔玄以〕(前田)法印坂本くたり第三也、中間も殿の」(3オ)

秀吉淀ヨリ上洛
秀吉越中出陣
俳諧里村紹巴

「右家尊儀同(奥書)晴豊公御記、依恐破損裏打表紙等令沙汰之者也、

寛文十二暦黄鐘

権中納言藤原経(勧修寺経慶)(花押)(朱印)」

晴豊、本年四六歳、正二位権大納言

九　日々記　天正十八年正月～十二月

「（後補表紙）
晴雲院贈内大臣晴豊公于時大納言御記
天正十八年一年分
第六　」

「（表紙）
天正十八年之日々記
権大納言（勧修寺晴豊）（花押）」（1オ）

○縦二八・二cm×横二一・六cm

正月

秀吉参内

三献

一日、天晴、巳刻ニ車ニ而関白（豊臣秀吉）参〻（参）内、殿上人・諸大夫きは（騎馬）也、殿下（豊臣秀吉）ヨリ馬太刀・白鳥二ツ、院（正親町院）へ同前、禁裏（後陽成天皇）にて三こん、准后（勧修寺晴子）ニ而三こん、長橋にて湯付、女御（近衛前子）三こん、院ニ而三こん、上﨟にて三こん、帥局（葉室頼房女）にて三こん、湯付也、局衆へ小袖御みや（土産）也、殿上人馬太刀、

両御所へ進上、

秀吉へ勅使

三日、天晴、殿下江　勅使太刀折紙、菊亭(晴季)・」(2オ)余(勧修寺晴豊)勅使、院ヨリ中山(親綱)・久我(敦通)也、

千少庵茶湯
大坂へ
鶴松へ礼
足利義昭

七日、少(千)庵へ茶湯ニ晩、夜下大坂、馬にて、若公(鶴松)御礼也、夜中ニ大坂江付也、
八日ニ御礼、三こん、めし(飯)御ふるまい(振舞)也、しやう山(昌山・足利義昭)・本くわん(願)寺(顕如光佐)三人客、馬太刀、上杉(景勝)小袖一重のしつけ(熨斗)十こし金つくり太刀折紙、なを江(直江兼続)金つくり太刀のしつけ、

大坂ヨリ上洛

九日、大坂ヨリ上洛、」(2ウ)

御謡始

十三日、御うたい(謡)はしめ、余不参也、

徳川秀忠上洛

十四日、家康子長(徳川秀忠)上洛ニ弁(勧修寺光豊)太刀折紙礼ニ遣候、
十五日、御さか月(盃)参候、

徳川秀忠ニ礼

十六日、お長へ礼ニ参候、小袖一重遣之候、

左毬打

十九日、家康長(徳川秀忠)ヨリ余ニわた(綿)五十は(把)、弁(勧修寺光豊)馬、十八日さきちやう(左毬打)のひ、今朝也、御会始也、
廿日、天徳寺(宝衍)礼ニ来候、しゝら(縅)一たん(反)持参、千坂(景親)二百疋持来、大酒也、」(3オ)

浅野長吉へ秀吉御成
能七番
関白七ノ膳

廿一日、あさのたいしやう(浅野弾正・長吉)所へ殿下御□(成カ)申、菊亭・余・中山・日野(輝資)・高倉(永孝)・前田ちくせん(筑前・利家)・薬院(全宗)・久▨(夢)・法印(前田玄以)、遊ニしやうはん(相伴)、五こん、能七番有之也、関白前七ノせん(膳)、其外者七五三也、進物、初こんニ太刀折紙、二こんニ白小袖十重、其中十あやこう(綾)はいうら也、三

天徳寺当住参内
前田玄以両御所へ御礼
禁中ニテ碁

こんニ金ほん・かね・香はこ《箱》、四こんニから《唐》おり《織》物十、五こんニしら《白》か《髪》糸也、」（3ウ）
廿二日、関白・たいしやう《浅野長吉》へ、昨日之礼参候、ひしく《菱》ゐ《食》二ツ、たいしようヨリ給候、
廿三日、天徳寺当住玉忠内《参》〻参《内》〻、正法□【寺】内　参也、
廿五日、民部卿玄以《前田》法印馬太刀両　御所へ御礼、院御さか月拝領、山口《正弘》馬太刀御礼斗也、
廿六日、准后客御せつよひ申候也、
廿八日、禁中ニ而百番コ《碁》アリ、」（4オ）

二月

著ノ談義
准后見舞
茶屋四郎二郎下ル
輝元女房上洛
関東陣立見舞

一日、雨下、遣迎院よひ申、めと《著》のたんき《談義》聞申、一段当年能候由、
八日、此上杉《景勝》内いつミさハかわち《泉沢河内守久秀》ニとんす《緞子》一たん《反》遣候、千坂《景親》ニこしまさけ《児島酒》・藤戸のり《海苔》遣候、
九日、此間相煩ニより准后《勧修寺晴子》御みまい《見舞》也、ちや《茶》屋の四郎二郎《中島清延》家やす《徳川家康》へくたり申よし申候て、
かん《雁》二ツ持来候、毛利《輝元》女房衆上洛□【也】、
十一日、もり《毛利》女ほうしゆへまん《饅》二百・かん一・たい《鯛》十・やなき《柳》三か《荷》遣候、
十二日、入道殿《勧修寺尹豊》より毛利内記《秀包》へ三色三□【か】」（4ウ）くわんとう《関東》ちんたち《陣立》見まいこしらへ、かた
ふくろ《袋》・わきしふくろやすいひた《安井飛驒》ニさせ申候、

鶴松始テ上洛
浅野長吉所司代
秀吉、北条御陣ニ装束
本多広孝井伊直政
八条殿屋敷地打
内侍所ヲ移ス
遷宮ノ日

十三日、関白(豊臣秀吉)若公(鶴松)始而上洛、御迎ニ菊亭(晴季)・余(勧修寺晴豊)三条まて参、准后(勧修寺晴子)ヨリもり内記(毛利秀包)へ十帖・しゝら(縅)二たん被遣候、そち(帥)殿(葉室頼房女)より弁(勧修寺光豊)ニ指たる(樽)・くわし(菓子)のおり(折)・かん一給候也、あさのたい正(浅野弾正・長吉)所へ諸事代(所司代)存候ヨリ、禁裏(後陽成天皇)ヨリ　勅作十貝被遣候、　勅使余、院(正親町院)より同前ニ　勅使菊亭也、さか月(盃)出候也、」(5オ)

十四日、日野(輝資)所四五人参会、藤右衛門督(高倉永孝)座敷候を立、殿下(豊臣秀吉)ヨリ可参候御使也、北条御陣ニ御しやうそく(装束)可被持之由仰出候、ゐらミ申候由候て出候也、

十五日、家康(徳川)内衆本田豊後守(本多広孝)上洛、前〳〵より存候間、両種・指たる一か(荷)遣候、家康井伊侍(直政)従書状遣候、

十六日、本田豊後守樽代百疋持参候也、さか月出、見参申候也、」(5ウ)

十九日、甘露寺(経元)つし(辻)の下石十斗所望申候、毛利(輝元)南方(輝元室)より福原(広俊)ト申者使者、准后・女御(近衛前子)へも相心得可申由候、福原わたくし馬太刀代二百疋持参候、一ツのせ(ま脱カ)申候也、八条殿(智仁親王)御屋敷地打ニ薬院(全宗)・民部卿法印(前田玄以)来候、地うち候て以後余所にて菊亭・中山大納言(親綱)・吉田(兼見)　内侍所かり(仮)殿うつし申談合也、菊亭□【記】にハ行幸同前也、渡御申也、」(6オ)吉田申分下せんくう(遷宮)・上せんくうにて御座候ハんや之由申候、とかく御くし(鬮)入申へきあひさため申候、廿一日しゆん(旬)にて可然候由相定申候、

内侍所鬮取
九条忠栄元服

廿一日、内侍所くしとり（鬮取）のひ申候、今日九条殿（兼孝）若公（九条忠栄）御首服也《御名忠栄》、くわくわん（加冠）二条殿（昭実）、着座余・日野大納言（輝資）・持明院中納言（基孝）、リハンツ（理髪）中御門頭弁（宣泰）、殿上人四条侍従（隆昌）・その（園基任）」（6ウ）侍従両人、三こん、こつけ（小漬）かけにて三色、御柳三か被参候、太刀持参、正五位下・禁色宣下、当日也、職事日野弁（資勝）、

毛利輝元礼参

廿二日、権少将御申、上卿余也、職事日野弁、三色三か給候、毛利内記へ女はう（房）衆（勧修寺晴豊室）より十てう一つミ・いたの物、局へゑのおひ（帯）五すち（筋）、文とも遣候、返事有之、今日毛利輝元礼参候、馬太刀三百疋、同小早川（隆景）・吉川（広家）太刀・板物一ツ、毛利所にてさか月、すい（吸）物、」（7オ）しや（聖護院）うこんゐん（道澄）参相申候、

廿三日、小早川より馬太刀使者にて、

甘露寺家立ニ合力

廿四日、甘露寺家東立被申候、合力ニ銀子十まい（枚）遣候、賀藤左渡・加賀ト中者両人ニ相渡申候、毛利内衆諸大夫衆松山ひやうこ（兵庫）所へ柳二か（荷）・たい（鯛）五・ひしくゐ（鴻）一・こふ（昆布）卅くわん遣候、

家康ヨリ金子十枚進上

しゝと（宍戸隆家）所へひしくゐ二ツ遣候、こそ（去年）家やす（康）より金子十まいしん上、く（わカ）たくしへわた（綿）五は（把）もたせられ候、ちや（茶）屋の（中島清延）」（7ウ）四郎二郎もたせ、しゆこう（准后・勧修寺晴子）へまいり申候、四郎二郎しゝら二たん、しゆこうよりつかわされ候、いゑやす（徳川家康）柳原（淳光）ニ御ちや（茶）申候、そのかねの御くはりと

毛利輝元

て今日千疋しゆこうより給候、毛利宰相輝元太刀折紙千疋、女はうしゆへ千疋、弁ニ太刀

馬代三百疋、

東国陣立見舞

廿六日、薬院《全宗》へ東国陣いとまこい《暇乞》ニ中山両人参候、余ゆかけ《弓懸》五具うらの付たる、中山たひ《足袋》二そく《足》、あさ野弾正《浅野長吉》所へ」(8オ)東国陣立見舞ニ百疋持参候也、内侍所へ参詣、今夜より神事也、

浅野長吉陣立御見物

廿七日、明日浅野弾正陣立、四足御前座敷打御見物、余所にも辻ノ上よしすたれ《葦簾》かけ女はう衆見物也、そのこしらへ、

浅野長吉出陣　秀吉へ勅使

廿八日、浅野弾正出陣、四足御前とをり被申候、弾正斗下馬也、殿下江　勅使ニ参候、御馬太刀」(8ウ)代銀子十まい、余大たか《高》出候、三ツ、むらさき《紫》の二、くれない《紅》一、具そく《足》の道具・にないこし《担輿》二ツこしられとも見参にて被見候也、院《正親町院》より中山・菊亭同前、

本願寺門主上洛　秀吉へ鉄砲ヲ餞

本願寺門主《顕如光佐》上洛、殿下へてつほう《鉄砲》廿はなむけ《餞》、晩ニ本願へ参候也、太刀百疋持参、新門《教如光寿》・興門《佐超》同前ニ、北方《顕如光佐室》たとうかミ《畳紙》、めし《飯》ふるまい《振舞》也、新門より、則太刀百疋・わた三は」(9オ)給候、興門《佐超》よりみのかミ《美濃紙》廿てう・加賀染一ツ、使者也、今朝　内侍所参候、弁両人、上﨟参合、めしふるまい也、

宇喜多秀家出陣

卅日、宇田宰相《宇喜多秀家》出陣、見事中〳〵無申斗候、四足御前相とをり申候也、薬院出陣いとまこいニあまの《天野》一か・鯉二ツ・かつうお《鰹》五れん《連》持来候也、三好助兵衛所□【へ】見まい二百疋遣候、

秀吉東国出陣
天皇・院ニ暇乞

教如光寿

光寿、禁裏へ馬太刀進上

近衛信輔狂気

三月」(9ウ)

一日、天晴、今朝関白《豊臣秀吉》東国出陣、四足御前人数相とをり申候、殿下《豊臣秀吉》斗下馬、さしき《桟敷》へ御いとま《暇》こい《乞》、くそく《具足》にて御あかり候、院の御所にてハ御さかつき《盃》参候、こと〳〵しき事共也、

二日、中島之新門跡《教如光寿》御茶申候、中御門《宣泰》直合也、わた《綿》十は《把》被持候、少《下間仲孝》しんにて五たん　大酔也、則礼ニ参候也、民部卿法印《前田玄以》より」(10オ)

三日、天晴、余酔にて客来候衆見参不申候、晩に法印《前田玄以》礼、中山大納言《親綱》ト参候也、

四日、院の当番ニ参、本願寺新門主ヨリ馬太刀禁裏《後陽成天皇》進上、庭田《重保》両人披露申候、代五百疋也、

今日公家衆本願寺《顕如光佐》ふるまい《振舞》也、

五日、毛利《輝元》女房衆より准后《勧修寺晴子》江福原《広俊》ト申諸大夫御使ニ被参候、五千疋被参候、左衛門かうにしゝら《縅》二たん《反》・杉原十帖、准后より福原ニ一そく《束》、しゝら一たん、」(10ウ) 被遣候、

(一紙白紙)

八日、晩本願寺門跡ふるまい也、庭田大《重保》・日野大《輝資》・伯《白川雅朝》・藤右衛門督《高倉永孝》・中御門《宣泰》・万里小路《充房》・烏丸大《光宣》、事外大酔也、

九日、余酔中〳〵なり、近衛殿《信輔》きやうき《狂気》にて、

備前表

十日、明日少（千）庵茶一服ふるまい申也、禁裏桜さかりニより毛利輝元を明後日十二日ニ午刻ニよひ申候、ひろ間のたゝミそこね申間、大はりたゝミさし八人よひ中つきひせんおもて（備前表）にて」（12オ）あさのどんす（緞子）をへりニとり、面かへ申付候也、近衛殿きやうき（狂気）させられにか（苦）くしき事也、両度見舞参候、北小路（俊孝）刑部少輔宿蔵内御出也、

千少庵ニ茶振舞

十一日、雨下、明日毛利（輝元）被来候、たゝミ今日も七人さし申候、午刻ニ少庵・日野（輝資）・伯・藤右衛門督・右衛門佐（富小路秀直）・円阿ミ会也、

毛利輝元ヲ持テナス

十二日、午刻より早々毛利（輝元）被来候、諸大夫衆太刀折かミ（紙）にて礼也、」（12ウ）口羽（春良）百疋、国司右京（元相）百疋、片田（堅田元慶）参貫、渡辺（長）百疋、しゝ戸（宍戸隆家）二百疋、林肥前守（就長）いなかたる（田舎樽）一・かも（鴨）二・こふ（昆布）、各しやうはん（相伴）、後ニかい（貝）すい（吸）物、大うた有之也、通仙（半井光成）しやうはん、

禁裏造作大工

十三日、弁（勧修寺）光豊馬太刀ニ而礼遣候也、禁裏御さうさく（造作）御大工共つめ候間、雨中にて候間、十人かしら（頭）の物とも召よせふるまい申候、しやうはんニ井家（豊家）・」（13オ）袖岡越中（景久）出、大酔のませ候、半左衛門うた申候、

鮒汁

十四日、雨降、　禁中ニ而各ニふな（鮒）汁被下候、

天狗状
鯨桶

十五日、晴、伊勢専修寺（尭真）より年頭御礼、両御所（後陽成天皇・正親町院）被申入候、返事出、そへ（添）状遣候、彼方ヨリてんく（天狗）状十てう・文箱一・くしら（鯨）のおけ（桶）一、返ニ扇五本・くけおひ（絎帯）二、専修寺殿此分ニ書

也、

院ヨリ秀吉関東出陣ノ祈禱

院ヨリ弁職事ニテ仰セ事アルマジキ

十六日、天晴、院御所（正親町院）ヨリ関東江関白出陣ニ付而御祈事諸神」（13ウ）諸社江甘露寺権弁（経遠）召被仰候間、菊亭右大臣（晴季）ニ甘露寺（経元）遣候テ談合申候処ニ　院ヨリ弁職事ニ而被仰候事あるましき由候、尤ニ候、此旨院中入候処ニ御心得なされ候由候、

女中文ニテ然ルベシ

十七日、天晴、御祈事（菊）亭ヨリ使者にて談合也、其様子者昨日之ことく院ヨリ職事にてふれら（触）れ候事あるましき事也、然者女中の文ニ而可然候旨ニ」（14オ）相定申候也、毛利より明日ふるまいあるへき間、参候への由候へ共、此間相煩申、ことわり申、まいり申さす、○（本）願寺北方（顕如光佐室）より文、鯉二ッ大なる中〳〵見事、かやうなるハ見申候事まれ候、則先刻毛利使者之礼ニ持遣候、

院ヨリノ祈禱延引

十八日、天晴、院の御所ヨリの御祈、先御延引之由、今日被仰下候、住吉下知まて調候へ共延引、今夜かのへさる（庚申）、めし加かう不参、弁祇候申候、

八瀬釜湯

十九日、天晴、入道殿前内府（勧修寺尹豊）やせ（八瀬）の釜湯ニ七日御入候、御見舞弁光豊被参候、馬にて、」（14ウ）毛利輝元女房衆南方（輝元室）ヨリ井原弾正（元良）使ニ而余（勧修寺晴豊）銀子弐まい（枚）給候、北むき所（勧修寺晴豊室）へ杉原二十帖・しゝら三たん・十帖、一たんつほねへとて、入道殿へ五百疋、内記へ二十てう・一たん也、岡本越中ニ三貫也、井原十帖ニしゝら一たん遣候、

女御帯ノ祝

女御御（近衛前子）おひ（帯）の御いわゐ（祝）なり、当月九

本願寺へ光豊等礼ニ遣ス

准后、吉田・鴨へ参

豊臣秀長へ勅使

院御所能

美濃ノ鍛冶

月にて、
廿日、雨降、毛利ヨリ　准后江三種御音信被申候、たい《台》の物一・おり《折》二合・たる《樽》五か文にて輝元内義ヨリ北むきへも文まいり候、
いつれも返事也、
廿一日、天晴、本願寺へ光豊・甘露寺《経遠》両人」（15オ）礼遣候、光豊くわし《菓子》のひしなり《菱形》のおり《折》・指たる《樽》二か《荷》、甘露寺末ひろかりのあふき《扇》持、中御門《宣泰》同道、見物、さか月《盃》出、又門跡《顕如光佐》ヨリくわしの折・たる一か《荷》やかて〳〵給候、晩ニ日野・万里・伯・中御門ふるまい出也、
廿二日、天晴、今朝准后吉田・鴨へ御参、御供ニ光豊、多羅尾玄蕃茶湯ニよひ申候、道同ひの口ト云者、
廿三日、天晴、大和大納言《豊臣秀長》　勅使参、勅作十貝被遣候、余お《緒》ゝ二すち《筋》持参候、見参なく候、少《千》庵ト余両人日野へ茶のゆ《湯》参候也、」（15ウ）
廿四日、雨降、明日院の御所御能あり、大夫日吉也、此分降御延引あるへく、御さか月のたいひよたん《瓢箪》葉つるたいにさせこま《独楽》を大きにひかせ、すなわちこまをさか月なり申候やう申付進上申、御たる相そへそち《帥》殿より返事あり、ミの《美濃》ゝかち《鍛冶》中御門もつてするか《駿河》のかミ《守》を申うけ、われ〳〵にも礼を申、わきさし《脇指》のミ持来候、
廿五日、天晴申候へ共、御能延引也、　禁裏ヨリ折三合三か《荷》　院へ被参候、余御使ニ参候、」

院ノ能、日吉大夫
道成寺、釣鐘ノ縄切レル
後朝能
下御霊ニテ女能、見物
六宮屋敷辻突ク
内侍所仮殿遷宮
霰
東国陣見舞拵
油紙

（16オ）
廿六日、天晴、院の御能也、日吉大夫也、十三番能かす（数）也、道成寺四番め也、つりかね（釣鐘）のなわ（縄）きれ申候、まへ〳〵より道成寺にハけか（怪我）ある也、五こん参候、五こんめ余御しやくニまいり候也、
廿七日、天晴、今日後朝ニ又院にて御能八番あり、余相煩四番過罷出候、大夫ニとんす（緞子）にしき（錦）十たん被下候、おさなき大夫一人あり、御あふき（扇）拝領、余遣候也、
廿八日、天晴、下こりやう（御霊）ニ女能あり、見物参候、わきにあまニはんニしゆゑい三□□【はん】、」（16ウ）松かせ（風）、のこりハ見す出候也、
廿九日、天晴、六宮（智仁親王）御屋しき辻つかれ候、奉行多羅尾けんは（玄蕃）見舞、たる種々持候て見まい、大さけ、又内侍所かり（仮）殿せんくう（遷宮）談合ニ法印（前田玄以）・菊亭（晴季）・中山（親綱）・余外様番所にて大さけあり、

四月

一日、朝あられ（霰）事外降也、余酔にて罷出申さす候、やうしやう（養生）くわへ申候、」（17オ）
二日、天晴、東国陣御見舞こしらへ（拵）共申付候、
三日、同陣へのあふらかミ（油紙）共申付候、其外道具共吉田（兼見）よりあやうちのはうつち給候也、本願（顕如光佐）

寺門跡より弁(勧修寺光豊)ニみのかミ(美濃紙)卅十(ママ)帖・こ鈴一ツイ、甘露寺(経遠)ニかミ(紙)三そく(束)・わた(綿)三は(把)、

六宮屋敷ノ辻突キ
豊臣秀長ヨリ勅使ノ礼

四日、晩雨降、事外らい(雷)なる也、陣用意申候、

五日、天晴、今朝早天ニあせちミやく(脈)見せ申、六宮(智仁親王)御屋敷の辻つきはれ〳〵敷間、になひにて早々ミせ申候西(東)のつらつく也、大和大納言(豊臣秀長)より先度　勅使参候其礼とて大刀折かミ給候、参百疋、つし見舞ニ参候由、使者申候、□【相】煩ニより使者にも見参不申候也、大和」(17ウ)大納言内衆桜井和泉(家一)諸白一か(荷)・鯉□【三】・備中杉原十帖、多羅尾安内(案)者にて礼ニ被来候、一ツのませ申候、

関東ヨリ秀吉朱印
山中城乗崩

夜中ニ関東より　関白(豊臣秀吉)朱印、大和大納言より持来、奏聞申候、中山大納言(親綱)両人之あて所なり、前月廿九日午刻ニ山中城中納言(豊臣秀次)孫七郎乗崩、城主其外人数千余討捕之、追付うちとる儀数をしらさる由候、則箱根峠取つめ、小田原をしつめ程あるましきよしの朱印也、則返事相調持遣也、夜半過也、

住吉ヨリ祈禱ノ巻数

六日、天晴、住吉より御祈之御巻数三種二か(荷)禁裏進上、余(勧修寺晴豊)ニ両種一か・巻数言伝言伝也、」(18オ)

又　院(正親町院)より八日からの御祈有之、井家(豊家)方□【ヨ】リ一通にて申候、早水あき(速水安芸・有益)・山形加賀(光政)・早水左(速水友益)衛門大夫・河端佐渡(通次)四人せうてん(昇殿)也、其礼ニ両種二か持参候也、

妙覚寺万部経
大政所

七日、晩より大雨降、妙かく(覚)寺万部経あり、明日までのよし申候間、参候、事外大参分かね申、関白大政所(豊臣秀吉母)こし(輿)こと〳〵敷参也、帰申候へハ雨ふり出候也、てん(店)屋その外しやうはい(商売)

共、

豊臣秀次ノ人数損ネ
清涼殿手斧初

八日、午刻より雨晴、安井(飛驒)ニ陣へつゝら(葛籠)はらせ申候、江州中納言(豊臣秀次)孫七郎人数事外関東にてそこね申候由とりくへ此さた(沙汰)也、今日清ラウ殿(清涼殿)御てうの(手斧)初也、御簾共道具かり申候也、」(18ウ)

九日、天晴、晩より神事也、内侍所へ参、

十日、天晴、神事にて門外より不出也、

内侍所仮遷宮

十一日、天晴、早天内侍所参候、今夜四時ニかり(仮)屋へ御うつり也、日々記別書之也、

毛利輝元、入道所へ
内侍所ノ供物
越前永平寺ノ詫言
乳付

十三日、天晴、今朝入道殿(勧修寺尹豊)江毛利輝元其外諸大夫衆、福原(広俊)・林肥前(就長)・口羽(春良)三人五たんニ余出也、しやうはん(相伴)入道殿・通仙(半井光成)也、内侍所刀司さいかもさし(指樽)たる御供物共持来候、かり(仮)殿にて十一日之御供也、三日御供参候より今日来候由申候、誓願寺之木食鳥子百枚持参、越前永平寺之儀御わひ(詫)事申入度候由申候、木食トきやうたい(兄弟)也、」(19オ)今夜四時ニ女御(近衛前子)ひめ(姫)宮御誕生□【也】、余女共御ちつけ(乳付)ニ参候也、今夜雨らい(雷)らいなり、申事中くへ大形ならす候、

山王祭
賀茂祭葵
大政所、内侍所神楽

十四日、雨下、昨日三なうまつり(山王祭)、太刀共大教院其坂下かし申候、今日賀茂のまつりあふひ(葵)かけ申候、典薬より加例ちわうせん(地黄煎)、禁裏(後陽成天皇)・私(勧修寺晴豊)へ到来候也、内侍所御神楽大政所申入、かり殿御祈有之、金子参枚被出候、一まい(枚)上(後陽成天皇)進上可申候、二まい百八石かへ下行可申候、

大仏ニテ梅若大夫能勧進

十五日、天晴、大仏にて梅若大夫能を」(19ウ)くわんしん(勧進)あり、泉涌寺来迎院(舜甫明韶)見物可申候由候、

能見物
前田利家小屋

御神楽下行帳
院御所ニテ陣
ノ祈禱

御霊・北野詣

毛利輝元所振
舞

妙法院護摩結
願

必〳〵見物可申候、帰り候、
十六日、天晴、能見物、同道日野（輝資）・伯（白川雅朝）・中御門（宣泰）・万里（万里小路充房）・西洞院（時慶）・弁両人・前田ちくせん（筑前・利家）小屋座敷見物申候、めし（飯）ふるまい（振舞）、はて候て三大郎大頭江州中納言殿（豊臣秀次）にて又めしふるまい也、
十七日、雨降、晩天晴、御神楽下行帳を中山（親綱）トかき立申候、　院の御所にて陣之御祈、今夜より妙法院（常胤）殿こま（護摩）はしまり申候、
十八日、天晴、政所（豊臣秀吉母）ヨリ御神楽下行方、切手共遣候、事外加そう（増）共有之也、今夜ヨリ」（20オ）神事ニ入申候、陣見舞こしらへ共申候、
十九日、天晴、内侍所御神楽下行共相渡申候、
廿日、天晴、今朝御りやう（霊）・北野参候、弁両人、妙法院殿院御所御祈、御たる（樽）進上申候、禁裏ヨリ三合三か（荷）被参候、御使ニ光豊（勧修寺）被参候、今夜　内侍所御神楽無事候也、
廿一日、天晴、今日午刻ニ毛利（輝元）所へふるまいに参候、入道殿・余・中山・藤右衛門督・中御門・弁光豊・通仙、七五三、五たんあり、
廿二日、天晴、法印（前田玄以）小所黒戸むね一ツなり申候、□〔三〕条殿（公仲）御ふくより陣へはなむけニ」（20ウ）おひ（帯）三すち（筋）、大外記（中原師廉）より五明十本、鴨祝よりあふき十本、
廿三日、午刻より雨下、院妙法院こまのけちくわん（結願）、早天なり、御たるれき〳〵給候、西洞（時慶）

禁中東国陣祈禱始マル

院さらし(晒)もんめん(木綿)一たん(反)花むけ、今晩ヨリ聖護院(道澄)於　禁中東国御陣御祈有之也、ちやうもん(聴聞)ニ祇候申候也、

新殿常御所

陣へ暇乞

廿四日、天晴、新殿之つね(常)の御所にて法印ニ一ツ申候也、奉行大工ニゆのませ申候也、吉田(兼見)来、陣へいとまこいニさらし一たん持参也、

秀吉・浅野長吉へ言伝

廿五日、天晴、泉涌寺ヨリ陣へ、関白へかたひら(帷子)・おひ 二」(21オ)ことつけ申候、弾正(浅野長吉)へゆかけ(弓懸)、あまこへ二十疋こと伝候、寺家たる、法音院あふき五本持来候也、

前田玄以茶湯

廿六日、天晴、今朝民部卿法印(前田玄以)所へ茶湯ニ菊亭(晴季)・余・久我(敦通)・中山はなむけニよひ申され、筆屋そうふくきやうたい(兄弟)筆を持来候、柳さハ鈴、一安(横浜良慶)かうしゆさん(香需散)・五りうゑん(龍円)・五明五本、

本願寺ヨリ餞

廿七日、雨下、本願寺(顕如光佐)ヨリ花むけニ白すゝし・さらし・あさきかたひら三、北御方(顕如光佐室)より鈴二つい、毛利宰相(輝元)より銀子十まい、国司右京(元相)使者にて、竹内御門(曼殊院良恕)よりあふき十本、飛鳥井中将(雅継)より関白殿かたひらことつかり」(21ウ)□□【申候】、ゆかけ□□【一く】持参□【候】、高橋扇十本、広橋(兼勝)五明廿本、内侍所さいおひ五すち、中御門あさきかたひら一、楽人しやうけん五本、又三本、しやくせんゐんたる(積善院尊雅)・あふき三十本、

陣へ下ル

廿八日、陣へくたり、袖岡越中(景久)ふるまい申候、折ふし柳原(淳光)・からす丸(烏丸光宣)・日野・藤右衛門督・伯被来候、大酒也、准后(勧修寺晴子)にて聖護院殿各大酒也、

廿九日、井家(豊家)所ふるまい、日野・中山・中御門・三大郎・日野弁(資勝)・光豊・藤右衛門督、大かた此分か、井家所方違とまる也、

方違

五月

毛利輝元ヨリ餞

一日、もり(毛利輝元)より銀子十まはなむけ(い脱カ)(餞)候間、礼参候、中山(親綱)へも三まい(枚)、藤右衛門督(高倉永孝)へも三まい、同道申候、」(22オ) それより民部卿法印(前田玄以)参候、御さか月(盃)参候也、

相模へ下ル

路次中ノ日々記

二日、昼よりさかミ(相模)へくたり申候、草津まて也、草津泊也、中山・柳原(淳光)・日野(輝資)・藤右(高倉永孝)・烏丸(光宣)・余六人(勧修寺晴豊)同道也、是よりの日々記路次中書付也、」(22ウ)

(半丁白紙)

六□(月)

関東陣ヨリ上ル

秀吉返事

三日、午刻陣より罷上候、則両御所(後陽成天皇・正親町院)へ参、関白(豊臣秀吉)返事申入、夕方又上すかた(姿)にて祇候申候、

四日、方々より見まい衆相来りつとい申候也、くたひれ申候、各あひ申候、大酒也、

舞々

五日、法印(前田玄以)たかミや(高宮)二・そへこ(副子)三、梅軒(宗旬)そへこ三遺候、ふるまい(振舞)大さけ、まい舞出、かたきぬ遺候、中山(親綱)同前也、

土産ヲ配ル
毛利輝元へ徳川家康ヨリ送ラレタ馬ヲ送ル
祇園会
紹巴へ餞
禁裏ニ楊弓
方違
厳島神家叙位
准后、石不動へ籠
忍ビ人アリ

六日、方々みやけ（土産）等あひくはり申候、持参候処も有之也、毛利宰相（輝元）所家康（徳川）給候馬早馬にて候間引遣候、わうしゆ（奥州）の者」（23オ）下間や玄物家康出馬也、中山・藤右衛門督（高倉永孝）跡よりすゝ（鈴）一・さらし（晒）一つゝ持、毛利礼被申候、事外ふるまいめし（飯）出、大酒也、
七日、きおん（祇園）のい（会）也、余（勧修寺晴豊）何方出申さす候、伯（白川雅朝）所中山酒有之也、
八日、入道殿（勧修寺尹豊）へ毛利宰相昼めし被参候、しやうはん（相伴）ニ出也、大酒也、晩ニ紹巴（里村）所へ陣へ花むけ候間、たかミや（高宮）三たん（反）持礼□□□□□【参候へハ、門】外しやうしつと（昌叱・里村）両人出申、」（23ウ）ゐ申□□□【候所、参】候て内よひ候て、又さ□【け】有之也、
九日、禁裏にて御湯（楊）弓参候へハ、くわくらん（霍乱）相煩早出申候也、
十日、今夜▨違方違井家右衛門大夫（豊家）所まいりとまり申候、
十一日、あきの（安芸）厳島《イタシマ》神家従五位下左近大夫申　上（後陽成天皇）馬・大刀五百疋、准后（勧修寺晴子）へ十帖・しゝら（緘）、書出甘露（甘露寺経遠）馬・大刀三百疋、上卿余馬・大刀、申次予（勧修寺晴豊）馬・大刀、十日日付也、今日礼来候也、」
（24オ）
十二日、准后石ふとう（不動）へ二夜三日御こもり、女房衆（勧修寺晴豊室）・弁（勧修寺光豊）皆御見舞参候、余伯所にて酒也、
十三日、晩ニ多羅尾玄蕃（蕃）所へ参、内記まて見参也、ふたりへすゝし一ツゝ、女中へ三百疋、夜入帰申候へハ、袖岡彦七きやとと申物めしつかい候所へしのひ人候ハんとてゑんの下ニ

か、ミい申候物からめとり、又足立助左衛門ト申物心を合申候間、両人ニな□□《【わか】》けからめとり申候へハ、はや〳〵ひこ七」(24ウ)きやとと二三と出合申候由白状也、則、

白状

祇園会忍ビ人成敗

十四日、早天民部卿《(前田玄以)》法印理申候へハ、せいはい《(成敗)》可申候由候、ひるハきおん《(祇園)》のへにて候間、夜入せいはい《ひ》あさたまり、夜入さうしき《(雑色)》共、又法印物うけ取参候へハ、しやうこ院《(聖護院)》の門跡《(道澄)》其外公家衆内々外様のこらすわひ事也、中〳〵せうゐん《(承引)》申さす候へハ、十五日禁中にて七人の御日待有之間、明日一日相待申候へと、しやうこ院殿一ふて相のひ申候候《(衍)》へハ、又各伯所へよりあひ《(寄合)》候て談合也、」(25オ)

詫事

公家衆等ヨリ詫事

頭剃ル

十五日、七時より又公家衆一条殿《(内基)》・しやうこ院殿おり候て、十度御使にて御わひ也、御使西三条《(実条)》・万里《(万里小路充房)》・土御門《(久脩)》・休庵《(阿野実時)》、何とも申ともせひと御申わひ事にて、かしら《(頭)》そりいのち《(命)》たすけ申候、二日まて各わひ事中〳〵申斗なく候、

嘉祥

十六日、かつう《(嘉祥)》にみな〳〵一のませ申候、われ〳〵法印此間之礼ニ参候、又則　禁裏へかつう各祇候申也、

十七日、二日ゑひ《(酔)》にて何方へも不罷出候也、」(25ウ)

本願寺へ礼

十八日、□□【晴今】晩本願寺門跡《(顕如光佐)》へたかミや三たん持参候、庭田同道、北御方《(顕如光佐室)》へ勅作大貝二、夕めしふるそろ、北御方も見参候、

大覚寺、高尾ニ別業

一寸法師女、禁裏ニテ踊

本願寺門主礼ニ来

五宮御屋渡リ

十九日、晴、客来候、いつものしゆ也、
廿日、晴、大《空性》かく《覚》寺殿高尾ニ別きやう《業》させられ候間、御見舞参候、御たる《樽》・かたひら《帷子》進上申候、御ふるまい尾さき《崎》のてらにて、又酒出也、
廿一日、晴、一寸ほうし《法師》女禁裏参、をとり《踊》申候也、おとこハ廿三なり申候、女ハ四十七、あふきたけこちかミたけ也、ひき一そく《束》ニとんす《緞子》くたされ候、しゆこう《准后・勧修寺晴子》より三百疋、上杉《景勝》女はうしゆ《房衆》より」(26オ)しゆこう三種三荷、余北むき《勧修寺晴豊室》へも三種三か《荷》也、一寸女に院にてとんす二まき《巻》くたされ候、中〳〵ちさき事也、
廿二日、天晴、本願寺門主礼被来候、そろすい《吸》物にて大酒也、庭田・中御門《宣泰》、ミやけ《土産》馬・太刀ニ銀子三まい《枚》、弁《勧修寺光豊》ニ馬・太刀五百疋、少進《下間仲孝》百疋、晩に礼ニ参申、直ニ、
廿三日、晴、今朝からす丸《烏丸光宣》所へ本願よひ被申候、余申され候へ共よすい《余酔》にて不参候、門跡もあさ《朝》と候へ共、二日遣にて昼被来候、さか月《盃》のたい《台》・たる、からす丸所へ遣候、大けふ院たるにて被来候也、くすにて□□【さか】月出也、」(26ウ)
毛利輝元女房衆より北むき方へすゝしかたすそはく、白すゝ一重、文にて殿原伊原と申者也、伊原たかミやニツ遣候也、ほしひ《干飯》にて井家《豊家》しやうはん、さか月出也、今晩五宮《道勝》我等まへの家御所望候て東立られ、今夕方御屋渡、御たる進上申、参候、事外あつく候間不参、

弁ハ祗候いたし申也、又毛利内義ヨリ五種五荷さき(先)使者忘れ申とてあとより来候、又北むき文遣候、

廿四日、天晴、中山鈴持来候、日野(輝資)大とくり(徳利)」(27オ)持来られ、大酒也、吉田(兼見)・中御門・西洞院(時慶)・せうせき、各めしふるまい申候、大酒也、

禁裏北野法楽

廿五日、晴、禁裏北野法楽御当座有之也、余三首、郭公枝声蕨　鶉　衾、

廿六日、昼大夕立、相煩何方モ不出也、

廿七日、晴、ちやうふく(長福)寺しゆちん(繻珍)・さしたる(指樽)・まきこさし持来候へ共、相煩返申候、竹御(曼殊院)門跡(良恕)則此樽進之候也、不参也、

麩焼

廿八日、晴、安楽光院ていし鈴二ツイ・ふ(の)やき(麩焼)・たうふ(豆腐)持参申候、一ツのませ返申候、」(27ウ)

楊弓

廿九日、天晴、早々より御楊弓参候、入道殿へ本願寺門跡茶湯候也、

七月

一日、天晴、とき(斎)坊主、しやうはん(相伴)、晩ニ御さか月(盃)ニしこう(祗候)いたし申候、礼者共有之也、

二日、昼大夕立、何かたへも出申さす候、

七首ヲ詠ム

三日、晴、中山大納言(親綱)よひ、七首のうたよミ申候、

秀吉ノ脇差ヲ盗ム
若宮准后目出事
七日ノ歌
二条昭実・広橋兼勝、関東陣へ
禁裏ニテ七色花立・鞠・楊弓・碁・貝覆・香
広橋兼勝・飛鳥井雅継関東陣へ
清水へ参
禁裏・院御目出事

四日、関白（豊臣秀吉）わきさし（脇指）刀ぬすミ申候者、六人渡し申候、岡本所見物参候へ共、中山（親綱）所にて若宮様（良仁親王）准后（勧修寺晴子）目出事」（28オ）参候間、かへり申候、大夕立也、

五日、天晴、七日うたを菊亭（晴季）所へ談合参候、それよりせいあん（蜻庵・尊悟）ニ下書申候、二条殿（昭実）へ御陣へ御こしの御いとまこい（暇乞）参候、かたひら（帷子）三ツ被参候、広橋（兼勝）陣へ参候間、おひ（帯）五すち（筋）、

六日、天晴、余（勧修寺晴豊）所目出度事也、准后・入道殿（勧修寺尹豊）・三条（公広）・万里（万里小路充房）・甘露寺（経遠）なと也、家来之物共はやく／＼ふるまい（振舞）申候也、各大酒也、」（28ウ）

七日、早天より禁裏参候、七色也、一番ニ花立申候、御うた三ゝ（番）御まり、四ゝ御やう（楊）弓、五ゝ御こ（碁）うたれ候、六ゝかいおゝひ（貝覆）、七はんニ御香、御人数四十余人也、御見物共下たいをうつ也、上よりすゝしぬわれ（絨）候て五ツ坊城（東坊城盛長）拝領いたし候、夜入鳥うたい中はて候也、

八日、晴、広橋・飛鳥井中将（雅継）陣へくたり申候、吉田侍従（兼治）三人也、あわたくち（粟田口）へ各おく【り】□、」（29オ）たる（樽）とも持、大さけ也、かへりニとんけい殿（曇花院・聖秀）へ各参、御ふるまい候て、かへり申候也、

九日、晴、よすい（余酔）候て、罷出申さす候、

十日、晴、女（勧修寺晴豊室）はうしゆ（房衆）・子とも皆／＼清水へ参候也、るす（留守）にて何かたへも不出申候、

十一日、天晴、禁裏（後陽成天皇）御目出事、院（正親町院）同前、院の前参候、たい（台）・御たる両御所へ進上申候、院にてハ御とをりの時御さか月拝領、五こんめ余、御しやく（酌）まいり候也、禁中七こんめ、余し

天盃拝領

やく参候、御さか月よりさきニてんはい《天盃》拝領、御さしむしろ《差筵》にて二こん参候、たいまきのおり《折》二か《荷》進上申候事也、」（29ウ）

十二日、晴、よすいにて何方にも出申さす候也、

禁中小屋へ前田玄以ヲ見舞

十三日、晴、民部卿法印《前田玄以》　禁中こ屋へたる持見舞、大酒也、

十四日、晴、夕方せいくわん《誓願》寺へ中山・伯《白川雅朝》・五辻《元仲》・余・藤右《高倉永孝》すけ同道、藤右所にて酒出、雑談也、

十五日、晴、夕方両御所御さか月参候也、

北条氏政等ノ首上ル

十六日、天晴、北条《氏政》首・おとゝむつのかミ《陸奥守・北条氏照》首のほり申候、関白《豊臣秀吉》より書状、菊亭・余・中山三人あて所、披露申候、則返事申、首かゝり申候、見物出、かへりニからす丸《烏丸光宣》所にて大酒也、

平野酒

十七日、晴、日野《輝資》所へひらのさけ《平野酒》持参申、中山・伯其外一両人、又さけ也、」（30オ）

准后、石不動へ籠

十八日、晴、准后石ふとう《不動》へ、十六日御こもり《籠》にて女房共御見舞参候、るす《留守》にて各ふるまい申事也、

十九日、晴、何方へも不出也、

毛利輝元へ勅使ニ参

廿日、晴、毛利宰相《輝元》へ　勅使参、かけ《懸》香廿被下候、三こん有、大酒也、罷帰、御楊弓参候、毛利我等所まて礼被来候、四あし出あひ申候、則　披露申候、　勅使礼三種三か《荷》・帷五・

高麗人上洛見物

すゝし二・そめかたひら《染帷子》二・さらし《晒》一被持候也、

廿一日、天晴、書状遣候、則返事也、今日四時ニかうらい《高麗》のしゆ《衆》くわんけん《管絃》にて上洛、各同道申候、見物中山殿原源兵ト申者宿」(30ウ)にて見物申、大酒也、おかしきて□□□【たち也】、帰り申候、准后石ふとうニ御こもり見舞申候、中山御方《中山慶親》同道、すくニ大徳寺ニかうらい衆

高麗人宿大徳寺

やと《宿》也、見物まいり見申候、かうらいの関白也、こしかけ《腰掛》す五ろくはん《双六盤》ほとな物ふまへ候

高麗の関白

てゐ被申候、内衆からかい申、おかしき事也、わけハ中〱きこへ申さす候、四人こし《輿》にてのほり申候、皆かさ《笠》きかさにくしやく《孔雀》のを《尾》、又へちの羽をさし申候也、かさのを《緒》ハ皆しゆす《繻子》也、大徳寺にて能見相たつね申候、

廿二日、晴、禁裏御さか月、しゆこう《准后・勧修寺晴子》被参候間」(31オ)しこう申候、そろにて参候也、

高麗人見物

廿三日、晴、大徳寺へかうらい人見物、中山・せい《靖》庵・伯・五辻《元仲》・左馬助《土御門久脩》・左馬頭《五辻元仲》・藤右衛《高倉永孝》門督同道申、鈴共余持、寺をかり一のミ申候へハ、かく《楽》の音きこへ申候、出候へハ、かうらい人寺を見物に出候、見申、そうけい寺にてしはらくそは《側》にて見申候、帰りニ鴨のはうり《祝》所にて立より候へハ、そろこつけ《小漬》にて大酒有之也、

楽ノ音

廿四日、□□【余酔】、何方も不出□【申】、院の」(31ウ)御番参候、院にて酒有之也、

廿五日、晴、ちやふく寺しゆちんときはうす《斎坊主》、五辻しやうはん申也、

廿六日、晴、何方へも不出也、

茶の湯

廿七日、晴、大かく《覚》寺五宮様《道勝》御かりは茶の湯ニ参候、伯・五辻三人まいる、御礼ニ参、竹内御門跡《曼殊院良恕》参候、さけ有、それより右衛門佐《富小路秀直》所にて夜入までふるまい也、

土佐のもの舞々

廿八日、晴、とさ《土佐》の物まい舞、しゆこうの御庭にてまい、上《後陽成天皇》被聞候、一そく《束》ニ白とんす《緞子》くたされ候、われ〳〵たのミ候てかたひら一・刀くれ申候、」（32オ）大刀・二百疋遣候、そろめし《飯》ふるまい申候、来迎院《舜甫明韶》めしつれ申候、

楊弓

廿九日、晴、御楊弓参候、まい舞たる持来候、禁中しこう申候、見参不申候、大風吹也、

二条昭実ヨリ陣ノ土産

卅日、晴、伯同道申候、日野所へ参候、夜入ふるまい也、二条殿《昭実》より陣御ミやみ《土産》のかミ《美濃紙》五そく、はうちやう《東坊城盛長》へ御たる・すしおけ《鮨桶》一・青さき《鷺》一給候、夜入伯御礼参候也、

八月

田実

一日、晴、御たのむ《田実》、禁中《後陽成天皇》一そく《束》ニ香箱五進上申候、院《正親町院》の御所へも同前ニ進上申候、」（32ウ）若宮御方《良仁親王》へ大刀、礼者共有之也、毛利《輝元》より馬・大刀使者にてたい《台》の物三か《荷》持参候、すい《吸》物にてさけ出候所へ柳原《淳光》・中山《親綱》被来候、さけ也、それより法印《前田玄以》参、大さけ也、毛利内記《秀包》より

御白粉箱

北むきへ三百疋、返ニみのかミ《美濃紙》三そくニおしろいはこ《御白粉箱》廿遣候也、上杉内きより北むきへ

狩野永徳

大風大雨

織田信雄ノ屋
形焼ケル
行幸申入レ

御霊別当、法
印申

愛宕

狩野永徳

対屋ノ絵ニ付
迷惑ト

らそく(蠟燭)百丁、返さしたる二色遣候、ちさか(千坂景親)にたる(樽)遣候、両御所(後陽成天皇・正親町院)へ御さか月(盃)ニ参候也、ゑいとく(狩野永徳)たる持参、

二日、晴、夕少降、余酔、何方へも不出也、

三日、朝晴、晩ヨリ少降、夜入大風大雨こと〳〵敷事」(33オ)無斗候、夜七時分大風大雨のさ中ニおわりたいふ(尾張内府・織田信雄)屋かたやけ出、残らすやけ申候、金間其外事々敷事也、行幸申入候ハんとてこしらへ候家火事也、

四日、晴、夕方降、しゆこう(准后・勧修寺晴子)よりてんほうりん(転法輪三条公広)御ふく二三条るす事、一日御ふるまい(振舞)参候也、

五日、晴、雨入少降、昼より伯(白川雅朝)・五辻(元仲)・中御門(宣泰)被来候、ふるまい出申候、御りやう(霊)の別当法印申、樽余(勧修寺晴豊)・弁(勧修寺光豊)ふたり持参申候、各夜入までのさけ也、」(33ウ)

六日、晴、あす(明日)あた(愛宕)へ(こ脱カ)や、上坊へあけ申候、こしらへとも申付候也、

七日、晴、早々や、あたこへ遣候、みやけ(土産)共申付候、入道所(勧修寺尹豊)江菊亭(晴季)・せいあん(蜻庵・尊悟)・通仙(半井光成)其外よひ申、我等ハ中酒の時出申候、夕方中山来られ、さけ出申候、

八日、晴、ゑいとく(狩野永徳)かの事也、親子おと、来申候、おと、しりかい(鞦カ)・子扇十本持参申候也、たい(対)の屋のゑ(絵)をはせ川(長谷川等伯カ)と申者法印(前田玄以)・山口(正弘)申付候、めいわく(迷惑)のよしことわり申来候也、安楽光院東国陣よりのほり、鈴持参候也、当番参候也、

九日、晴、こつらこのしちろうニ白をせいやうニをか」(34オ)せ申候、何方へも不出候て有之也、

准后煩、因幡堂薬師七人参

十日、晴、今朝准后（勧修寺晴子）すこし此中煩也、そのきたう（祈祷）ニいなはとう（因幡堂）薬師へ七人まいり、われ〳〵もよをし参候、いなはとうへくこん（九献）持、大くこんのミ申候、四辻大（公遠）・中山大（親綱）・余・伯・中御門・光豊（勧修寺）・甘露寺（経遠）七人ふるまい申、中酒七へん也、▨広橋（兼勝）・飛鳥井（雅継）・吉田侍従（兼治）東国より上洛、

徳川家康伝馬申状

家康（徳川）伝馬申状参候、広橋より返事持参候、

十一日、晴、今朝毛利宰相入道（輝元）所へよひ」(34ウ)申候、我等虫気にて罷出不申候、

内侍所御殿

十二日、晴、泉涌寺寺中者見舞来候、たる持来候、ふんかう寺（仏光）の西坊・なら（奈良）の中坊（秀祐）禁中くしやく見申渡候也、同道一のませ申候、夕方法印（前田玄以）内侍所御てん（殿）の事ニ菊亭・中山・余談合候事候て、　内侍所にて大さけ也、

対屋ノ絵師狩野永徳ニ定マル

十三日、晴、忘候てかき不申候、十一日ニゑいとく（狩野永徳）かのたいの屋のゑを法印・山口はせ川ト申者かゝせ可申由候を、准后申、法印ことわり申候、別儀なく申付候て、たる・おひ（帯）二すち（筋）親子（狩野永徳・光信）・をとゝ来候て、さけのませ申候、今日」(35オ)てんほうりん（転法輪三条公広）へ陣のるす事めし申付、女はうしゆ（房衆）（勧修寺晴豊室）参候、われ〳〵何方へも不出候、

十四日、晴、院ノ当番ニ昼より参候、坊城（東坊城盛長）所へ院より持明院（基孝）ト参、大酔也、

禁中名月当座

十五日、晴、今夜　禁中名月御当座五十首、余二首、八時ニ罷出候、かう（講）師光豊、よミあけ斗也、万里（万里小路充房）・三条（公広）東国陣より今日上洛也、来候へ共明日上洛あるへき卜申候也、

十六日、晩降也、今日万里・三条上洛也、」(35ウ)

十七日、晴、入道殿・蜻庵・庭田（重保）大納言其外参会也、柳原余ニ鈴持来候、入道殿にて一、各申入候也、

御霊祭

十八日、夕方さいれい（祭礼）の時分大雨降也、出納（職清）所にて見物、伯・あせち大さけ也、

十九日、晴、何方へも今日者不出候也、

禁裏ヨリ前田玄以ニ下賜

廿日、晴、禁裏ヨリ民部（前田玄以）卿法印御さうさく（造作）ほねおり（骨折）とて　勅作大貝一・うすやう（薄様）につゝまれ五色五か下候、則法印内侍所にて惣中御てんの奉行衆ニ」(36オ)下候とて一たへられ候、

高島知行鮒鮨

われらよひ申され候へ共不参候、高島知行弁取、百性ふな（鮒）のす▨し（鮨）十持来候也、

廿一日、雨降、徒然何方も不出申候也、

豊臣秀長へ御使

廿二日、晴、和州大納言（豊臣秀長）へ　禁中（後陽成天皇）より御服一重・折五合五荷被下候、御使ニ中山大納言（親綱）両人参候、雲斎申次、折ふし二条殿（昭実）・たかつかさ（鷹司信房）殿御出、三こん大酔也、本門（顕如光佐）へ見舞申候也、くわし（菓子）のおり（折）持参候、同道庭田（重保）大・持明（持明院基孝）・中御門也、盃出申也、」(36ウ)夕方和州大納言よ

豊臣秀長ヨリ吉野鮨桶

り吉野すしをけ（鮨桶）大なる一、雲斎使にて給候也、薬院（全宗）陣より上、禁裏へ御たる進上、准后へ

秀吉、准后へ新知行

ミや（土産）わた（綿）、禁裏参候御たる・白鳥拝領申也、准后へ関白（豊臣秀吉）より山科にて新知行二百石被参候由、薬院申入也、

廿三日、晴、和州大納言へ中山両人使者遣候、昨日者御使殊一おけ祝着申候旨申遣候へハ、午刻ニ馬・大刀三百疋」(37オ)持参候て礼也、禁中当番ニ参也、

勅勘詫事

廿四日、晴、准后殿原久衛門物ト云ミまさか（美作）になされ、出納豊後大蔵大夫（職清）被成候、ミまさかたる持参申候、かたきぬ遣候、御蔵兵蔵此中　勅かん（勘）也、わひ事申、相納申候、准后へいた物二ツ御たる、なかはし（長橋）たる、広橋家来にて候へ共、勅かんの時家来はつし申候へ共、又家来ニ仰付られ候、たる持参申候、余ニ二か（荷）二色・銀子弐まい（枚）持来候、さか月のませ申候、」

受戒

(37ウ)明日親天徳寺（宝衍）つき東国くたり申候、見舞ニ下申候、天徳寺法印書状遣申候、おひ三すち言伝申候、御しゆかい（受戒）ニ来迎院（舜甫明詔）参候、申次弁也、

廿五日、晴、いつかたへも不出候也、

堺ヨリ生物取寄振舞ウ

廿六日、晴、日野（輝資）・伯・柳原・土御門（久脩）・円阿ミ・藤右衛門督（高倉永孝）各よひ、さかい（堺）よりなま物とも取よせ申候間、ふるまい申候也、夜入迄、

廿八日（七カ）、雨下、昼庭田父子（重保・重通）・中山大納言・持明院・園（基任）・四辻よひ申候、ふるまい申也、

禁裏楊弓

廿八日、晴、禁裏御楊弓参也、

綸旨

秀吉、佐和山マデ上洛

秀吉ヲ山科マデ迎エル

聚楽

奏者所

木食応其、勅額ヲ依頼

高麗人見物

廿九日、晴、坂本西教寺より使僧にて法勝あつけをかれ候　綸旨御礼、上《（御陽成天皇）》引合十帖・まき《（巻）》
物、」(40オ)余銀子二まい、書出弁礼也、
卅日、晴、今日関白佐保山《（佐和山）》迄、東国陣より上洛被申候、明日迎ニ各可参候由也、

九月

一日、晴、早天より山科まて各むかい参也、余《（勧修寺晴豊）》へんとう《（弁当）》持、ふるまい《（振舞）》申候、禁裏可《被》参かと
伝奏四人その外四五人帰り申候へ共、もろ町《（室カ）》とをりかへり也、則四人藤右衛門督《（高倉永孝）》こしにて
しゆらく《（聚楽）》まて参候て礼申候也、
二日、晴、関白《（豊臣秀吉）》へ可参かと何方へも不出、奏者所南之方へい《（塀）》をさせ申候、毛利《（輝元）》へ准后《（勧修寺晴子）》より」
(40ウ)□《【結】》花被遣候、花□□□《【つ、二】》立られ候、
三日、晴、昼当番ニ禁中参候、罷出、吉田《（兼見）》鈴二ツイ持参候也、高野上人《（木食応其）》勅かく《（額）》申入候、菊亭《（晴季）》
より余もつて披露、御心得也、
四日、晴、かうらい《（高麗）》人見物、大徳寺参候、中山《（親綱）》鈴被持候、日野《（輝資）》も被持候、伯《（白川雅朝）》・中御門《（宣泰）》きおん《（祇園）》
にてさけ《（酒）》有、　院の御番ニ参候、
五日、晴、朝五辻《（元仲）》といくち《（猪口）》汁しやうはん《（相伴）》、中山・伯・中御門・あせち・そうせき・五辻・」

（41オ）法音院・ふんせい、夕めし（飯）ふるまい申候、

綸旨
西教寺上人内参

六日、晴、西きよ（教）寺上人、法勝寺たいてん（退転）の間、あつけをかれ綸旨申請、内　参也、御礼一そく（束）一本、准后へ五百疋、な（か脱）ハし（長橋）へ百疋、入道殿（勧修寺尹豊）百疋、菊亭へ二百疋、弁（勧修寺光豊）二百疋、内きへ二百疋、余ニ一そく一本百疋、寺より百疋、　院内参、一そく一本、帥殿（葉室頼房女）百疋、そろすい（吸）物にて盃出候也、

七日、晴、何方へも不出候也、

秀吉へ折進上

八日、晴、殿下（豊臣秀吉）へ菊亭・中山・久我（敦通）・余、折持」（41ウ）参申候、法印（前田玄以）もつてあけ申候也、

九日、晴、毛利（輝元）所へそめ小袖・あわせ（袷）一重遣候、内儀（勧修寺晴豊室）ヨリおひ（帯）ゑの（絵緒）を十すち（筋）、南方（毛利輝元室）へ被参候、林肥前（就長）指たる（樽）二色遣候、返しニ余にそめ小袖・あわせ・三百疋、内儀へ白色之そめ小袖・三百疋、南方より返し候、使ニわた（綿）二は（把）遣候、御盃ニ両御所へ参候、礼者共有之也、

十日、晴、何方へ不出罷候也、

勅額ノ礼

十一日、晴、高野之上人　勅楽（額）申請候て御礼ニ内　参候也、禁裏（後陽成天皇）銀子三まい（枚）・」（42オ）杉原一そく、准后へ一そく・わた三は、余ニ三百疋、殿上にてかく（額）遣候也、

狂言

十二日、晴、法印所へ菊亭・中山・我久（久我敦通）参、法印御前にて見参不申、梅軒（宗句）出候てきやうけん（狂言）いたし申候、物出、さか月（盃）にてさけ、四人扇遣候也、夜るあか月降、

毛利輝元へ枝柑子下賜
秀吉、禁中行事見舞延期
秀吉、禁中へ見舞
光豊屋敷
智仁親王へ三千石
秀吉ノ内参
毛利輝元へ折二合
風呂

十三日、晴、毛利宰相（輝元）へ従　禁裏打枝かうし（柑子）二三成のニたき（薫）被下候、十八日ニ関白被申候也、予御使（勧修寺晴豊）参候、見参也、辰刻ニ予所迄礼被来候、しやうそく（装束）速座き（着）、門外にてあひ申候、則」（42ウ）禁中へ参候て可申入候由申候也、きやうけん者来候間、扇の代五十疋遣候也、

十四日、晴、昼降、殿下　禁中行事見舞ニ御参候由申、各出申、可然之由法印被申候て予所ニ待申候、菊亭・久我・中山ニ降申ふるまい申候、一安（横浜良慶）・竹村参候、降候て関白のひ申候、

十五日、晴、殿下御見舞、気遣能候て、御殿共早速出来候とて御きけん（機嫌）成候、それ予あたり御覧し候て、さいしゆ所のけ、光豊（勧修寺）ニ屋敷申付られ、二のたい給候、大けい（慶）なり、それ八条殿（智仁親王）御覧しあまりひろ〳〵けんちうなるよし候て、気遣あしく」（43オ）成候て、准后一所直可被申候由候、八条殿へ三千石可被参候由候、その使菊亭・中山・予申候也、返事申候、参候へ、見参にて薬院（全宗）所北国ノ雑談共也、夜入申候也、早々内参可申候へ共、諸大夫・殿上人前陣末のこり申、罷帰次第内参可申候旨、両御所へ可申入旨也、

十六日、晴、毛利所へ折二合、たい（台）まて金銀ニだミ（彩）まんむすひ花（饅結花）にてかさり、こさしきそく（亀足）二合、盃台一、三荷遣候、見事とて使者ニ毛利見参也、折金銀たミ申候、いまた何方にも是なく候とて、おの〳〵ほめ申候也、」（43ウ）両御所へ三人祗候申候、夜前様子申入也、日野所風ロ（呂）あり、各参候、予きようすい（行水）斗也、

祇園ノ塔立ツ

十七日、晴、きおん《祇園》たう《塔》立、くやう《供養》あり、

秀吉、毛利輝元へ御成

十八日、晴、早天ヨリ毛利宰相所へ関白御申、しやうしやう《(衍カ)こん》ゐん《聖護院道澄》殿・菊亭右大臣《晴季》・予・中山・日野・毛利・豊後ノ大友《義統》おほう・京【極】□《高次》・大蔵《木下勝俊》以上十二人、五こん、能三番、初こん馬・大刀毛馬くり毛、二こん白小袖廿重、三こん二銀子千まい、たい《台》十百まいつゝ、申候、四こん金天目、銀たい金ほん二すへ▨▨ちん《沈》香一たい、くれない《紅》のあミを」(44オ)かけこと〳〵敷事也、五こん二くれない一たい、しらか《白髪》二たい程らい中〳〵いかほと、もしらす候、

大友義統
京極高次
木下勝俊

能・狂言

能ハワキ《脇》二たかさこ《高砂》、二はんたむら《田村》、三はんくれは《呉羽》、きやうけん《狂言》一はん二大つくし《筑紫》の百姓たんは《丹波》の百姓、二はん御局二各つけきやうけん也、能はて候ハんすき、各帰り申候、やかて降也、神〳〵りやうくわん《霊感》あり、天気きとく《奇特》也、はてすミ降也、八時二はて申候也、関白はんせん《配膳》にしのとうゐん《西洞院時慶》・あすかい《飛鳥井雅継》両人也、

後朝能

十【九】□日、晴、後朝能あり、しやうはんしゆ」(44ウ)其外諸大夫のこらすふるまいなり、能九番有、めしい《飯》かにもかる〳〵三度出也、すい物なと不出、願《本》寺内少進法印《下間仲孝》二はん能、つくし・ゆや《熊野》・ちねんこうし《自然居士》、公家二予・中山・日野・藤右衛門督《高倉永孝》・にしのとうゐん《西洞院時慶》・飛鳥井、此衆也、暮に帰り申候也、

毛利輝元、各へ礼

廿一《ゝ》日、少々つゝ降也、毛利所へ使者各より遣候、則毛利礼二各へあるかれ候、予所へ被来

狩野永徳、新御殿絵ノ礼

候、よひ申候へ共、方々礼申とて門外にて見参候事候也、永徳《狩野》子取親申候、新御殿ゑ《絵》をか
きたるにて礼来候也、」(45オ) 今夜山形加賀相《光政》はて、井家《豊家》ふさかり申候也、

庚申

廿一日、晴、今夜かう神《庚申》、禁中祗候申候也、

八条殿屋渡

廿二日、晴、晴、民部卿法印《前田玄以》所へ菊亭・中山・予参、准后八条殿屋渡之儀心得被申候由、殿
【下】□返事申渡候、薬院参候へハ客来候て、烏丸《光宣》所へ各より申、大酒也、ふるまい出申候也、
今夜木村所へ方違参、とまり申候也、
廿三日、晴、早天ニちやうけん院よりたる《樽》二色、寺僧持来候、立入《宗継》立《隆》佐使也、来迎院《舜甫明韶》よりゆ
廿音信也、

受戒
西大寺

廿四日、晴、来迎院御しゆかい《受戒》被参候也、」(45ウ) 指たる持参申候、国分寺なら《奈良》の西大寺也、
内　参申候也、百疋樽代予ニ、

大友義統礼

廿五日、晴、豊後大友馬・太刀にて礼ニ参候、豊後屋にかいにて坊城《東坊城盛長》・ゆうせう・一安めし
ふるまい也、大さけ也、夜入帰、

垣根ヲ打ツ
前田玄以小屋

廿六日、晴、松下鈴持参、おもてのかきかね《垣根》共たいあミ子にうたせ申候、法印《前田玄以》こ屋にて伯両
人、法印ふるまい也、それより柳原《淳光》所にて夕方ふるまい七八人参候、夜入さけ出候也、」
(46オ)

廿七日、晴、とうけんいん殿（曇花院・聖秀）へ准后御出也、予可参候由申候へ共、余酔にて不参候、弁参候、
何方へも不出、たいあミかきかね打申也、
廿八日、晴、少煩、何かたへも不出候也、昼降、
廿九日、晴、今日も何かたへも不出也、

高尾橋、禁裏奉賀

卅日、晴、高尾橋かゝり　禁裏奉加事、法しんゐん茶三ふくろ（袋）持参也、

十月

灸・血出血止め薬

一日、晴、少雨け、かう〳〵のきう（灸）よりち（血）はしり、事外出也、けゆうよひちとめくすり（血止め薬）付申候、夜入又ち出、けゆう来り申候、」（46ウ）
二日、晴、今日もけゆう来り申候、薬付申候、見舞衆共有之、一日昨日毛利（輝元）所へ花むけ（餞）にしゝら（縅）三たん（反）、弁（勧修寺光豊）おく二（ひカ）すち（筋）持遣候、予（勧修寺晴豊）煩申候、三浦兵（元忠）こかゝそめ（加賀染）一、させ（佐世元嘉）ニ加賀そめ一
▨、かた〳〵ニおひ（帯）五すち、ふく原（福原広俊）ニおひ五すち、弁遣候也、
三日、晴、棚守左近大夫いつくしま（厳島）より樽一・いりこ五さほのほせ候也、一段さけ也、今朝けゆうふるまい（振舞）申候、くすり付申候也、夜中よりねつき（熱気）少さし申候也、あせちくすりのミ申候也、

家薬土川ヨリ蔵付納ム

愛宕

知行初穂ヲ内侍所へ亥の子

毛利輝元勧修寺尹豊へ知行ノ銀十枚

四日、晴、きうのちとまり、けゆう来り申候」(47オ) いへくすり《（家薬）》付申候也、土川より蔵付納
申候、
五日、晴、あたへや《（愛宕）》、見舞ニ音信人遣候、
六日、晴、知行初を《（穂）》一袋 内侍所参候、御くま持来候、つゝミこし乗初申候也、いの子《（亥）》御盃ニ両
御所へ参候、上杉内記へ
七日、晴、毛利内衆林肥前《（就長）》礼来候、一そく《（束）》・しゝら一たん、弁沈香、上杉内記へかき《（柿）》・いか《（毬》
くり《栗）》つミ分たい一、女はうしゆ《（勧修寺晴豊室）》より遣候、
八日、晴、毛利より入道《（勧修寺尹豊）》へ国にてやくそく《（約束）》の知行とて銀子十まい《（枚）》被出候、銀山御公用も参候、
分一十まい、毛利十まい、」(47ウ) 百十まい参候、入道廿まい取御申候、知行のかね共ニ三
十まい也、
九日、晴、毛利内記《（秀包）》南方《（勧修寺晴豊室）》へ北向より折くわし《（菓子）》のまいらせ候、返事有之、
十日、時雨さい〳〵也、毛利《（輝元室）》南方より准后《（勧修寺晴子）》へ十色十か御音信也、北むきまての披露文也、
十一日、晴、准后より毛利内きより樽御すそ分也、たうのわきさし《（脇指）》あつらへ申也、立本寺江
目かう《（籠）》にしきろう《（食籠）》二、しやう〳〵遣候也、
十二日、晴、何方へも不出候也、

御霊参

十三日、朝より降、こりやう《御霊》へ参候、別当所へよひ」(48オ)申候、日野《輝資》・藤右衛門督《高倉永孝》・中御門《宣泰》・弁、朝より暮候て帰り申候、事外ふるまい也、高岡も参候也、

御日待ノ神事

十四日、晴、院当番光豊《勧修寺》参候、明日御日待神事也、准后より毛利南方へ折ニ被遣候也、

花火・碁

十五日、晴、夜入降、御日待　禁裏各参候、御あそひ花火かゝられ候、御こ《碁》あり也、

十六日、晴、ふせり、何かたへも不出也、

清水紅葉見
坂迎

十七日、晴、夜中夜明ニ降、何方へも不出也、院ノ上臈師殿《葉室頼房女》清水紅葉見、准后さか《坂》迎御出也、光豊しち《きカ》ろう・鈴持中候也、

将棋
亥の子

十八日、降也、各しやうき《将棋》さしあそひ申候、」(48ウ)御井《亥》の子ニ両御所へ参候、雨下候也、

秀吉、高麗人内参ヲ求ム
内参アルマジキ

十九日、さい〳〵時雨申候、法印《前田玄以》小屋にて▨菊亭《晴季》・中山《親綱》・久我《敦通》・予参、関白《豊臣秀吉》ヨリ新御殿にてかうらい《高麗》の物召つれ内　参可申候旨候、中〳〵かうらいの物なとハ内　参有間敷之由返事申候、

土川ヨリ年貢

廿日、浅野弾正《長吉》女房へおり《折》二合三荷遣候、昨日毛利南方ヨリおり二合・肴三種五荷、北むきへ音信也、そのおり二合遣候、土川ヨリ年貢来候、

廿一日、晴、日野所にて参会有之、」(49オ)

豊臣秀長煩ニ
諸社へ勅使

廿二日、晴、関白ヨリ大和大納言《豊臣秀長》煩より大政所《豊臣秀吉母》吉例にて諸社勅使被立立願也、被仰出候て可被

下候由種々立願也、九人勅使立申候、予きおん《祇園》へ参候儀候、今夜より神事也、蜻庵《尊悟》へ作事見舞申候、こわい《強飯》・たる《樽》持参候也、

廿三日、雨降時雨也、神事にて」(49ウ) 何方へも不出也、

晴豊、祇園へ勅使

別勅

廿四日、降、祇園予　勅使、大和大納言相煩立願也、伊勢柳原《淳光》、賀茂下上江中山、八幡久我、春日中御門《宣泰》、住吉日野、稲荷菊亭、いもうとにはなれられ廿日中ニ別勅也、御りう《霊カ》広橋《兼勝》、松尾伯《白川雅朝》、太刀五百疋つゝ、伊勢へ両宮へ弐千疋三千石つゝ、立願也、

狛人

秀吉参内ノ由

廿五日、晴、早天ニ法印菊・予・中山参候て」(50オ) 関白内　参之儀相尋申候、いまたさたまり不申候、狛人めしつれられ候ハん事、中〻有間敷候由申渡候事也、

廿六日、晴、関白参　内あるへき由候て、　禁中御よりをき也、祇候申也、

廿七日、降、明日参　内可有由候、さりなから事外降也、方々すわう《素襖》・太刀共かし申候、夜入大風吹、妙法院南立候ちんかせ《凬》にて吹たをし申候也、」(50ウ)

諸大夫成

廿八日、晴、諸大夫成有之、申次参、

廿九日、降、諸大夫成共有之也、

十一月

秀吉参内延引
宗義智

一日、降、関白(豊臣秀吉)参　内候由候へ共、降ニより延引也、つしま(対馬)のやかた(屋形・宗義智)公家成、参　内、同つしまの柳河(柳川調信)申候者殿下(豊臣秀吉)之諸大夫成申候、

二日、晴、つしまのやかた馬・太刀礼ニ被来候也、明日参　内こしらへ共申候、」(51オ)

秀吉参内

三日、晴、早天より　禁中へ参候也、関白参　内、禁裏(後陽成天皇)へ銀子三百枚、院(正親町院)へ百まい(枚)、准后(勧修寺晴子)へ三十まい、女御(近衛前子)三十まい、その外十まい五まい三ま□【い】けふ御みや(土産)、准后にて七五三ふるま□【い】、予(勧修寺晴豊)所にて三好助兵へその外三まき(御牧景則)・□【の】ゝ口(野々口)五兵へ十五六人被来候也、ふるまい(振舞)申候也、

豊臣秀長見舞ノ勅使

小西立左・長谷川宗二法眼成

四日、晴、一昨日二日ニ大和大納言(豊臣秀長)見舞」(51ウ)□【両】御所より勅作にて菊亭中納言(季持)・中山宰相(慶親)・光豊(勧修寺)両三人被下候、今日上□【洛】申候、大納言より銀子十まい小袖一重つゝ被出候也、小西立(立佐)左・長谷川宗二法眼成申候、馬・太刀礼ニ来候也、

狛人、秀吉御礼触

五日、晴、夜入降、明日狛人殿下御礼申候、菊亭(晴季)・予・中山(親綱)・日野(輝資)・藤右衛門督(高倉永孝)可参候由法印(前田玄以)ヨリふれ(触)状也、何も心得申候、夜入降候也、

六日、降により狛人礼延引申候也、」(52オ)

狛人、秀吉へ礼

七日、晴、今日狛人関白所へ初て御礼ニ参候、しやうはん(相伴)ニしやうこん院(聖護院道澄)・菊亭(晴季)・予(勧修寺晴豊)・中山・日野・右衛門督(高倉永孝)、はんせん(配膳)ニ飛鳥井中将(雅継)・藤五郎(長谷川秀一)・宇きたさいしやう(宇喜多宰相秀家)、かうらい(高麗)人四

虎ノ皮
人参
楽ヲ吹ク

人、飛鳥井中将・藤五郎、狛人四人ハあしつけ《脚付》也、五のせん《膳》也、進物とらのかわ《虎皮》百まい・からくら《唐鞍》」（52ウ）二くち・ミつおけ五、にんしん《人参》一箱、白米五十石、楽をふき□《候》てきかせ申候、右のかく也、ひやうし《拍子》ハ何共しれ不申候由候、首四人其外五十人斗殿下拝申候也、下々まてまんちう《饅頭》・ミかん《蜜柑》・たい《台》の物、さけのませ被申候、かくにて参、帰りもかく申候、

方違

▨▨八日晴今夜木村所へ方違参、とまり申候也、」（53オ）

八日、晴、昼帥局《葉室頼房女》へ家ふるまい参候、大さけ也、

九日、晴、よすい《余酔》さん《散》〳〵の事、何方も不出、

十日、晴、今夜准后御てんかく被参候、上にて大くけ無申斗候、

十一日、晴、よすいにて不出候也、

茶ニ行ク

十二日、晴、昼円阿ミ所へ茶まいり候、日野・伯《白川雅朝》、

十三日、晴、何方へも不出候也、日野所鈴持参候、」（53ウ）

尺八

十四日、晴、法音院来候、尺八持参申候、

田楽飯

十五日、晴、夕方御方にてゆるりひらニてんかく《田楽》めし《飯》有之也、

茶ニ行ク

十六日、晴、菊亭一安《横浜良慶》所へ茶参候、朝也、広橋《兼勝》両人、昼菊亭御出候、大さけ也、一日儀候也、

秀吉ヨリ高麗米ヲ給フ

鷹司信房内府
秀吉若公煩立願勅使

祇園社へ勅使トシテ参

院ニテ若公祈禱

院ヨリ諸社へ使

東陽房へ茶

禁中庚申

十七日、晴、関白より高麗《らい》より参候白米一表給候也、たわら（俵）の様子ねん入候躰也、高司殿（鷹司信房）よりなまさけ一しやく御使いせいけん也、たいふ（内府）の　勅やくの事也、」（54オ）

十八日、晴、禁中当番ニ祇候申候、鷹司《たか》（信房）□【殿】たいふの儀、内々申入られ候、　関白より若公（鶴松）煩ニ諸社くわん（願）立、勅使大政所（豊臣秀吉母）ことく被立候へのよし也、則　立願　勅使共也、返事也、晩より各神事入申候也、夜入神事別火申候也、

十九日、晴、神事何方へも不出候也、」（54ウ）

廿日、晴、祇園社予参候、御馬・太□【刀】、馬代五百疋、太刀薬院（全宗）より御料所御代官より出申候也、予執行、尊（樽）代二十疋社へ太刀、それにて盃出申候、又それより菊亭・予・中山三人関白へ出申候、ふるまい申つけられ、ふるまいニあひ帰り申候へハ、又院ノ御所（正親町院）より吉田（兼見）

勅使ニ若公きたう（祈祷）ニ参候へ由仰、神事入申候、

廿一日、晴、神事にて不出申候也、」（55オ）

廿二日、晴、吉田院より　勅使、日吉へ菊亭、平野へ広橋（兼勝）（ママ）久我、木舟（貴船）へ久我、大原野へ中山、

太刀五百疋候也、吉田・予大刀其外各へミやけ（土産）遣候、三こん出申候、それかへり東陽房へ茶、日野・伯参候、夜入禁中かう神（庚申）、大かく（覚）寺殿（空性）てんかく被参候、しこう申候、

廿三日、晴、何方へも出申さす候、

受戒

北野参
飛鳥井家法度

秀吉、北野ニ
テ湯釜

高麗米、禁裏
ヨリ内々衆へ
下サル
五宮弟子

千少庵茶会
秀吉、二条殿
へ藤掘ニ行ク

廿四日、晴、来迎院《舜甫明韶》御しゆかい《受戒》参候、」(55ウ)三条たいしやう也、あす北野へ参候、神事ニ入
申候、
廿五日、晴、北野へ参候処江飛鳥井中将被来、大納言《飛鳥井雅春》たかの出雲ニむらさき《紫》のかミ、もへき《萌黄》
のはかま《袴》ゆるし申候、然者家はつと《法度》はて申候間、予　禁裏申入相おさへ申度候由被申候間、
則申入、予まて女房文取申候、大納言参候てことわり申候、それより北野へ参候、北野に
て関白ヨリゆかま《湯釜》いり候、大敷無之事也、七釜立三子一人して」(56オ)かり申、太刀つかい
中〳〵ことく〳〵しき事也、くんしゆ《群衆》鳥井《居》まて見物衆有之也、
廿六日、晴、かうらいの米禁中参候を内々衆くたされ御ふるまい也、罷出、しやうこんゐん
殿夜中ニ参候、五宮《道勝》御ていし《弟子》の事被申候、御らんし候へハ、御とんニ御入間成候間敷候、
返事一たんの御しんしやく也、大さけ被下候、罷帰申候、
廿七日、うす雪降、何方へも不出候也、
廿八日、晴、早天ニ少庵《千》へ茶会、予・烏丸《光宣》・」(56ウ)広橋三人参候、午刻ニ二条殿《昭実》へ関白藤
をほり候ハんとて御参候へ共、つき間敷とて御ほりなく、大政所へ百石被参候也、家中皆
甘露寺《経遠》へ初て家見に参候、ふるまい也、それより少庵へ礼ニ広橋ト参候、
廿九日、晴、何方へも不出候、晩ニ中御門《宣泰》江参候也、伯両人夜入さけ有之也、

卅日、晴、夕方　禁中御てんかく進上申候、たい二・御たる《樽》こしらへ申候、夜中也、

十二月」(57オ)

禁中講

一日、晴、夜前より　禁中かう《講》、理性院《堯助》・上乗院《道順》同道申候、罷出少ゐんとめ、今朝しやう《相》はん《伴》申候、とき《斎》坊主しやくせんゐん《積善院尊雅》・理性同道僧若主、理性院同道、しなの《信濃》ゝ者也、こふ《昆布》二そく《束》持参申也、両御所へ御さか月《盃》参候也、

内侍所新殿移ス日時定
棟上・鎮宅

二日、晴、晩より雪降也、民部卿法印《前田玄以》御わたまし《移徙》、その外内侍所新てん御うつしの事、日時定のかれこれ」(57ウ)談合、御むねあけ《棟上》・ちんたく《鎮宅》の事、地まつり《祭》の事也、しやうれん院《青蓮院尊朝》申入候也、菊亭《晴季》・予《勧修寺晴豊》・中山《親綱》三人参候也、

三日、晴、何方へも不出候也、

院ニテ高麗米振舞

四日、晴、院《正親町院》ノ御所にてかうらい《高麗》の八木にて御ふるまい《振舞》、大さけ也、則当番祗候申候也、

五日、晴、晩雪降、余酔にて罷出申さす候、

大御茶

六日、晴、入道殿《勧修寺尹豊》せいあん《蜻庵・尊悟》・庭田《重保》大御茶申入也、

七日、晴、昼からす丸《烏丸光宣》・▨広橋《兼勝》・藤右衛門督《高倉永孝》茶申候也、夕方伯《白川雅朝》所にてさけ有之候也、」(58オ)

興正寺僧正勅許

八日、晴、早天ニ法印《前田玄以》所へ参候、菊亭・中山・予、興正寺僧正《佐超》勅許、其外談合共申、めしふ《飯》

豊臣秀長見舞郡山へ伝奏四人

豊臣秀保

夜上ル

禁裏誕生日移徙談合

るまい也、
九日、晴、夕方大雪、何方へも不出候、明日こほり（郡）山大納言（豊臣秀長）見舞罷ト候用意申候也、
十日、晴、早天ヨリこほり山、伝奏四人罷下候、則各同道候也、晩ニこほり山付候、
十一日、晴、今朝内々一安法印（横浜良慶）申候、則御ふるまい也、侍従殿（豊臣秀保）御しやうはん、大納言（豊臣秀長）風引申候とて無見参候、侍従へ太刀、大納言馬・太刀三百疋、一安ニ百疋、うんさい（芸斎）ニさけ也、通仙い（半井光成）」（58ウ）られ候、わたほうし（綿帽子）二、けんは（玄蕃）所へ参、百疋、さけ也、内儀へへに（紅）花五ふくろ（袋）、その外うちしゆ（内衆）五六人たる（樽）代遣候、柴山しゆり　勅作二具、けんはへ参とまり、一ねり（寝入）申候、初夜の時よりをき（起）のほり申候、夜のほり也、天神は丶にて夜半の聞申候、十二日朝のほりつき申候、
十二日、晴、めしよりさきにこほり山よりのほり申也、
十三日、晴、五宮（道勝）にて准后（勧修寺晴子）各御ふるまい参也、
十四日、晴、院ノ御所へ御てんかく（田楽）・たい・御たる進上申候、」（59オ）則当番参、各めし、御うたい（謡）有之也、
十五日、晴、御番より罷出、　禁裏（後陽成天皇）御たいしやう（誕生）日御悦参候へハ、法印より御わたまし（移徙）談合申間、三人参候への由被申候、御ことわり申入罷出、法印参、しやうはん大さけにて帰り

大雪
煤掃
風呂

移徙日時定
内侍所鎮座鎮
宅

来迎院長老参
内

千少庵茶

新御所棟上

内侍所鎮定鎮
座日時定ノ陣
儀

申候、又禁中参也、御さか月拝領申也、
十六日、夜入雪、大雪也、今日すゝ《煤》をはき《掃》申候、当年予所はしめてはき申候也、大雪なから
はき申候、かうたう風口《呂》とめささせ申候て、家中皆〳〵入申候、おとこしゆ《男衆》のかた・女房
衆」(59ウ) 両方とめさせ申候、釜屋人也、風口やく毎年とめさせ申事也、上杉女はう《房》より
いせゑひ《伊勢海老》一おり給候也、
十七日、雪降、御移徙日時定、　内侍所鎮座鎮宅種々談合共　内侍所にて申候也、
十八日、晴、何方不出候也、
十九日、晴、来迎院《舜甫明韶》ちやうろう《長老》申入、参内申候、申次参候、予二百疋、弁《勧修寺光豊》沈香・指たる《樽》・二
種、昼少庵《千》日野茶申候也、桜田苗なをし申候、上《後陽成天皇》より御馬・太刀銀子一まい《枚》」(60オ) 被下候、
廿日、晴、余酔、中山所へ参候、伯両人一日雑談申候也、
廿一日、晴、移徙談合共申候也、隙入申事也、
廿二日、晴、　新御所御むあけ《ね脱カ》共、諸しよく《職》人出、たち《太刀》折かミ《紙》法印より遣候、各見物申候也、
天気能候てきとく《奇特》かり申候也、若宮様《良仁親王》御まいり初也、今夜より鎮宅はしまり申候也、御移
徙　内侍所鎮」(60ウ) 座日時定陣儀有之、上卿菊亭右大臣《晴季》、奉行右大弁葉室《頼宣》、参仕弁光豊
有之也、

八条殿移徙

廿三日、晴、八条殿（智仁親王）殿（ママ）江御移徙、同 准后同前也、予・中山・三条（公広）・万里（万里小路充房）・甘露寺（経遠）・弁参、
三こんニめし有之也、
廿四日、晴、御とりをき共にて有之也、院当番、
廿五日、晴、明晩御わたまし方々の事共也、」（61オ）

御移徙

廿六日、天晴、御移徙三こん、しそく（脂燭）五人、ふち（扶持）四人、奉行光豊也、ない〳〵（内々衆）しゆはかり太
刀にて当夜御礼、御とをり、
廿七日、晴、殿下（豊臣秀吉）

大織冠、郡山ヨリ多武峰へ帰ル
秀吉へ御移徙御礼ニ御使
秀吉煩気ニテ見参ナシ

廿七日、晴、たいせうくわん（大織冠）たうミね（多武峰）へこほり山より御帰ニ 勅使ニ菊亭・光豊早天より罷
下候、予・中山・菊亭中納言（季持）殿下移徙御礼ニ禁裏より馬・大刀にて御使ニ参候、」（61ウ）御
煩けにて殿下見参なく候也、

内侍所鎮座

廿八日、天晴、 内侍所鎮座候、早天吉田清（兼見）はらい（祓）、ちんさ（鎮座）夜中也、御しそく五人、その外

新殿鎮宅

其外両頭弁（葉室頼宣・万里小路充房）也、廿二日より新殿にて青蓮院ちんたく三日御をこない也、奉行甘露寺候也、

光豊、郡山ヨリ帰ル

夜中ニこほり山より弁のほり申候、神けい（恵）拝領也、わた（綿）二わ（把）、菊亭同前也、当番しこうい
たし候也、」（62オ）

前田玄以へ歳暮ノ礼

廿九日、晴、法印歳暮参候、百疋、その外内衆共へ、毛利（輝元）小袖一重、林ひせん（肥前・就長）ニ小袖一、上（景勝）

徳川秀忠公家成

家康ノ甥諸大夫成

家康ヨリ毎年一枚

杉小袖一かさね《重》、千坂《景親》一、なをへ《直江兼続》二□【ツ】、いつミさわ《泉沢久秀》いた《板》の物一ツ遣候、昼家康子お長公《徳川秀忠》家成、予所よりしやうそく《装束》ニあらためられ候、しやうありてよりさうすい物三ん《ママ》、柳原大納言《淳光》来られ、なるせ《成瀬国次》加▨《伊》そひ申候、こうけん《後見》也、茶屋《中島清延》の四郎二郎予事ちそう」(62ウ)申、来候、おかめと申人諸大夫被成候、太刀・馬代礼也、家康《徳川》のおい《甥》の《奥平家治カ》候由候、御参内被申、しやうそくぬかれ候てより湯付出申候、内衆六七人しやうはん也、かたのことくのさけ也、みやけ《土産》□【に】太刀金一まい、家康毎年一まい給候、其例也、明日八年頭也、歳暮少々出候也、禁裏太刀・馬代銀子卅まい、院《正親町院》廿まい、その外局かた下々までの礼也、」(63オ)

「右《奥書》家公晴雲院贈内府晴豊公御記也、依恐破損表紙裏打等令沙汰之者乎、

寛文十二年十一月下旬

権中納言藤原経慶《勧修寺》（朱印）」

晴豊、本年四七歳、正二位権大納言

一〇　日々記　天正十九年正月〜三月

「（後補表紙）
正月　閏正月　二月　三月

晴雲院贈内大臣晴豊公于時大納言御記

天正十九年

第七」

「（表紙）
正月大　閏正月小　二月大

三月小

天正十九年正月一日

日々記　権大納言（勧修寺晴豊）（花押）

春三月分」（1オ）

○縦二七・二㎝×二一・六㎝

正月大

四方拝・古御殿菊亭父子内々取立

一日、天晴、四方拝有之也、ふる（古）御殿出御也、今夜より菊亭（晴季・季持）父子内□（々）加召候也、則今夜より

御番ニ被参候、

佐竹義宣昇殿勅許

二日、晴、民部卿法印（前田玄以）より菊亭（晴季）・予（勧修寺晴豊）・中山（親綱）・久我（敦通）四人江書状、関白（豊臣秀吉）より被申入候佐武（佐竹義宣）昇殿、同名之者」（2オ）諸大夫ニ、披露申、勅許也、晩ニ参　内申候、てんはい（天盃）拝領申候、両御所　禁裏（後陽成天皇）銀子卅まい（枚）、院（正親町院）へ廿まい、諸大夫まへのことく也、御さか月（盃）参候、鳥のうたふ時分罷出、明日関白へ家中大名共礼ト、あか月予上杉（景勝）所へ見舞、装束きせ申候、夜明帰り申候也、

明日、秀吉へ家中大名礼

三日、朝降也、御さか月参候、当番也、」（2ウ）礼者共有之也、

四日、晴、余酔申候也、礼者共見参也、

五日、降也、礼者共有之より日記かき不申候、失念共斗也、

大雪ニテ秀吉参内延期

六日、晴、晩大雪、殿下（豊臣秀吉）参内、雪ニ延引也、

七日、晴、御さか月ニ不参、酔、

秀吉、参内延期スルモ音信ヲ進上

八日、晴、当番参候、関白ヨリ天気あしきゆへ参　内延引申候間、先御音信とて、かん（雁）七・こう（鴻）一ツ、、両御所へ」（3オ）法印（前田玄以）御使者被参候、其外局衆・清家（摂家）衆・伝奏・予ニかん一也、その外ハ鴨二ツ衆有之也、法印参候也、

九日、晴、十日十一日十二日、関白参内取籠、

秀吉参内
新御殿
清花衆
千少庵へ年頭礼

十二日、天晴、関白参　内、▨▨八年当年者両御所斗にて御さか月参候、局かた無御参候、
　禁裏馬代万疋、院へ五千疋、其外つほねかた《局方》へ小袖とも也、新御てん《殿》にての事也、」
（3ウ）御しやう《相》伴八条殿《智仁親王》・菊亭、うきた《宇喜多秀家》・上杉・毛利宰相《輝元》三人、殿上人大和侍従《豊臣秀保》・金五《豊臣秀俊》・家康《徳川秀忠》侍従、清花衆也、太刀折紙、馬代千疋ツヽ、其外殿上人廿人斗の衆、太刀三百疋ツヽ、御とをり有之也、　院同前也、今晩少《千》庵所へ年頭礼参候、歳暮不申候間、両度之二百疋遣候、

十三日、晴晴《ママ》、明日関白江礼、諸家之礼有之、

秀吉へ勅使・院使
摂家・清花・門跡礼

十四日、晴、早々より　関白　勅使　禁裏ヨリ予、太刀折紙・馬代銀子廿まい、若公《鶴松》へ太刀・馬代白かね十まい、　院ヨリ中山大《中山親綱》」（4オ）太刀・馬代銀子十まい、若公へ太刀五まい、菊亭・予・中山・久我太刀折か《紙》ミ太刀二ふり・折かミ二ツ持、関白前ニ直礼申、若公へ一度ニ申也、めつらしき事也、何も各此分也、初例此事也、三こん、　勅使四人・清花レ清家《摂家》・門跡衆初也、後ニ諸公家衆也、

左毬打

十五日、晴、さきちやう《左毬打》三かとしん《進》上申候也、御さか月両御所へ参候、若宮さま《良仁親王》御たる《樽》進申候、参也、

八条殿へ秀吉御成

十八日、晴、今日八条殿江関白わたましの御礼ニ御参也、則准后《勧修寺晴子》にて三こん」（4ウ）【七】□五三、

御ふるまい（振舞）也、御ミや（土産）共八条殿へ御太刀・毛馬ニ百貫、准后へ五十貫・白鳥二ツ、八条殿御内衆、准后御しゆへ五十貫出され候、こと之外の気遣無申斗候、おとこしゆニハ予・中山・三条（公広）・万里少路（充房）也、うたい（謡）有之也、予なと沈酔のまきれうたふ也、殿下うたしらすニよりおかしき事也、此度ゑい候ハす候、ゑいへき所ましてと申され候間、かた〳〵各沈酔也、

謡
秀吉うた知ラズ

御会始

十九日、晴、御会始ニ有之也、とくち（読師）飛鳥井前大納言（雅春）、はせい（発声）四辻前大納言（公遠）、かうち（講師）中御門（宣泰）、よに（夜）入申候也、」（5オ）明日さきちやういかにもちいさく成申候、小屋御殿共出来申候間はふれ也、神事入申候、御神楽有之也、

廿日、晴、神にて《事》何かたへも下行共申付候、

御神楽

廿一日、晴、御神楽、奉行葉室右大《右》弁（頼宣）、御しそく（脂燭）九人、御けん（劔）飛鳥井中将（雅継）也、禁裏ヨリ御神楽也、例年之也、

今夜神御神楽ハ北政所申沙汰

廿一日、雪降、雨儀也、こんらう（軒廊）にて事也、今夜御神楽ハ関白政所（豊臣秀吉室）より申さた（沙汰）也、金子三まい参、一まい上へ（後陽成天皇）、出御の礼ニ□【上】」（5ウ）二まい百十四石うり、下行共事外か□【そ】う□（也）、奉行日野弁（資勝）、御けん飛鳥井中将、しそく七人、是へも下行、伝奏予・中山両人申候、

廿二日、書付申候事無有之、

庚申

廿三日、晴、御当番、かのへさる（庚申）也、おとこ（男）末にて御さうたん共有之也、

御霊・北野参詣

廿四日、晴、昨日廿二日　内侍所・こりう（御霊）・小野（北野カ）、弁（勧修寺光豊）両人参詣申候也、

廿五日、何事候哉忘申候、かきおとし申候也、

八条殿親王宣下

名乗智仁

廿六日、晴、八時ニ陣の儀、八条殿新主（親王）宣下、上卿日野新大納言（輝資）、奉行葉室弁（頼宣）・甘露寺（経遠）、御名のり▨皆（智）仁也、今日夜御ちこ（稚児惜）」（6オ）をしミ有之、各八条殿にて准后にて御盃参候、予俄不参申候也、

公家・門跡・寺衆、禁裏御礼

廿七日、晴、明日諸公家・門跡・寺衆　禁裏へ御礼也、

廿八日、晴、各御礼、申次祗候申候、上臈の局にて二条殿（昭実）・九条殿父子（兼孝・忠栄）・鷹司殿（信房）・一条殿（内基）・三宝院（義演）大くこん（九献）也、それ准后参、聖護院殿（道澄）大くこん有之也、

八条殿元服

廿九日、晴、八条殿御元服、くわくわん（加冠）ふしミ殿（伏見・邦房親王）、着座菊亭右大臣（晴季）・予・中山殿三人、冷泉少将（為将）・四条六位（隆昌）両人太刀にて、祗候衆御礼、予太刀・折かミ也、

准后御出

卅日、晴、　禁裏・院へ御礼、太刀・折紙、則やかて　禁裏・院ヨリ馬・太刀被参候、禁裏ヨリ予、院ヨリ中山御盃出也、予ニ安井ひたにて（飛騨）」（6ウ）いか物一・御小袖一、女はう衆（勧修寺晴豊室）いか物一・小袖一被出也、則安井ニ太刀百疋遣候、御礼ニ参也、それよりふしミ殿（伏見・邦房親王）へ当年之御礼参候、三条転法輪（公広）・せいあん（靖庵・尊悟）御礼ニ参候、事外沈酔、申斗無之候、晩ニ准后御礼御出

候由候、夜入准后御出也、三こん申候、入道殿(勧修寺尹豊)・南向・弁方にてすい(吸)物にて申入候、事外各沈酔申候、三条殿へ御出候、則予も参候て、又大くこん也、沈酔申也、」(7オ) 明日八条殿御礼衆参候事、中〱此分なるましき申候事也、二のたい(対)を廿七日雪降くつし申、廿九日ニこと〱く取申候、日やうやとい(用)、二日百人はかりにて石すへまて取申候、かきをとし、今日かき申候事也、此日記も当日成候□□□【事無之】候、」(7ウ)

二ノ対雪ニ崩レル

日用

閏正月小

一日、天晴、余酔申候、御さか月(盃)にも不参申候也、八条殿(智仁親王)へ御元服の御礼五清家(摂家)其外有之、

八条殿元服ノ礼

二日、晴、昨晩より少相煩、日野所(輝資)にて各参会有之、兼日可参候由申候へ共ことわり申候、参申さす候、民部卿法印(前田玄以)晩ニ禁裏江被参、清涼殿之サシツ(指図)弥々相定可申候由談合ニ被参候、菊亭(晴季)・中山(親綱)、予(勧修寺晴豊)相煩ことわり申、不出候也、

清涼殿ノ指図

三日、晴、今日も罷不出候也、長橋より御用共有之候由、切々召候也、明日ハ祗候可申候之由申入候、

四日、晴、六町(丁)大名屋敷成申候間、かへの屋敷」(8オ)の事、法印(前田玄以)申候へ共、程遠所被申付候間、禁裏(後陽成天皇)より近所被仰付候様ニト御わひ事申入候、予ニ御談合被成、其上にて法印ニ可

禁裏六丁町大名屋敷ニナル

秀吉、本願寺ニ屋敷

聖護院弟子

聖護院新宮

六丁町屋敷替ノ事

上杉景勝・直江兼続、茶湯ニ来ル

鞠

被仰出候由候、　仰にて候間、中山両人参候て急度上《後陽成天皇》より仰候様ニなく、両人可申聞候、
六丁町近比尤之由申入候、則法印参候へ□【ハ】、殿下《豊臣秀吉》本願寺ニ屋敷御覧被仰候□【由】申候、法印御
供ニ出申候間、路次より帰り申候、これより両御所より聖護院御《道澄》ていし《弟子》御とくの御礼ニ御
勅使ト被仰出候」(8ウ) 此中御談合候事也、何の御寺へも金銀にて一角被参候へ共、聖護
院へハ御寺一かと寺領御座候ニ被参候ハヽ、かへりて殿下御所御めいわく《迷惑》可有之間、少能
御座あるへき、法印被申候、　禁裏ヨリ折十合十荷代参千疋、院《正親町院》ヨリ中山御使千疋也、被
参候、予当春之御礼不申候間、中山よりさきニ参、御門跡《聖護院道澄》へ加賀梅染五、新宮《道勝》へ引合十
帖・御扇進上申候、新宮御里坊へ御座候、門跡三こん不出候也、さしつ相かわり申さす候
由候」(9オ)

五日、晴、早天法印、予・中山参、六丁町屋敷之事申候也、則ふるまい《振舞》出、かたく御近所可
申付候、さりなからちかく各取申候間、涯分可申付候由候也、此間申入候、明日上杉《景勝》茶湯
ニ可来候由候間、用意申付候也、さうし《掃除》なと取ミたし申候事也、

六日、晴、早天ト申候へ共、上杉余酔にて昼被来候、茶湯上杉・なを江《直江兼続》山城両人、ひろ間に
て千坂《景親》其外十五人、しや《相》伴ニ高岡出雲守・五りやう《御霊》の別当なと」(9ウ) さけのあいて也、
賀茂松下民部少輔《述久》よひ申候、まり《鞠》一人け《蹴》させ見せ申候へハ、中〳〵きも《肝》をつふし被申候、

大さけにて立帰りの事也、晩早水（速水安芸・有益）あきたい（台）の物もち来り、又予見参申候、夜中より煩出、

伴天連、秀吉へ礼ノ相伴ノ触

明日のなんはん（南蛮）の者はてれい（伴天連）共関白（豊臣秀吉）礼御しやう伴のふれ（触）にて候へ共、煩不参候也、ことわり法印ニ申候也、

八日、晴、いまた煩、不出候也、なんはん人礼、関白へ参候、予煩ニよりことわり申、不出候也、」（10オ）

九日、晴、煩ニより不出申候也、小屋をかたく申付候也、

最上義光四品ノ礼

十日、晴、煩、いまた不出申候也、山形（最上義光）出羽守四品御礼、申次中山（慶親）弁被参候、

十一日、晴、晩雨下、弁（勧修寺光豊）御方作事大工ニ先銀子三まい（枚）渡置也、

入道殿、毛利輝元ヲ茶湯ニ呼ブ

十二日、晴、朝入道殿（勧修寺尹豊）江毛利輝元茶湯ニ御よひの事、安国寺（恵瓊）、予煩申、不出候也、禁裏ヨリ折一合・たる（樽）一か（荷）御くはり出候也、本願寺（顕如光佐）ヨリ十合十荷被」（10ウ）参候、予ニわた（綿）二わ（把）、興正（佐超）寺ヨリ樽代、予百疋、煩、庭田（重通）・弁両人披露申候、

十三日、晴、少雪降、何方へも不出候也、上杉内之者泉は（泉沢カ）わト申物所へ太刀・馬代参百疋・小鈴新二ツイ、家ニ入遣之候、井家（豊家）使者、沈酔申候間、申置候て帰り申候、

八条殿元服着座ノ礼

十四日、晩雪降、直江白鳥一ツ・指」（11オ）樽一か持参申候、千坂も同道、煩申、弁出、すい（吸）物・折なとにて一ツのませ申候、八条殿より御元服着座之御礼ニ太刀・馬代三百疋被下候

禁裏番所毀ツ

大覚寺茶湯

一身田嘉礼
鯨桶・狗状

上杉景勝茶会

聖護院殿入室
青蓮院弟子ヲ
望ム

也、

十五日、雪ちり〳〵と一日降也、今夜より　禁裏番所こほさる(毀)ニより、則今夜より外様の御番、先各参候間敷之由　仰被出、予御番奉行より相ふれ(触)候也、早今夜之」(11ウ) 当番烏丸(光宣)にて番子衆ふれらるへきよし申遣候也、

十六日、雪ちり〳〵と降也、今日大覚寺(空性)門跡江民部卿法印・羽柴藤五郎(長谷川秀一)なと茶湯ニ致祇候候由、伯(白川雅朝)より申来候、伯・万里小路(充房)参候由候、

十七日、朝雪少降、伊勢一身田(専修寺尭真)ヨリ加例　三合三荷・鯨おけ二、院おけ二、予狗帖十帖・文箱一・鯨桶一、披露状有之也、飛鳥井中将(雅継)・弁両人、」(12オ)

十八日、晴、相煩候間、尋被申候方々へも不出候て、見参申さす候也、

十九日、晴、上杉宰相(景勝)ヨリ千坂以茶会ニ可来候由申候へ共、相煩、先度も被申候へ共不参候、千坂ニ弁・左馬佐出一ツのませ申候、晩ニ聖護院殿准后(勧修寺晴子)新御入しつ(室)の事、青蓮院殿(尊朝)御のそミにておさへられ、御ぬしのていし(弟子)ほしき由被申、　禁裏にもそれとハなく、」(12ウ) 聖門(道澄)御ていしなとにハ御覧しられ候へハ、御とんニ御入候間、成間敷候由度〳〵仰出候、聖門被懸仰候てちかい候ハヽ、御免ほく(面目)失なわれ候よし、大東大夫御使にて度〳〵被仰候、晴豊(勧修寺)ニまかせをか《か》れられ候へ申可調候由かたく申入候、かれこれ申次にて御入候間、今晩准后

より小袖一重・つふきり（粒桐）のあや（綾）・かうちやのあわせ（袷）、新宮より杉原ニしゝら（縅）一たん（反）・三種荷、弁引合筆《ふて》、きた向（勧修寺晴豊室）ニ」（13オ）ミのかミ（美濃紙）一そく（束）ニわた二わ被持候て御出也、煩申間、弁・甘露（甘露寺経遠）出申ゆへ、先申入候へ共、御帰り也、則弁御礼ニ参候也、

徳川秀忠ヲ見舞ウ

廿日、天晴、家康（徳川秀忠）お長侍従へ見舞ニ弁遣候、まんちう（饅頭）一折・くわし（菓子）折一・指樽一か、柳原大納言（淳光）同道也、

京中方々屋敷替
長者町・六丁町
家康、目ヲ煩ウ

廿一日、晴、京中方々屋敷かへ、ちやうちや（長者）町其外六丁町かわり、からす（烏）丸町高岡出雲今日道具共預申」（13ウ）代物六十貫、其外からひつ（唐櫃）共目録有之、家康（徳川）上洛之由申候、御目煩所労之子細候、可得御意候由申入候也、

家康上洛

清涼殿柱立日取

廿二日、晴、早天ヨリ雨降、家康上洛也、予相煩候間、弁見舞遣候、ふるまい被出候、久脩（土御門）同道、晩ヨリ天晴也、清涼殿之はし（柱）立日取之事、野々口五兵衛奉行也、中来候間、長橋へ申、日取させ来月四日也、則日取を」（14オ）民部卿玄以（前田）法印持遣候、五兵衛所へも法印遣候由申遣候、

廿三日、晴、ちやうこうとう（長講堂）住持、鴨・たるにて見舞来候へ共、煩無見参候、

井伊直政上洛
百万遍香衣

廿四日、晴、伊井侍従（井伊直政）家康供上洛之儀候間、先使者遣候、則井伊侍従ヨリ百疋音信也、百万遍香衣有之、書出弁、則礼物来候也、広橋（兼勝）より申来候」（14ウ）

廿五日、晴、相煩罷不出候、其▨、

廿六日、晴、晩ニ准后御見舞、たる・たい物、ふるまい申候也、葉室(頼宣)御あい・御せんもんと申人、きたむき(北向)あね(姉)ふたりニしゆこう(准后・勧修寺晴子)より小袖給候也、

貝付
方違

廿六(七)日、晴、夕方川勝与兵へかいつけ(貝付)・樽代持参也、一ツ天野さけ申候也、予五辻(元仲)所へ方違参、泊申候也、

廿八日、晴、夕方左馬佐三条所ニ而」(15オ)俄目舞、にか〳〵(苦)敷候て泊被申候也、

京中屋敷替
まち人

廿九日、晩ニ降少、相煩何方へも不出候也、京中屋敷かへまち(町)人われ(我)さきと立家こほち、又立引申事共也、

二月大

一日、天晴、礼者衆何も煩け候間、見参不申候、御盃にも不参候、弁(勧修寺光豊)祗候申候、夕方少降、

京中惣堀、口
六十間
屋敷替乱ノ行
クゴトシ

二日、雨降、十方くれのよし申候、京中惣ほり(堀)口六十間之由申候、屋敷かへ」(15ウ)中〳〵らん(乱)の行ことく也、井伊侍従直政所へいなかたる(田舎樽)一か・鴨つかい・こふ(昆布)十は、井家(豊家)使者にて遣申候、煩ふせり申候間、申置候也、夕方晴、井伊侍従より礼ニ使者有之也、

家康へ礼ニ行
留守

三日、晴、江戸之大納言家康(徳川)の事也、礼ニ参候へ共、茶屋之四郎二郎(中島清延)ト申者ニ相尋候へハ、

秀吉、尾張ヨリ上洛
京中屋敷替見物

毛抜鍛冶受領

清涼殿柱立
家康へ行ク

家康ヨリ禁裏へ進上

二位殿御局葬礼
伊達政宗上洛
浅野長吉残リ人質ノ心

粟屋元澄

清涼殿棟上

伊達政宗、秀吉へ礼

関白《（豊臣秀吉）》おわり《（尾張）》より上洛候間、父子《（徳川家康・秀忠）》迎ニ被参候間、明日午ニ可参候由申候、夕方京中屋敷かへ共見物ニ出候、」(16オ)中〳〵町人あさましき様躰也、只らん《（乱）》なとの行、やけ《（焼）》たる跡の躰也、せいくわん《（誓願）》寺参候也、可語様無之候也、

四日、晴、けぬき《（毛抜）》かち《（鍛治）》おわり《（尾張）》かミ《（美濃）》の者也、日野《（輝資）》申入られ、しゅこう《（准后・勧修寺晴子）》申、上卿予《（勧修寺晴豊）》、けぬき上中ニ十五・花けぬき五ツ、以上廿礼也、今日清涼殿のはし《（柱）》立なり、江戸大納言家康事也、しゝら《（縅）》一たん《（反）》持候て参候、准后より」(16ウ)小高十帖・からおり《（唐織）》一たん御音信也、茶屋の四郎二郎ニしゆこうよりしゝら一たん被遣候、家康より茶屋の四郎二郎使にて禁裏《（後陽成天皇）》へ白鳥二ツ・金十まい《（枚）》おんミつ《（隠密）》にて進上▨也、年ことニ被参候、当年共二度也、院《（正親町院）》の御所へ白鳥二ツ、二位殿御局のさうれい《（葬礼）》午刻也、くろたに《（黒谷）》へゑほしき《（烏帽子着）》二人参候、たて《（伊達政宗）》今日上洛也、あさのたい《（浅野弾正・長吉）》正国ニのこり人しち《（質）》心也、それに」(17オ)よりたてのほり申候、千余人数有之由候、

五日、晴、夜入少降也、粟屋右京《（右京亮・元隆）》のすけ樽代・れうし《（料紙）》一そく《（束）》持来候也、法音院鈴持参候也、

禁裏ヨリ家康より被進候金参両拝領申也、准后文にて也、

六日、晴、清涼殿むな《（棟）》木共一両日あかり申候、五りやう《（御霊）》の別当午こくはんめし二色にもたせ、大さけ也、関白へたて礼申由、此さた《（沙汰）》也、あか月より大雨也、」(17ウ)

溝口秀勝

秀吉ヨリ鷹ノ鳥

栗ヲ継グ

前田玄以へ礼
家康へ薫物等下賜

禁中花盛リ

家康ヲ誘ウ

家康来宅
伊達政宗公家成参内

七日、雨降也、風も吹也、今朝栗屋右京すけよひ、しやうはん（相伴）申候、かちんと申けきやう（検校カ）者みのかミ（美濃紙）十帖・わた（綿）二わ（把）遣候也、先度扇十本持来候也、みそ江ほうき（溝口伯耆守秀勝）所へ天野かた〳〵一種遣候也、夜中まて事外雨降候也、

八日、晴、殿下（豊臣秀吉）よりたか（鷹）鳥かん一くはり候て、民部卿法印（前田玄以）御使者給候也、

九日、朝小雨降、晴、一乗院（尊勢）殿ヨリ杉原十帖・大油煙五丁、皆金はく（箔）ニだミ（彩）申候、御使也、」（18オ）三好助兵衛所まき三十は・雁一・指たる（樽）二か（荷）遣候也、午下刻より雨降出候也、

十日、晴、土川木をつく（継）ほうす（坊主）有之、今日召よせくり（栗）共つかせ申候、上杉内義（景勝）より北向（勧修寺晴豊室）へふな（鮒）五十音信候也、

十一日、晴、早々民部卿法印久敷不参候間、くわし（菓子）のおり（折）・指たる一かもたせまいり候、めし（飯）しやうはん也、帰り申、家康へ勅許ニ御たき（薫）物・打枝かうし（柑子）五・□【お】りえた二入られ遣わされ候也、」（18ウ）かたしけなきよし也、禁中花さかりの旨、御出候へかしの由、予申候へハ、何時成共可参候由候也、夜中ニ参、弁少申候処ニ茶屋の四郎二郎より明日家康御出候て御雑談可有之由申候へと申使くれ、心へ申候由申候、

十二日、雨降、昼家康之こしらへとも申付、ふるまい（振舞）の用意候也、則早来られ、伊だて（ママ）（伊達政宗）公家成参内申候、伝奏各罷、予 上（後陽成天皇）へ参候跡へ被来候也、」（19オ）弁・柳原大納言（淳光）・土御門（久脩）ニ申

碁打

家康へ昨日ノ礼

伊達政宗上卿ノ礼

若宮誕生

毛利秀頼

貴布祢参

天王寺楽人

白川院四百年忌

置候てくわし《菓子》にて御茶申候、則やかて〳〵罷出申候、事外家康気遣候、みやけ《土産》太刀・折かミ、千屋おやこ・さいしやう・りけん《林利元カ》・かわい此衆、こうち《碁打》也、こ二番有之、夜入帰り申候、すいふん《随分》かろき《軽》ふるまい、意に会候事候也、

十三日、雨降、家康へ昨日之礼ニ参候也、有馬中せう《中書・則頼》所へ茶湯ニ被参候間、申置候也、」(19ウ)伊達公家成上卿之礼、太刀・馬代三百疋請取申候也、川勝左近・左馬助ふるまい申也、今日一日降也、

十四日、晴、けんかうゐん《遣迎院》当年礼二色・指たる一か持参候也、午下刻ニ大すけ《中山親綱女・親子》殿若宮《承快》御たい《誕》しやう《生》也、昼士御門左馬助《久脩》ふるまい、弁・あせち・川勝与兵へまいり候也、もりかわち上《毛利河内守秀頼》洛、百疋・れうし三そく音信也、

十五日、雨降、もりかわち使者遣也、伯《白川雅朝》・藤右衛門督《高倉永孝》被来候、昼ふるまい出候也、入道殿《勧修寺尹豊》貴ふね《布祢》へ、二夜三日御こもり《籠》、降申候也、」(20オ)

十六日、雨降、毛利宰相《輝元》南方《輝元室》ヨリ北向へくわしのおり一・きし《雉》の鳥十・ひたら《干鱈カ》十・指たる三か《荷》、雨中とて音信也、かさき屋敷立ニより植木とりかへのよし申候、ふうたう《葡萄》・いちちく《無花果》・ひわ《枇杷》三本うへ申候、

十七日、降と見へ又晴、天王寺楽人二人召置られ候、たる《樽》礼来候、妙法院殿《常胤》より白川院四百《後脱》

家康ヲ見舞ウ

禁裏ヨリ前田玄以へ移徙ノ礼

准后鞍馬へ花見

准后坂迎

幡枝ノ八幡

家康ヨリ金子茶屋四郎二郎

ねんき（年忌）来月十三日院ノ御所より百石被付、御法事有之間、着座ニ可参候由御使候也、」(20ウ) 家康へくわしのおり持、柳原（淳光）同道申、見舞申候也、見参候て、ゑ川（江川）酔（酒）被出也、

十八日、雨降、民部江わたまし（移徙）の御礼、万事きも（肝）入申候間　禁裏御服一重・御馬・太刀、馬代銀子十まいもたせ、予御使参候也、少晴かゝり申候間、准后くらま（鞍馬）へ花見に御出也、北向・弁なとも参候也、其外三条（正親町三条）公仲卿・万里（万里小路充房）・伯・五辻左馬頭（元仲）・左馬助（土御門久脩）、しやくせんゐん（積善院尊雅）」(21オ) 御出、折ふしより晴申候也、毛利内記（秀包）ヨリ准后へこいわこ（強供御カ）・ほうかい（蓬艾）二か・こふ（昆布）一折・白鳥一・こんきり（鱧）一おり・つのたる（角樽）三か被参候、御るす（留守）にてあつ（か脱カ）り申候、うきようのすけとゆき松かミとよひ（呼）しやうはん（相伴）申候也、

十九日、晴、早天より准后くらまへ御御（衍）むかい参候、こわこ（強供御）・ほうかい二か・いなかたる二か・しちろう、御かへりしやうこうゐん（聖護院道澄）殿御さかむかい（坂迎）、はたゑた（幡枝）の八まん（幡）にて御出候事也、又女御（近衛前子）御ふるまい、さか」(21ウ) むかいまいる、予ハ不参也、

廿日、晴、准后より毛利南方へ御音信返事、粟屋ト申者使也、しゝら一たん被遣候、北向より文そへ、岡本源四郎遣候へハ、つほね出、准后より使源四郎あひ、さか月（盃）出、准后使ニしゝら二、源四郎二百疋被出也、家康より先度馬代加例ことく金子一まい茶屋の四郎二郎もち来申候也、

水無瀬法楽
榊原康政　楊弓

廿一日、晴、禁裏御楽初也、祇候申うけ」（22オ）給候也、水無瀬法楽うた、菊亭（晴季）談合申候也、さかき原（榊原康政）式部少輔よりしゆせんし（修善寺）五そく・百疋音信也、日野所にてやう（楊）弓有之也、大ふるまい也、鈴二ツイもたせ申候、さかき原所へ礼ニ井家遣候也、

廿二日、雨降、早々水無瀬法楽進上申也、

御神楽

廿三日、晴、藤右衛門督取次御神楽祈申候仁有之也、則長橋金三まいうけ取、中山（親綱）両人、一まいわ　上（後陽成天皇）へ進上申候、二まい中山あつかり申候、　出御無之候分也、

永平寺事詫

廿四日、晴、近衛殿（信輔）永平寺事御わひ」（22ウ）被申候より、永孝卿（高倉）両人参候、則申入候処、返事こなたよりとの返事也、准后披露也、此分申入候キ、又近衛殿へ参候て申入申候、

北野法楽
近衛信輔ト晴豊申分

廿五日、降、北野御法楽也、近衛殿ト予申分有之より近衛殿も俄不参也、予不参申候也、有之様躰事也、

千利休曲事逐電
大徳寺山門ニ木像
増田長盛

廿六日、晴、宗（千）湯（易）利休事也、曲事有之よりちくてん（逐電）、大徳寺三（山）門ニ利休木さう（像）つくり、せつた（雪駄）といふこんこう（金剛草履）はかせ、つへ（杖）つかせ、つくり置候事、曲事也、其しさい（子細）」（23オ）茶の湯道具新物共くわんたい（緩怠）ニとりかわし申たるとの事也、その木さうしゆらく（聚楽）の橋の下はた（磔）物あけられ、ぬし（主）めしよりニました右衛門丞（増田長盛）（尉）さかい（堺）こし申候由候也、見物にも有之由候、とり

〱のさた《沙汰》ともなり、
廿七日、晴、利休事もさたのミ也、

売僧鬼

廿八日、午刻ニ雨、神なり《雷》あられ《霰》降、こと〱敷事、中〱無申斗也、なら《奈良》にてまいす《売僧》おに《鬼》、なり、おにの出立おそろ《恐》しくこしられ候て、」(23ウ) くれ〱ニ物とも取申候、あらわれ申候、今日わたり申候由也、其しさいかと京わらへ《童》ん申候也、明日わたり申候由申候、

上杉景勝清花成ノ礼

上杉《景勝》より先年清花《華》成の馬代、両御所今日進上申候、　禁中銀十まい、院へ五まい也、准后・そち《帥》殿《葉室頼房女》うけ取申置申也、いつミさわ《泉沢久秀》物、井家相そへわたし申候也、

近衛信輔ト仲直リ

廿九日、晴、近衛殿・予中御なをし、しやうこんゐん《聖護院道澄》殿・しやくせん《積善院・尊雅》ちそう《馳走》也、
卅日、晴、准后御せちにニ《ママ》よひ申候間、」(24オ) 御出候事也、

三月

里見義康公家成

一日、晴、あわ《安房》の里み《里見義康》と申候仁公家成申候也、てんはい《天盃》両御所へ、　禁中《後陽成天皇》銀子廿まい《枚》、院《正親町》十まい《院》、御盃祗候申候也、

永平寺事

二日、晴、法印《前田玄以》永平寺事ニ早天より法印所へ藤右衛門督《高倉永孝》参候、めし《飯》しやうはん《相伴》、

秀吉へ礼

三日、晴、殿下《豊臣秀吉》へ礼出、一こん《献》さか《盃》月出也、明日之御神楽ニ神事也、御さか月しこう《祗候》申也、

当番参候也、」(24ウ)

御神楽
□□【四日】晴、御神楽有之候也、出御無之也、予《勧修寺晴豊》伝奏、奉行葉室《頼宣》也、

永平寺事
五日、晴、法印藤右衛門督ト《永》平寺之事参候、八条殿《智仁親王》三日之御礼ニ参候也、

六日、晴、聖護院殿《道澄》盃のたい《台》・まん《饅》二百之折・指たる《樽》三か《荷》持参申候也、

伊達政宗
七日、晴、早々より伊達《政宗》めし、御しやうはん□【三】参候、帰り有之也、

禁裏楊弓
八日、雨降、昼　禁裏御楊弓ニしこう申□【候】、

九日、晴、昼より降、御楊弓十五人にて」(25オ)あそハし候、百手ニ予卅五かさ也、

十日、十一日、十二日、事まきれ《紛》かき不申候、

後白川四百年忌
十三日、晴、後白川四百年き《忌》、三十三間にて、院御所《正親町院》ヨリ百石被付、妙法院殿《常胤》道師、まんたらく《曼荼羅供》有之、着座菊亭右大臣《晴季》・予・中山大納言《親綱》二人、菊亭早出也、両人有之也、杉原十帖・あふき《扇》持参申候、□□【ほう】ゐ一人、ゑほしき《烏帽子着》十人・さうしき《雑色》」(25ウ)□【八】人・かさ《傘》持めしつれ申候、二

楽人
度之御ふるまい《振舞》也、□□【かく】《楽》人十四人参候也、

十四日、降、何方へも不出申候也、

二宮忌明
十五日、妙法院殿たる《樽》被持御出也、弁《勧修寺光豊》同前也、二宮《承快》いミ《忌》あけニ参候也、

誓願寺下京へ替ル

内侍所御神楽

御神楽出御

十六、十七、十八、十九、廿、廿一、廿二、廿三、廿四、
廿五日、晴、せいくわん(誓願)寺、下京へ寺かわり御出也、かく人十二人、予申次候間申付参候、
七百疋の下行、寺より出候、」(26オ)
廿六日、晴、　内侍所御神楽候間、晩より神事入申候、
廿七日、雨下、神事、何かたへも不出申候、
廿八日、晴、神楽　出御、奉行中御(中御門宣泰)、其外役者衆別下行張(帳)有之也、八時に相はて申候、
廿九日、晴、くたひれ出不申候也、」(26ウ)

「(奥書)右晴雲院准大臣晴豊公御記、依破損表紙裏打令沙汰之者也、
寛文十二年十一月下旬
権中納言藤経(勧修寺経慶)(花押)(朱印)」

一一　日々記　天正十九年四月、五月、七月、八月、九月、十一月、十二月、天正二十年正月

晴豊、本年四七歳、正二位権大納言

「(後補表紙)七月　八月　九月　十月　十一月　十二月
晴雲院贈内大臣晴豊公于時大納言御記
天正十九年　第八　」

「(表紙)四月小　五月大　六月小
天正十九年夏三月分
日々記　権大納言(勧修寺晴豊)（花押）　○縦二八・六cm×二一・五cm
七月　八月　九月
十月　十一月　十二月
」(1オ)

(四月)一日、晩雨下、両御所(後陽成天皇・正親町院)へ御盃参候也、准后(勧修寺晴子)・八条殿(智仁親王)御出也、参申候、

御盃

道勝若王子ニテ夏行

二日、少降、聖護院殿新宮《道勝》若王寺《子》にてけきやう《夏行》也、御見舞参候、雨降、二か若王寺《増鎮》へ、みの《美濃》かミ《紙》十てう・たかミやさいミ《高宮細布》一たん《反》、しやくせん《積善院尊雅》ニ二十疋、御ふるまい《振舞》種々儀也、

碁

三日、天晴、伯《白川雅朝》所参候て、一日こう《碁》たせ申、夜入帰り申候、ふるまいとも也、

楊弓

四日、晴、各楊弓い《射》申、ふるまい申候也、

愛宕

五日、晴、あたこ《愛宕》へちこのほせ申候也、」（2オ）

大覚寺へ見舞

六日、晴、大覚寺殿《空性》へ御け《夏》行御見舞参候、まき百は・ふ《麩》・こんにやく《蒟蒻》・かへ《豆腐》二さし・指たる《樽》三か《荷》、御ふるまい也、女はうしゆ《房衆》《勧修寺晴豊室》・弁《勧修寺光豊》・甘露《甘露寺経遠》・左馬助《土御門久脩》・くるす左近、おの〳〵也、晩降也、

七日、雨下、何方へも不出也、

十一日、雨降也、長岡久衛門・右門佐其外二三人ふるまい、大さけ《酒》、うたい《謡》申候也、

十二日、晴、何方へも不出申候也、

晴ノ鞠

十七日、晴、飛鳥井中将《雅継》所にて、はれ《晴》のまり《鞠》有之也、弁見物ニ申、その夜より相煩申候、

瘧

おこり《瘧》ニ成さん〳〵の事也、予《勧修寺晴豊》もかさほろし《風痲》」（2ウ）□【出】三日出申、ミやく《脈》きれ、通仙《半井光成》くすり《薬》也、その比より日記かき不申候、

五月

一日、晴、何方へも不出申候也、

【二日三】□□□日、

徳川秀忠、帷子等持参　秀吉へ礼　踊

四日、晴、今日家康お長所《徳川秀忠》かたひら《帷子》・すゝし《絹》持参候也、大さけ《酒》也、

五日、晴、殿下《豊臣秀吉》御礼、すゝし一ツ、まきすい物《吸》・さけ有之、若公《鶴松》殿下そはにて、□おとり《踊》有之、三度おとり申候、各残らすおとり申候、中〳〵せひニおよひ不申候事也、」（3オ）それより民部法印《前田玄以》参候、かたひら一各遣候、もくろく《目録》にて勝右衛門尉《松田政行》申置候也、

八日、晴、当番ニ参也、

十八日、晴、当番請取はん《番》ニ早天より参也、

北政所ヨリ御神楽

【廿】□日、晴、政所《豊臣秀吉室》より　内侍所御神申《楽》さた《沙汰》也、

【廿】□一日、晴、しゆこう《准后・勧修寺晴子》御出候也、けんかうゐん《遣迎院》ニうらない《占》御とひ也、夜前御神楽、神前より　上《後陽成天皇》ニ此うたあそハし被出候也、

　神前無紙筆」（3ウ）

【き】□くもやくうたふ程なく朝くらや

庭火のかけものこる夏夜、此分也、

八月ニ大事

中〳〵わろき《悪》事也、上の儀ハくるしからさるよし候、八月ニ大事出来申事也、

廿三日、晴、当番しこう（祗候）申候、

廿四日、晴、院当番しこう申候、

大仏柱立

廿五日、晴、大仏のはしら（柱）立也、一本立、事外大儀なる音也、見物共有之也、

廿六日、今日も大仏のはしら立申候由申候也、」（4オ）

廿七日、晩晴、丹後衆七八人よひ申候、大酒也、かたきぬ引、長岡平小（好重）へ馬くれられ候、ゆうさい（幽斎・細川藤孝）おと丶也、

廿八日、晴、当番昼より参也、

大般若経

廿九日、晴、大般若経くり申候、上乗院（道順）・しやくせんゐん（積善院尊雅）・せうせんゐんきやうたい（兄弟）、かいかうゐん（戒光院）・しやうこんゐん（聖護院道澄）殿、ちふつはうす（坊主）六人、その外しやうゐんしゆ四五人、

七月」（4ウ）

四日、晴、目出事、しゆこう（准后・勧修寺晴子）その外家来衆よひ申候、

光豊台所両御所目出度事

六日、弁たい（勧修寺光豊）（台）所引物共あけ申候、六七十人にてあけ申候、昼両御所（後陽成天皇・正親町院）御目出度事也、両御所へ御たる（樽）進上、　院（正親町院）へたいの物、則てんはい（天盃）はい（ママ）はい拝領也、禁裏（後陽成天皇）たい・まきの折・御たる（樽）しん（進）上、てんはい（天盃）拝領也、

十四日、晴、せいくわんし（誓願寺）夕かた参候、各同道、

十五日、晴、両御所御盃参也、

陽光院殿墓参

廿四日、晴、陽光殿（誠仁親王）御はか（墓）へ、伯（白川雅朝）・休庵（阿野実時）同道申、」（5オ）夕方参候、寺にてふるまい（振舞）、はう（方）しやう（丈）へたる、来迎院（舜甫明韶）へ五十疋、法音院へ百疋、ほうあん（法安）寺へ二十疋、ふくしゆ（福寿）院おひ（帯）一、

木食応其

帰りニ大仏本願上人（木食応其）見物申候へハ、すゝ（鈴）・くわし（菓子）にてふるまい也、高野の上人（木食応其）、予（勧修寺晴豊）申次也、

夜入帰り申候也、

八月

紫硯

一日、晴、禁裏（後陽成天皇）一そく（束）・むらさきすゝり（紫硯）二進上申候、院（正親町院）へ十てう・なら（奈良）のほうらい（蓬萊）の万茶せん（筅）二、関白（豊臣秀吉）へ太刀、二こん（献）也　毛利へ馬・太刀、家康お長（徳川秀忠）へ太刀、毛利より返馬・太刀、」（5ウ）

禁裏・院所々へ進上

法印（前田玄以）百疋、弁（勧修寺光豊）五十疋、内衆（輝元）へ三十□【疋】つゝ、又二十疋つゝ、予（勧修寺晴豊）所へ来礼者共有之也、

二日、晴、禁裏より御返、十てう・まき（巻）物一、院より十てう・筆十つい、殿下若公（鶴松）御煩候由、

若公鶴松死去
秀吉、東福寺ニ行キ元結ヲ切ル

五日、晴、若公相はて（果）られ候、殿下（豊臣秀吉）とうふく（東福）寺すくニ被参候て、もとゆい（元結）きれら（ママ）候、各其分

光豊台所ノ瓦上

忌申候、三日ニ毛利（輝元）よひ申候、そのもくろく（目録）別ニかき申候也、
十日、降、弁たい（台）所かわら（瓦）上申人ふり候て上かけ申候、かわらをあけ申候、」（6オ）
十一日、雨下、通仙（半井光成）その外五六人よひ申候、ふるまい（振舞）申候也、
十二日、晴、法印おり（折）・指たる（樽）、中山（親綱）両人参候、かわらをあけ申候、
十三日、かわらをあけ申候、晩ニ雨降、通仙へ参候也、
十四日、雨降、院当番参候、此中ニ大工仙来り申候、
十五日、雨降、何方不出也、」（6ウ）

六月一」（7オ）

（以下記事ナシ）

七月（天正十九年、日次重出あり）

院不例
御盃

一日、晴、御さか月（盃）、両御所（後陽成天皇・正親町院）へ参候、御院（正親町院）御不例也、
二日、晴、ふしん（普請）とりミたし申候、
三日、晴、当番、ひる（昼）弁（勧修寺光豊）参候、宿予（勧修寺晴豊）参也、

光豊台所組上

高島知行事

吉川広家

四日、晴、しゆこう（准后・勧修寺晴子）各目出度事也、
五日、晴、何方へも不出也、
六日、晴、弁たい（台）所くミあけ（組上）申候、六七十人　人有之也、　院のめてた（目出度）事ひる也、御たる（樽）・たい（台）の物進上申候、御さか月拝領也、夕方　禁裏のなり、又参申候、七こん（献）め」（8オ）予御しやく（酌）也、八時はて申候也、
七日、晴、うた（歌）持参、院御盃、林（禁）中同前参候也、
八日、晴、作事、入道殿（勧修寺尹豊）へしゆこうめてた事御ふるまい（振舞）也、当番宿予参候、ひる弁参候、
九日、晴、日野（輝資）・中山（親綱）・藤右衛門督（高倉永孝）高島知行事、下代各予所談合申、ふるまい申候也、
十日、晴、夜中より腹中相煩申候也、吉川侍従（広家）所へかたひら（帷子）二・薫衣香十、状遣候、返事被申候、
十一日、晴、何方へも不出申候、中山所しゆこうめてた事也、夕かた若宮（良仁親王）さま御たるしん（進）上」（8ウ）申候、参候、　林裏たい（台）の物・まきのおり（折）・御たるしん上申候、夕方御さか月拝領□【申】候也、
十二日、晴、しやうこうゐん殿（聖護院道澄）より弁ニすゝし（絨）一・さら一被下候也、吉田長（兼見）めてた事来候也、

八月（天正十九年、日次重出あり、また文章省略もあり）

禁裏・院へ進上

一日、晴、禁裏（後陽成天皇）江十帖・むらさき（紫）硯二進上、禁中（後陽成天皇）ヨリ御返十帖・とんす（緞子）一まき（巻）、院（正親町院）江十帖・なら（奈良）のほうらい（蓬莱）茶せん（筅）二、御返十帖・筆十つい、殿下（豊臣秀吉）へ太刀持参候、二こん（献）也、法印（前田玄以）百疋、弁（勧修寺光豊）五十疋、勝門（松田勝右衛門政行）へ三十疋、お池（尾池定政）」（9オ）三十疋、梅軒（宗旬）二、宮木（貞泊）二、金六二、いそへ（磯部宗色）二、毛利（輝元）へ馬・大刀、林（就長）百疋、お長（徳川秀忠）へ太刀、

鶴松死去、秀吉六日ニ元結ヲ切ル
慶入ノ事

五日、殿下（豊臣秀吉）若公（鶴松）相はてられ候、関白者六日ニもとゆひ（元結）きられ、その外各大名衆きり申候、妙心寺さうれい（葬礼）也、予（勧修寺晴豊）経をくり申候、から（唐）入の事斗也、

九月（天正十九年）

御盃

一日、晴、御盃ニ両御所（後陽成天皇・正親町院）へ参候也、

秀吉、茶壺進上

二日、晴、今日殿下（豊臣秀吉）予禁裏（後陽成天皇）江茶つほ（壺）・」（9ウ）まつほ（真壺）茶つめ候て進上、しのかうろ（志野香炉）二種進上也、しのこうろまへからす（烏）丸ニ有之也、

公家へ辻家の合力米

三日、晴、公家各へ辻家の合力米として米出也、予弐百石金二枚代物八百疋請取候也、

十一（二）月（天正十九年十二月）

秀吉、鷹野ヨリ帰ル
風流
鶴・雁・鴨・雉・鶉・兎・狐・猪・狸・狼
禁裏・院桟敷ニテ見物
秀吉、禁裏・院ニ鶴等ヲ進上
豊臣秀次大納言

十六日、晴、関白（豊臣秀吉）たかの（鷹野）より帰り也、各いてたし（出立ち）種々事、はおり、その外かさ（笠）ふりう（風流）のこと
し、さき（先）へ▨▨つる（鶴）のさほ（棹）かす（数）しらす、」(10オ)二番ニかん（雁）、三番かも（鴨）、四はん二きし（雉）、五
はん二うつら（鶉）のさほ、うさき（兎）・きつね（狐）・し〻（猪）・たぬき（狸）・お〻かめ（狼）あるほと也、たかす（鷹）へ候
衆、関白はいたか（鷂）、なんはん（南蛮）より参こし（輿）二のりすへられ候、その外大たか・はやふさたか（隼鷹）
ハ申二不及候、もつ（百舌）・ミ〻つく（雒）・はつと（鳩）・ふくろ（梟）あるほとの事也、院（正親町院）の御所にもさ敷（桟）にて
御見物、禁裏（後陽成天皇）御さ敷御見物、座敷御前にて一被参候、」(10ウ)さかな三間あまり、たいそ
の外たい共十四五、一千つミのまん（饅）のおり（折）二ツ、五百つミのくわし（菓子）の金おり、うすかわ（薄皮）つ
ミ二ツ、さか月（盃）のたい十はかり也、予（勧修寺晴豊）別にて参候也、鳥進上、つる四ツ二さほ、かん五さ
ほ七つ〻也、鳥十さほ百也、
院つる一さほ二、かん三さほ、鳥五さほ也、公家鳥くはり（配）也、予かん二・鳥三ツ、弁（勧修寺光豊）二か
ん一・鳥二此分也、中〱こと〱しき事也、」(11オ)

十二月（以下一紙）（天正十九年）

廿八日、晴、大納言秀次（豊臣）申請也、書出弁光豊（勧修寺）、

豊臣秀次内大臣陣儀

十二月《天正十九年》

四日、晴、内府《豊臣秀次》申請陣儀也、上卿橋中納言《広橋兼勝》、奉行中御門《宣泰》、則今夜拝加《賀》也、こせう《扈従》ニ菊亭
中納言《季持》一人也、」(12オ)

十一月《以下別紙》《天正十九年、日次重複あり》

秀次大納言

廿八日、晴、大納言《豊臣秀次》申請、書出弁光豊《勧修寺》、

十二月《天正十九年、日次重複あり、文章異同あり》

秀次内大臣陣儀

四日、晴、内府《豊臣秀次》申請陣儀、上卿広橋中納言《兼勝》、奉行中御門《宣泰》、頭左中弁《日野資勝》、則大納言拝加《賀》也、薬院《全宗》
出門也、御礼銀子百枚、院《正親町院》五十まい《枚》、伝奏四人五まい也、つほね《局》方それ〳〵也、名承相尋
書付置中候也、五条《為良》しやきん《砂金》一まい、大外記《中原師廉》一まい、」(13オ)

秀次関白御礼内参

廿七日、晴、関白《豊臣秀次》之御礼、内　参也、禁裏《後陽成天皇》銀子五十まい、院へ三十枚、伝奏二まい、つほ
ね方有之也、

関白陣儀

廿八《七》日、晴、関白陣儀也、上卿烏丸《光宣》、奉行頭弁葉室《頼宣》、大内記《五条為良》金二まい、くわんむ《官務・小槻朝芳》三枚、大外記《中原師廉》二

まい、めしつかい《召仕》千疋つゝ下行也、

関白勅許

廿五日、夜中関白勅許、御使ニ伝奏参候、三こん《献》ニ小袖一重つゝ也、一あや《綾》也、」（13ウ）

正月大《（以下別紙）（天正二十年）》

四方拝
節会ナシ
秀次内参

一日、天晴、四方拝、奉行弁光豊《勧修寺》也、節会無之也、関白《豊臣秀次》内　参也、禁裏《後陽成天皇》御馬・太刀・白鳥三、院《正親町院》へ馬・太刀・白鳥二、御局かたへ小袖共、伝奏馬・太刀、殿上人両人こきち《小吉・豊臣秀勝》・いけた《池田輝政》、御しやうはん《相伴》衆関白・菊亭《晴季》・和州宰相《豊臣秀保》・きんこ《金吾・豊臣秀俊》此分也、三こん《献》参候、院同前、三こんニてんはい《天盃》各へ拝領申候、薬院《全宗》にて御こしらへ罷出、同道申候也、」（14オ）

（奥書）
「右准大臣晴豊公御記、依恐破損裏打表紙等令沙汰之者也、
寛文十二年中寒景
権中納言藤原経《勧修寺経慶》（花押）（朱印）」

晴豊、本年四八歳、正二位権大納言

一一　日々記　天正二十年正月、三月、五月、六月、七月、八月〜十月

「日々記」(後補表紙)

「(表紙)

天正廿年正月

日々記

(花押)(勧修寺晴豊)」(1オ)

○縦二六・一cm×二一・三cm

四方拝
新御殿節会ナシ

行幸

正月(天正二十年)

一日、晴、四方拝有之也、光豊(勧修寺)奉行也、新御てん(殿)ニよりせちゑ(節会)、種々内弁むかしき(脱有カ)事有之より近衛殿(信輔)左大臣一かミ(上)につき御参ならさるニより、五条(為良)勅かん(勘)ニかこつけられせんミやう(宣命)ならさるにつき、せちゑ」(2オ)無之也、廿六日之行幸共ニ種々儀有之也、

廿六日、行幸天晴也、前くわん・伝奏衆さしにてさきへ参候也、予(勧修寺晴豊)伝奏也、」(2ウ)

金子目録

一禁裏様（後陽成天皇）江　拾枚
一院御所様（正親町院）江　壱枚
一准后様（勧修寺晴子）　壱枚
一　本所江　壱枚

右分金子合拾参枚、慥」（3オ）請取所申如件、

天正廿年
　六月六日　勧修寺家雑掌
　　　　　　　貞久

茶屋四郎次郎（中山清延）殿」（3ウ）

茶屋四郎二郎

後陽成天皇女房奉書　家康ヨリ黄金十枚進上

ゑとの大なこんとの（江戸大納言・徳川家康）より、わうこん（黄金）十枚しん（進）上候、おもしろくおほしめし候よし、」（4オ）よくく御心して申され候へのよし、心へ候て申候へく候、かしく、

くわんしゆ寺（勧修寺晴豊）
　とのへ」（4ウ）

正親町院女房奉書

ゑとの大なこん殿より、ゐん（院）の御所（正親町院）へわうこん（黄金）一まひしんしやう（進上）候、御心して仰之事候へく

候」(5オ)□□申候へく候、又々申候、

くわんしゆ寺（勧修寺晴豊）
大納言とのへ」(5ウ)

三月

太閤高麗入
禁裏・院桟敷
ニテ見物

公家門跡へ置
土産

秀次ニ毎月ノ
参内ヲ命ズ

廿六日、天晴、大閤（豊臣秀吉）かうらい（高麗）入也、くそく（具足）にて座敷うたれ御見物、則さ敷（桟）へ御参候て三こん（献）参候也、院（正親町院）にて同前也、それより西岡むか（向）ふの明神かりや（仮屋）打、民部卿法印玄以（前田）御ふるまい（振舞）也、予（勧修寺晴豊）其外十人御しやうはん（相伴）也、公家衆・門跡残らす各へ一万石をきみやけ（置土産）とて出申候也、事外気遣也、関白（豊臣秀次）へ毎月参　内申され候へ之由申をかれ候、それニより、」(6オ)

五月

秀次参内

六日、関白（豊臣秀次）参　内、さらし（晒）三十たん（反）・白鳥三ツ、院（正親町院）へさらし二十たん・白鳥二進上也、

七月

秀次参内

一日、関白（豊臣秀次）参　内、うり（瓜）のひけこ（髭籠）十、院（正親町院）へ内（ママ）

六月

陽光院仏事

廿四日、泉涌寺にて准后《(勧修寺晴子)》より万たらくう《(曼荼羅供)》、陽光院《(誠仁親王)》殿仏事也、着座ニ予《(勧修寺晴豊)》・正親町《(公仲)》三条・万里小《(充房)》路参也、」(6ウ)

六月《(ママ)》

東寺ニテ秀吉祈禱

木食応其

八日ヨリ東寺大閤《(豊臣秀吉)》御きたう《(祈祷)》ニ七日　有之也、八日・十一日・十四日三度、着座ニ菊亭右大臣《(晴季)》・予《(勧修寺晴豊)》・中山《(親綱)》三人参也、高野木しき《(木食応其)》取立也、白かね一まい《(枚)》礼也、道《(導)》師三宝院《(義演)》也、

院ニテ曼荼羅供

十九日《(七月)》ニ院にて万たらく《(曼荼羅供)》有之、道《(導)》師しやうれん院《(青蓮院尊朝)》殿也、伝奏予也、奉行甘露寺《(経遠)》也、」(7オ)

七月

儀法講

廿二日より御せんほうかう《(儀法講)》あり、道《(導)》師かち井《(梶井・最胤)》門跡、着座菊亭右大臣《(晴季)》・予《(勧修寺晴豊)》・からす《(烏)》丸《(光宣)》三人、廿四日当日斗　出御也、夜入出御也、

大政所死去

今日大政所《(豊臣秀吉母)》相はてられ候也、さうれい《(葬礼)》いいまたなし、

高麗ヨリ上ル
大坂へ下ル
秀吉大坂着

秀吉ニ礼
唐・高麗物語
高野山へ一万石

大坂ヨリ上ル

大政所葬礼

大政所弔いニ伝奏衆大徳寺ニ参ル

七観音七人参
『光豊公記』
八十日

八月

一日、かうらい《高麗》よりのほりのよし申候間、」(7ウ) 伝奏四人申合、夜舟にてこし申候、
二日の夜入大坂へ舟付御のほりの事也、
三日ニれい《礼》申候也、各小袖一重つゝ也、ふるまい《振舞》出、から《唐》・かうらい《高麗》の物語共也、しやうこ《照高院道澄》院へ銀子百まい《枚》まいらせられ、かうや《高野》へ大閤《豊臣秀吉》名代ニきりかミ《切紙》もち候て御出の路せん《銭》也、一万石つけられ寺立申候也、
四日、とうりう《逗留》申、」(8オ)
五日、のほり申候也、
七日、大政所さうれい《葬礼》大徳寺にて有之也、くわとう《裏頭》にて菊亭《晴季》ト両人見物申候、色き申候物共せんなわニとりつき申候者共、中〳〵大せい《勢》、申斗なし、たんは《丹波》之中納言《豊臣秀勝》その外新公家二三人、諸大夫衆しやうそく《装束》也、
八日、晩降、大政所御とふらい《弔い》ニ伝奏」(8ウ) 衆四人、両御所《後水尾天皇・正親町院》より大徳寺早天参候、いくわん《衣冠》にて寺にてこしらへ申候、法印《前田玄以》ふるまい也、へんとう《弁当》被持候、それよりくわとうにて天涯《カ》見物申候、事〳〵敷儀也、
十一日、七観音七人参、禁裏《後陽成天皇》ヨリ院《正親町院》の御きたう《祈禱》、万里《万里小路充房》・伯《白川雅朝》・中御門《資胤》・五辻《元仲》・中山御方《慶親》・

弁《勧修寺光豊》・甘露寺《経遠》七人」（9オ）やとひ申候、しゆ《修》行所へへんとう持申候、

院ヨリ因幡堂薬師七人参

十三日、院よりいなはとう《因幡堂》薬師七人参仰出され候、四辻大納言《公遠》・予《勧修寺晴豊》・日野大《輝資》・正親町三条中《公仲》・高倉右衛門督《永孝》・弁、しゆ行所へたる《樽》もたせ一各へ被参候、

廿日、岡越前守《貞通》諸大夫、」（9ウ）

秀吉、伏見ニ隠居所、縄打

廿一日、ふし《伏》見ニ大閤院きよ《隠居》所立候、なわ《縄》打なり、見まい早天より茶子折持参候、菊亭《晴季》・予・中山《親綱》・烏丸《光宣》・日野《輝資》・久我《敦通》・広橋《兼勝》同前也、気遣也、

毛利吉政諸大夫成

廿二日、毛利いき《壱岐》子《吉成》《毛利吉政》諸大夫成申、豊前守也、毛利輝元子《毛利秀元》公家成、大閤申入られ、則　勅許也、

廿三日、晴、午刻ニ毛利子《秀元》公家□□」（10オ）我等所ヨリ参内、侍従ト従□《五位上》勅許、侍従上卿予、職事日野弁《資勝》加級上卿中山、職事甘露寺弁《経遠》

禁裏御礼

禁裏御礼太刀馬代銀子弐拾枚、院江太刀馬代銀子十枚、准后《勧修寺晴子》二、女御《近衛前子》二、その外二百疋、百疋つゝ、予馬代銀子三まい、弁太刀三貫、入道殿《勧修寺尹豊》江馬代千疋、井家《豊家》二百疋、岡本二百疋、」（10ウ）予所にて参　内前すい《吸》物・たい□ツありて、めし《飯》本せん《膳》五二三ツ、しやうはん《相伴》侍従《毛利秀元》・予・弁、薬院《全宗》被来候、いなかたる《田舎樽》一か《荷》・折持参候、則しやうはん也、此外しやうはん十人はかり、つきの衆廿人はかり、こ者共ニくりのもち《餅》にてさけ《鮭》のませ申候、則かへられ候て礼ニ両人参候、予太刀馬代三百疋、弁よりあかき小袖一ツ・こねり《木練》のかき折一もち参候、るす《留守》にて申置候也、」（11オ）

禁裏ニテゐんとうかい

廿四日、禁裏にてゐんとうかい、二尊の長らう《（老）》也、外様にてくりのもち《（餅）》にてすゝ《（鈴）》もたせ可申候也、准后にてハてあんのていし法談也、

光豊屋敷柱立
古渓宗陳ニ預ケ金ヲ返ス

廿五日、晴、弁屋敷御をへの分石すへ、はしら《（柱）》立申候也、はちやこけい《（古渓宗陳）》あつけられ候かね金卅枚、今晩取御ち《（カ）》、はくやかゝに渡申候、あつかりの状、則返申候、まへあつけ申候者共に」（11ウ）わたし可申候由申候へハ、なこや《（名護屋）》へこし申候間、へちなく渡申候への由候間、渡申者也、

廿九日、雨降、朝より夕方まて、伯・中御門・五辻はなし申候也、

九月

庭田重通女
禁裏祇候
めゝすけ

一日、雨降事、昨日より晴申さす候、御盃ニ両御所へ参候、庭田源中納言《（重通）》むすめ 禁裏しこう《（祇候）》也、めゝすけニ、

二日」（12オ）

名護屋ノ家康
へ書状

なこや《（名護屋）》へ家康《（徳川）》方へかミ子《（紙）》あわせ《（袷）》一重・書状、茶屋四郎衛門《（ママ）》かたへ渡申候、

夜舟ニテ大坂
へ

六日、夜舟にて大坂伝奏しゆ《（衆）》下候、菊亭《（晴季）》舟申被付候、七時ニ舟付候、

六日、とうりう《（逗留）》、法印《（前田玄以）》なと種々談合申候、

堺見物

秀吉ノ元デ七五三

徳川秀忠中納言成

茶湯

閉折敷

日野輝資御茶

朝上洛

秀吉ノ当年中ノ名護屋行キヲ止ム勅使

秀吉上洛

徳川秀忠中納言御礼

七日、とうりう申候、
八日、さかい（堺）へ見物参候、種々取申候也、」(12ウ)
九日、大閤（豊臣秀吉）にて七五三、ゆつけ（湯漬）ふるまい（振舞）、ゆかけ（弓懸）十具被参候、菊（菊亭晴季）たひ（足袋）五そく（足）、中山（親綱）ちからかわ（力革）五ツ・久我（敦通）お、三すし、うたい（謡）なとまいる、女はう（房）大夫出申、家康子（徳川秀忠）さいしやう（宰相）中納言被成候、昨日さいしやうにと也、金五十まい（枚）・わた（綿）、中〳〵申斗なく候、らうそく（蠟燭）三色也、
十日、朝御茶の湯ニ参候、しやうこうゐん（聖護院道勝）・菊亭・予（勧修寺晴豊）・中山・久我五人、」(13オ) 御ふるまい、とち御しき（閉折敷）、竹はしかへこまかにきり、小鳥入さけ（鮭）のやき物一こんはうにて少、くわし（菓子）ふしいたけそうくわし、御手前ニ御茶給候、帰り申候へきと申候へハ、おく（奥）まいり、日野（輝資）御茶進上申、又口きりにて日野手前にて一ふく、すい茶也、それ立申候、
十一日、朝のほり申候、八時より上申候、」(13ウ) 九のつきニのほりつき申候、なこやへくたりの事、当年中かん（寒）天候間仰のへられ候御使也、十月五日までのへられ候へき御返事也、
十三日、大閤上洛申、各東寺むかい参候へハ延引也、今晩江戸さいしやう中納言（徳川秀忠）御礼申入られ候、」(14オ) 予所にてこしらへ被参候也、ふるまい出□（申）候、夜入申候、馬太刀馬代金一まい出され候、　禁裏（後陽成天皇）銀子廿まい、　院へ十枚、　准后（勧修寺晴子）十帖・あや（綾）、女御（近衛前子）同、長橋同、
十四日閣、

秀吉大坂ヨリ上洛
十四日、大閤大坂より上洛、東寺までむかい出申、馬よりおり御礼也、」(14ウ)

秀吉参内
上ニテ三献
しゅんの舞
十八日、参内、御みや（土産）太刀馬代万疋・白鳥三、禁裏被参候、院へ太刀五千疋・白鳥二、其外局衆へ小袖一重、又一ツ、、　上にて三こん（献）、女御にて七五三相伴、上・准后・女御・大閤・八条（智仁親王）□（殿）・□（菊カ）亭六人大酒、しゅんの舞、　大閤ニもまい也、予など一とまい申候、」(15オ)院ニ而三こん、院・大閤・八条殿・九条（兼孝）殿・一条（内基）殿・二条（昭実）殿・近衛（信輔）殿・菊亭・丹波（豊臣秀勝）中納言・江戸中納言（徳川秀忠）、

高麗王ノ子生捕ノ注進
加藤清正
廿一日、かうらい（高麗）の主そうりやう（物領）三はんめ子いけとり（生捕）申候注進、銀子山有之、加藤かすへ（主計・清正）ほらせ上申候、　禁裏御初を候て、くつト銀二百卅七もめ（匁）被参候、院・八条殿・」(15ウ)准后参候、

かねの振舞
土御門有脩十七年忌
廿二日、かねの御ふるまい有之也、夜中ニ伝奏衆大閤参也、今夜より土御門三位（有脩）十七年とりをしんにうたう（真如堂）において十日の別く北むき申させ候、

秀吉大坂へ
三
廿六日、大閤大坂へ御こし也、早天ニ、

夜舟ニテ大坂へ
廿七日、夜舟にて大坂へくたり申候、舟を菊亭申被付候、菊・中山・久我・中御門（資胤）・」(16オ)祭主（藤波慶忠）・こりやう（御霊）別当同舟乗申候也、

唐門毀ス
廿八日、五時、舟付申候、くわんとう屋へまいり申候、今日ますにから御門くつしひき申候、

民法印《（前田玄以）》より人足申つけ引申候、
廿九日、各罷出申候へ共、明日ふるまい可有之由候て罷帰申候也、

十月

秀吉へノ礼

一日、公家衆五六十人程也、門跡衆も御こし也、めし《（飯）》出、大酒、しゆんのまい也、それよりのほり申候也、とは《（鳥羽）》にて菊ふるまい《（振舞）》也、十帖ニしゝら《（緘）》一たん《（反）》、大閤へ参候、」(16ウ)

やゝ子踊

四日、准后《（勧修寺晴子）》申、やゝこをとり《（踊）》させ申候、女五人おとこ《（男）》三人、つゝみ《（鼓）》・たいこ《（太鼓）》一人、手ひやうし《（拍子）》也、□小うたうのしゆし礼ニ来られ大酒也、

栗屋元澄死去

善光寺上人礼ニ来

五日、栗屋《（元隆）》うきやうのすけ《（右京亮）》入道しきよ《（死去）》也、十日かふさかり《（塞）》不出候也、禁裏にて御能八日ニ可有之儀候へ共　准后御ふさかりゆへ延引也、しなの《（信濃）》、せんかうし《（善光寺）》女はう《（房）》上人礼来候也、一そく《（束）》・すへひろ《（末広）》かり、書出弁《（勧修寺光豊）》也、」(17オ)

十二日、大徳せいたう《（西堂）》折・さしたる《（指樽）》一か《（荷）》礼被来候、今日しんにうたう《（真如堂）》別〳〵ニ参候、

亥の子

十三日、今日いのこ《（亥子）》、各いのこふるまい也、今夜しんにうとう《（真如堂）》へち《（別）》〳〵参候、

唐門

十四日、今日よりから《（唐）》門申付、そこね申候ところなをし申候由、四あし《（足）》のうち土あり、これもたせ申候、よき仕合之由申候也、」(17ウ)

十四日、今日よりからもんニ大工つかい申候、

柱立

十六日ニはしら立申候、

初鶴振舞

十八日、菊亭（晴季）・久我（敦通）・坊城（東坊城盛長）・伯（白川雅朝）・五辻（元仲）・あせち・　　菊亭（季持）中納言よひ申候、初鶴をふるまい申候、」（18オ）

一三　日々記　文禄三年正月、七月、十月

晴豊、本年五〇歳、正二位権大納言

（後補表紙）「晴雲院贈内大臣晴豊公于時大納言御記

正月　七月　十月

文禄三年　　第九」

（表紙）「文禄三年　日々記　○縦二九・〇cm×横二三・二cm

権大納言（勧修寺晴豊）（花押）」（1オ）

正月大

平座行

禁裏煩

一日、少降、早晴也、北むき煩有之事也、

晩ヨリ大雨、平座行、上卿日野新大納言（輝資）、奉行葉室頭大弁（頼宣）、参仕弁左少弁光豊（勧修寺）、勅使権弁甘露寺（経遠）、禁裏（後陽成天皇）にも御【煩】□御盃申口下され候由候、予（勧修寺晴豊）煩不参候也、

禁裏煩

鳥取御料所未進上ル

女子生マレル

本願寺隠居

禁裏不例、天酌ナシ

吉川広家上洛

二日、天晴、松田勝右衛門（政行）三十疋礼来候也、其外礼共有之、相煩、香丸を出申候也、」（2オ）相煩御盃にも不参、中口長橋御しやく（酌）のよし、禁裏御煩の事也、

三日、天晴、今日当番なから両人（勧修寺晴豊・教如光豊）相煩、御ことハり申入候て不参候也、

四日、天晴、礼者共有之也、何も相煩、名代香丸出申候、去年十一月十九日ひせん（備前）鳥取御料所人見出雲守下、今日上洛申候、三ケ年之未進取のほり申候、銀子卅枚」（2ウ）禁裏、予三まい（枚）三年分、一年十まい也、則 准后（勧修寺晴子）相渡申也、今夜女子むまれ候、

五日、天晴、礼者とも有之也、

六日、天晴、六条本願寺門跡いんきよ（隠居・教如光寿）より御礼、 禁裏太刀・馬代五百疋、予（勧修寺晴豊）わた（綿）三は（把）、予煩ニより源少将（庭田重定）一人披露也、

七日、天晴、午刻民部卿法印（前田玄以）礼参候、同道菊亭右大臣（晴季）・予・弁（勧修寺光豊）・中山大納言（親綱）也、さうめん（素麺）すい（吸）物出也、各相煩より早々」（3オ）立帰也、るす（留守）礼者有之也、御盃ニ不参也、禁裏御不例、てんしやく（天酌）なし、

八日、雨下、晩晴、礼者共有之也、

九日、天晴、各いまた相煩也、北むきより上杉（景勝）女房衆三色三か（荷）遣候也、夜入雨降也、

十日、天晴、吉川侍従（広家）上洛、馬・大刀代三百疋礼被来候、相煩見参不申候也、泉涌衆（寺脱）来申

候、」（3ウ）

吉川広家、明日秀次へ礼

十一日、天晴、少雪降也、吉川侍従へ【い】□なかたる《田舎樽》二か・こふ《昆布》三そく《束》・たら《鱈》十・きし《雉》四ツ遣候、明日関白《豊臣秀次》へ礼有之▨間、しやうそく《装束》きせ申候者やとひ申度候由候、則片岡三河申付候、

十二日、天晴、早天ヨリ三河吉川所へしやうゐもん遣候、夜中ヨリ大雪降也、

玉まつり

十三日、朝まて雪ふり申候、明日諸家御礼、菊亭・予・中山《親綱》よりふれ《触》申候也、吉川ヨリ三河昨日礼ニ百疋被遣候、きた《勧修寺晴豊室》」（4オ）むき玉まつり《魂祭》のふせ《布施》にやくわう《若王子》《増鎮》寺十てう・白かね廿め遣申候、しゆこう《准后・勧修寺晴子》まいらせ候、

諸家御礼

釜山海

十四日、天晴、今日諸家御礼有之也、予煩未能もなきニヨリ不参、安芸侍従《毛利秀元》毛利子ヨリ馬・太刀馬代銀子卅めふさんかい《釜山海》よりの書状也、

東寺聖天宮

十五日、天晴、安芸侍従返事遣候、東寺しやうてんくう《聖天宮》あつらへふた《札》・なて《撫》物御くう《供》もたせ候、三石の代に白かね引分遣候、」（4ウ）山門之▨正かく院きたう《祈祷》の事申、ふた・たる《樽》持参、きたむき・弁所かち《加持》させ申候、跡より百疋遣候、夜の内より大雪ふる也、禁裏三きちやう《左毬打》三かと、しゆこうへ二かと参候、

十六日、天晴、僧衆礼者有之、

十七日、天晴、礼者とも有之也、

鳥取ノ御料所

十八日、雪降也、予申次まへ〳〵ことくいたし候へのよし准后以仰出也、鳥《鳥》取の」(5オ)御料所分一三まい、いたの物両人へ遣候代一まい、その外れい物代に廿五文くたされ候也、合四まい廿五文め也、路銭□【ま】かないをは、分一にて申付候由申入候也、

御会始ノ触

十九日、天晴、雪昼降也、御会始御ふれ有之也、廿六日之由也、

大徳寺参内

廿日、天晴、弁長橋、大徳寺・泉涌寺其外御礼事調申候、廿六日之旨、」(5ウ)仰出候也、大徳寺廿六日参　内可有之由申遣、

七月

東寺塔供養

木食応其

廿日、天晴、東寺江たうくやう《塔供養》廿二日着座候間、菊亭右大臣《晴季》・予《勧修寺晴豊》・中山大納言《親綱》様子見はからいニ参候也、民部卿法印《前田玄以》も被参、木しき《木食応其》ふるまい《振舞》也、

廿二日、天晴、早天より着座参候也、」(6オ)五時よりはしまり候て七時ニはて申候、両三人、ほうゐ《法衣》二人つゝ、ゑほしき《烏帽子着》四五十人、さうしき《雑色》三十人なり、

廿四日、天晴、上人《木食応其》かたひら《帷子》三つゝ、八木拾石のおりかミ《折紙》持参被申候也、

十月

大徳寺入院

十七日、天晴、今日大徳寺入院有之、立成也、光豊（勧修寺）勅使立、ちやうろう（長老）はゝ（母）にはなれられ、

重服
不穢ノ重服

重ふく（服）也、勅使」（6ウ）いゝかあるへき由、吉田（兼見）相尋られ候へハ、不忩（穢）の重ふくとて、しにん（死人）の所へ参申さす候へハ、くるしからす候、勅使ぬし一日のい（忌）まれはかりのよし申入、勅使被立也、

北政所、秀次へ
秀吉上洛
秀次迎エニ出ル

十七日、天晴、関白（豊臣秀次）江北政所（豊臣秀吉室）御申、伏見ヨリすくにこし（輿）百ちやう（挺）斗、

十八日、天晴、大閤（豊臣秀吉）之御方御出、車也、家康（徳川）其外御供、馬上也、関白（豊臣秀次）五六ちやう程」（7オ）御むかい、車御供候衆、予（勧修寺晴豊）・中山大納言（親綱）・烏丸大（光宣）・日野大（輝資）・広橋中納言（兼勝）・飛鳥井中納言（中将カ）、池田持従（侍）（輝政）馬上也、御みや（土産）共有之、進物からおり（唐織）小袖十・あや（綾）小袖十・馬・大刀・かたなわきし（脇指）・ちん（沈香）・うちえた（打枝）・白小袖・とらのかわ（虎皮）・銀子五千（千）まい（枚）、其外おほへ無有之、能ハ五はん（番）、わき（脇）のはかり、三こん」（7ウ）七ノせん（膳）まて也、

秀次、蒲生秀郷へ御成

廿五日、少雨下、今日あいつ（会津）の少将（蒲生氏郷）所へ関白御申、車也、▨ひるより晴、能二番トきり、三こん、御相伴衆十八九人、菊亭（晴季）・予・中山（親綱）・日野・藤宰相（高倉永孝）、はんせん（陪膳）飛鳥井（雅継）・さいしゆ（祭主・藤波慶忠）、しん物馬・太刀・かたなわきし十・わた（綿）糸・からおり（唐織）の小袖十、はくの小袖・白あや小袖十・白小袖十・おりすち（折筋）小袖十、へに（紅）の花・銀子千まい、その外家来の者礼、馬・太刀・小袖・へにの花・わた（綿）・らんそく（蠟燭）・」（8オ）杉原十そく（束）の衆あまたあり、相伴五のせん也、

金銀也、

廿八日、天晴、上杉（景勝）所御申、」（8ウ）

「（奥書）右家公晴雲院贈内大臣晴豊公御記、度々拝見、恐破損表紙裏打等令沙汰者也、

于時寛文十二年十一月

権中納言藤原経慶（勧修寺）（朱印）」

一四　永禄二年～四年　符案

「（後補表紙）晴豊公御教書
経広（勧修寺）」

14―1

中原師廉任大外記

上卿　中山大納言（孝親）
永禄二年十一月十一日　宣旨
正四位下行掃部頭兼造酒正助教中原朝臣師廉
宜任転大外記
蔵人右少弁藤原晴豊（勧修寺）奉　一通万里少路（惟房）前大より来

○この文書、墨にて全体を抹消。

14―2

上卿　中山大納言（孝親）
永禄二年十一月十一日　宣旨

正什和尚特賜禅師号

正什和尚

宣特賜明続正什禅師号

蔵人右少弁藤原晴豊（勧修寺）奉

鴨脚取次
礼十二

14-3

五辻為仲叙従五位下

上卿　中山（孝親）大納言

永禄二年十一月十一日　宣旨

正六位上源為仲（五辻）　一通、万里小路（惟房）前大納言

宜叙従五位下

蔵人右少弁藤原晴豊（勧修寺）奉

14-4

五辻為仲任阿波守

上卿　中山（孝親）大納言

永禄二年十一月十一日　宣旨

従五位下源為仲（五辻）

宜任阿波守

蔵人右少弁藤原晴豊（勧修寺）奉

富小路種直任中務少丞

14―5
上卿　四辻大納言（季遠）
永禄二年十一月十六日　宣旨
蔵人左近衛将監藤原種直（富小路）
宜任中務少丞
蔵人右少弁藤原晴豊（勧修寺）奉

賢勝任権少都

14―6
上卿　中山大（大納言・孝親）
永禄二年十二月八日　宣旨　礼二十疋
権律師賢勝　▨との巻数之使申請候也
宜任権少僧都
蔵人右少弁藤原晴豊（勧修寺）奉

国勝任権少僧都

14―7
上卿　中山大（大納言・孝親）
永禄二年十二月八日　宣旨　礼二十疋
権律師国勝

宣任権少僧都

蔵人右少弁藤原晴豊（勧修寺）奉

14-8

中原師廉任助教

永禄二年十二月二日　宣旨

大外記兼直講中原朝臣師廉

宜令転任助教

蔵人右少弁藤原晴豊（勧修寺）奉

14-9

柳原淳光叙従四位上

上卿　万大（万里小路大納言・惟房）

永禄二年十二月廿二日　宣旨

従四位下藤原淳光（柳原）朝臣

宜叙従四位上

蔵人右少弁藤原晴豊（勧修寺）奉

14-10

太元法護摩

永禄三年

太元法可為護摩任例、可令申沙汰給、仍執達如件、

正月五日　右少弁晴豊（勧修寺）

蔵人中務丞殿

14―11
太元法可為護摩、可令参勤者、依
天気上啓如件、
（永禄三年）正月五日　右少弁晴豊（勧修寺）
謹上　理性院僧正御房

14―12
太元法可為護摩任例、可被致沙汰之状如件、
（永禄三年）正月五日　（勧修寺豊晴）右少弁判
大夫史殿

14―13
松尾社公文分
当社公文分河原田壱町七反大、梅木原弐反宇久路須畠等之事、不作云々、早如元致知行可専
神役由、所仰出也、悉之以状、
永禄二年十二月十三日　（勧修寺晴豊）右少弁判
松尾月読社禰宜館

此綸旨山科（言継）より被申候案文、西殿談合申、其分くるしからす之返事

○本状、墨筆で抹消。

14-14

三好長慶任
修理大夫

上卿　中山大納言（孝親）

永禄三年正月廿一日　宣旨

此礼馬太刀
上卿へ太刀百疋
伊勢加州（貞助）取次申也

筑前守源長慶（三好）朝臣

宜任修理大夫

蔵人右少弁藤原晴豊（勧修寺）奉

14-15

三好義長任
筑前守

上卿　万里小路大納言（惟房）

永禄三年正月廿一日　宣旨

此礼太刀百疋
同上卿へ太刀百疋
取次加州（伊勢貞助）

源義長（三好）

宜任筑前守

蔵人右少弁藤原晴豊（勧修寺）奉

14-16

上卿　万大（万里小路大納言惟房）

永禄三年二月六日　宣旨

永禄三年二月

飛鳥井雅敦任
左近衛権少将

侍従藤原雅敦（飛鳥井）
宜任左近衛権少将
蔵人右少弁藤原晴豊（勧修寺）奉

真秀任権少僧
都

14-17
上卿　中山大納言（孝親）
永禄三年二月十二日　宣旨
権律師誠〔真〕秀
宜任権少僧都
蔵人右少弁藤原晴豊（勧修寺）奉

松坊申請也

柳原淳光任
右大弁

14-18
上卿　中山大（大納言・孝親）
永禄三年二月十三日　宣旨
左中弁藤原淳光（柳原）
宜任右大弁
蔵人（勧修寺晴豊）右少弁奉

国家安全
宝祚長久

14-19

宜奉祈国家安全　宝祚長久者、
天気如此、仍執達如件、
永禄三年二月十二日　（勧修寺晴豊）右少弁判
松坊申請也
光林慶本和尚禅室

14-20

宜奉祈国家安全　宝祚長久者、
天気如此、仍執達如件、
（邦輔親王）伏見殿御申也
永禄三　二月十八日　（勧修寺晴豊）右少弁判
礼柳一荷かへくしかき（串柿）
照饗上人御房

14-21

上卿　（菅原・五条為康カ）菅中納言
永禄三年二月廿七日　宣旨
西殿より承候、礼百疋
法印尭慧
宜任権僧正

尭慧任権僧正

蔵人右少弁藤原(勧修寺)晴豊奉

14―22

(前欠)

永禄三年四月十五日　右少弁(勧修寺晴豊)判

紹智上人御房

国家安全
宝祚長久

14―23

宜奉祈国家安全　宝祚長久者、

天気如此、仍執達如件、

永禄三年四月十六日　右少弁(勧修寺晴豊)判

西須上人御房

此礼、上私へ二百疋

14―24

宜奉祈国家安全　宝祚長久者、　兵部大輔より承候、以上礼二百疋

天気如此、仍執達如件、

(永禄三年)五月十九日　右少弁晴豊(勧修寺)　▨　弁他行申候間

大願寺円海上人御房

大江房顕任
修理大夫

14-25
上卿 中山大納言（孝親）
永禄三年五月廿日 宣旨
左近将監大江房顕
宜任修理大夫
蔵人右少弁藤原晴豊（勧修寺）奉

此両二通ハ聖護院殿御申候也
御使兵部大夫、申次也、礼十二也、申次十二也

大江房顕叙
従四位下

14-26
上卿 中山大納言（孝親）
永禄三年五月廿日 宣旨
正五位下大江房顕
宜叙従四位下
蔵人右少弁藤原晴豊（勧修寺）奉

中御門宣教叙
従五位下

14-27
上卿 万大（万里小路大納言惟房）
永禄三年五月三日 宣旨
藤原宣教（中御門）

宜叙従五位下

蔵人右少弁藤原晴豊(勧修寺)奉

14-28

中御門宣教任
左衛門佐

上卿 万大(万里小路大納言惟房)

永禄三年五月三日　宣旨

従五位下藤原宣教(中御門)

宜任左衛門佐

蔵人右少弁藤原晴豊(勧修寺)奉

14-29

佐伯忠清叙
正六位上

上卿 中山大(大納言・孝親)

永禄三年七月七日　宣旨

正六位上佐伯忠清

宜叙

蔵人右少弁藤原晴豊(勧修寺)奉

山科(言継)申入

14-30

上卿 中山大(大納言・孝親)

永禄三年七月七日　宣旨

藤原好堅任
左近衛将監

正六位上藤原好堅
宜任左近衛将監
蔵人右少弁藤原晴豊(勧修寺)奉

山科(言継)申入候

14―31

良徧叙法印

上卿 中山大(大納言・孝親)
永禄三年四月八日 宣旨
権大僧都良徧
宜叙法印
蔵人右少弁藤原晴豊(勧修寺)奉

西坊申

14―32

多忠烓叙
従五位下

上卿 万里小路大納言(惟房)
永禄三年十月廿七日 宣旨
多忠烓
宜叙従五位下
蔵人左少弁藤原晴豊(勧修寺)奉

山科(言継)より被申入

定宥任権大僧都

14-33
上卿　中山大（大納言・孝親）
永禄三年十二月十一日　　宣旨
権少僧都定宥　　礼三百疋
宜転任権大僧都
蔵人左少弁藤原晴豊（勧修寺）奉

五辻為仲叙従五位上

14-34
上卿　中山大納言（孝親）
永禄三年十二月八日　　宣旨
従五位下源為仲（五辻）
宜叙従五位上
蔵人左少弁藤原晴豊（勧修寺）奉

玄用寺住持職

14-35
玄用寺住持職事、可令存知給者、依
天気執達如件、
永禄三年十二月廿二日　　左少弁（勧修寺晴豊）

永祝上人禅室

14-36

上（上卿）中山大（大納言・孝親）

永禄四年正月五日　宣旨

正四位下藤原輔房（万里小路）朝臣

宜叙正四位上

蔵人左少弁藤原晴豊（勧修寺）奉

万里小路輔房
叙正四位上

14-37

上卿 中山大（大納言・孝親）

永禄四年正月七日　宣旨

従五位上藤原常久

宜叙正五位下

蔵人左少弁藤原晴豊（勧修寺）奉

山科（言継）より

藤原常久叙
正五位下

14-38

上（上卿）中山（孝親）

永禄四年正月廿七日　宣旨

永禄四年正月

伯盛英任大膳大夫

宮内少輔佐伯盛英　　　　　　　山科(言継)より
宣任大膳大夫
蔵人左少弁藤原晴豊(勧修寺)奉

佐伯盛英叙従五位下

14-39
上(上卿)中山(孝親)
永禄四年正月廿七(ママ)　　宣旨　　　内山科(言継)より
佐伯盛英
宣叙従五位下
蔵人左少弁藤原晴豊(勧修寺)奉

伯盛次任某大夫

14-40
上(上卿)中山(孝親)
永禄四年正月廿七日　　宣旨　　　山科(言継)より
民部少輔佐伯盛次
宣従叙五位下（任▨▨大夫）
蔵人左少弁藤原晴豊(勧修寺)奉

松尾相光申文

14―41 別紙一紙

勅許永禄六
四　十八

申　従三位

正四位下秦（松尾）相光

太元法護摩

14―42 以下三通別紙一紙

太元法可為護摩任例、可令申沙汰給、仍執達如件、

（永禄三年）
正月｜　（勧修寺晴豊）右少弁｜｜

蔵人中務丞殿

14―43

太元法可為護摩、可令参勤者、依

天気上啓如件、

（永禄三年）
正月｜　（勧修寺晴豊）右少弁実名

謹上　理性院僧正御房

14―44

太元法可為護摩任例、可被致沙汰之状如件、

永禄四年正月

正月ー（永禄三年）　　右少弁（勧修寺晴豊）判

大夫史殿

甘露寺経元へ案文所望申候

松永久秀叙従四位下

14-45

上卿　万里小路大納言（惟房）

永禄四年正月廿八日　宣旨

正五位下藤原久秀（松永）

宜叙従四位下

蔵人左少弁藤原晴豊（勧修寺）奉

佐伯盛次叙従五位下

14-46

上（上卿）中山（孝親）

永禄四年正月廿七　宣旨

佐伯盛次　山科（言継）より

宜叙従五位下

蔵人左少弁藤原晴豊（勧修寺）奉

14-47

元応寺住持職事、可令存知者、

依　天気執達如件、

永禄四年二月八日　　　　左少弁判（勧修寺晴豊）

光雄上人御坊

14-48

上卿　万（万里小路惟房）

永禄四年正月廿八日　　　　宣旨

（ママ）

一五　永禄二年～四年　宣下・綸旨案文

（表紙）
「永禄二年十一月吉日
宣下
綸旨　案文共也
右少弁（勧修寺晴豊）（花押）」

興禅寺ニ紫衣勅許

15－1
称名院（三条西公条）筆也
今度大礼無事、尊老為使僧被励（調）其節（忠）条、叡感不浅故、勅賜紫衣者也、恩栄尤涯者、仍執達
如件、
何事如此、仍執達ｌｌ
二月七日　　右少弁（勧修寺晴豊）
永禄三

即位大礼

毛利元就

毛利隆元

五辻為仲叙任従五位下阿波守

興禅寺

15―2

称名院（三条西公条）

今度即位大礼無事被遂其節訖、近代送年序之処、早速被申調候、天下之美誉《誉》、国家之第声何事如之時運、既到忠▨勤厳重　叡感不浅者、天気如此、仍執達如件、

毛利陸奥守殿（元就）

毛利大膳大夫殿（隆元）

○『毛利家文書』二九四号、原本あり。日付は「（永禄三年）二月十二日」宛名は「毛利陸奥守殿」、奉者は勧修寺晴豊。

15―3

正六位上源為仲（五辻）、宜叙従五位下任阿波守可令　宣下給之由被仰下候也、恐々謹言、

（永禄二年）十一月十一日　（花押影）

蔵人右少弁殿（勧修寺晴豊）

柳原淳光叙従四位上

15-4
従四位下藤原淳光（柳原）朝臣、宜叙従四位上可令　宣下給之由被仰下候也、謹言、
（永禄二年）十二月廿二日　（花押影）
蔵人（勧修寺晴豊）右少弁殿

三好長慶任修理大夫

15-5
宣下此分と存候、又御延引、大くれ迄届
三好修理大夫（長慶）申候、同孫次郎（三好義長）筑前守申候、
永禄三年正月廿一日　宣旨
筑前守源長慶（三好）朝臣
宜任修理大夫
蔵人（勧修寺晴豊）ーーーー

三好義長任筑前守

15-6
永禄三年ーーー（正月廿一日）
源義長（三好）
宜筑前守

蔵人（勧修寺晴豊）｜｜｜｜

宣下此分之由存候、如何尚以得尊意候、

15-7

上卿　中山大（大納言・孝親）

永禄三年三月二日　宣旨

外記（中原師廉）かたより申候、礼二十疋

転任権大僧都

権少僧都

宜転任権大僧都

蔵人右少弁藤原晴豊（勧修寺）奉

15-8

上卿　中山大納言（孝親）

永禄三年二月廿五日　宣旨

応真贈権大僧正

権大僧都応真

大覚寺殿（義俊）御申也

宜贈権大僧正

蔵人右少弁藤原晴豊（勧修寺）奉

15-9

上卿　万里小路大納言（惟房）

永禄三年三月十六日　宣旨

大友義鎮任左衛門督

源義鎮（大友）　以大覚寺殿（義俊）被仰出候、披露申候、大友也

宜任左衛門督

蔵人右少弁藤原晴豊（勧修寺）奉

松尾社公文分田畠武家下知

15―10

当社公文分河原田壱町七反大雖不作如元為知行、同梅木原弐反宇久呂須畠等事、并開田畠一所之儀対宛文之上者、任武家下知之旨、全領知、可専神役者、

天気所候也、悉之、以状、

永禄二年十二月十三日　右少弁（勧修寺晴豊）判

松尾社公文

松尾社公文中務大輔館　此礼五十疋、山科（言継）取次

頼重任権少僧都

15―11

上卿　中山大（大納言・孝親）

永禄三年四月五日　宣旨

権律師頼重

宜任権少僧都

蔵人右少弁藤原晴豊（勧修寺）奉

15-12　禅重任権律師

上卿　中山大（大納言・孝親）
永禄三年四月五日　宣旨
大法師禅重
宜任権律師
蔵人右少弁藤原（勧修寺）晴豊奉　此二通中御門より

15-13　仁瑜叙法印

上卿　万里大（万里小路大納言惟房）
永禄三年四月十四日　宣旨
権大僧都仁瑜　大外記（中原師廉）かたより申候
宜叙法印
蔵人右少弁藤原（勧修寺）晴豊奉　大覚寺殿（義俊）より承候、門家者にてよし候、礼

15-14　元応寺住持職

元応寺住持職事、可令存知給者、依
天気、執達如件、　此礼十二被出候
永禄三年四月

徳大寺公継任権中納言

15―15

上卿中山大（大納言・孝親）
永禄四年三月八日　宣旨
参議藤原侍従公（徳大寺公維）
宜任権中納言
蔵人左少弁晴豊（勧修寺）奉

丹波頼慶叙従五位下

15―16

上卿中山大（大納言・孝親）
永禄四年四月十九日　宣旨
丹波頼慶
宜叙従五位下
蔵人左少弁藤原晴豊（勧修寺）奉

歳暮祈巻数

15―17

歳暮御祈御巻数一箱〔枝〕、執進上候訖、神妙之由〔被〕被仰下候如件也〻〻
（永禄四年）十二月―　左少弁判（勧修寺晴豊）

平松資澄叙従五位上

15―18

上卿　中山大納言（孝親）

永禄四〇年八月八日　宣旨

従五位下藤原資澄（平松）　山科より（言継）

宜叙従五位上

蔵人左少弁藤原晴豊（勧修寺）奉

平松資澄任左近衛権少将

15―19

上卿　中山大（大納言・孝親）

永禄四年八月九日　宣旨

侍従藤原資澄（平松）　山科より（言継）

宜任左近衛権少将

蔵人左少弁藤原晴豊（勧修寺）奉

昌林寺職

15―20

昌林寺職事、所有　勅請也、宜奉祈国家安全　宝祚長久者、　局文被出候自大聖寺御申礼五十疋

天気如此、仍執達如件、

永禄四年八月

永禄四年九月五日　　　　左少弁（勧修寺晴豊）判

舜恵禅室

15-21

柳原資定知行分
東武者小路

日野一位（柳原資定）知行分、東武者小路敷地事、寄附当院之由被聞召訖、然者無他妨、可被全寺納之由、

天気所候也、仍執達如件、

永禄四年九月廿八日　　　　左少弁（勧修寺晴豊）

悟雲和尚

悟雲和尚禅室

15-22

（前欠）

下知給、如件、

三月八〔九ゝ〕日　　　　左少弁晴豊（勧修寺）

進上中山大納言（孝親）殿

一六　永禄四年　御祈案文

「（表紙）
御祈案文
左少弁（勧修寺晴豊）
永禄四年四月十九日　（花押）」

天変御祈事神宮へ下知

16−1
天変御祈事、従来廿六日一七ケ日、可抽精可誠（ママ）之旨可令下知　神宮給之由
天気所候也、仍言上如件、晴豊（勧修寺）誠恐謹言、
（永禄四年）四月十九日　左少弁晴豊（勧修寺）
進上　中山大納言（孝親）殿

天変御祈事賀茂下上へ下知

16−2
天変御祈事、従来廿六日一七ケ日、可抽精可誠（ママ）之旨可令下知　賀茂下上社給之由
天気所候也、仍言上如件、晴豊（勧修寺）誠恐々謹言、

(永禄四年)四月十九日　　左少弁晴豊(勧修寺)

進上　日野一位殿(柳原資定)

松尾・稲荷・広田

16－3

天変ーーー　ーーーー

松尾・稲荷・広田等社給之由

天気所候也、仍上啓如件、

(永禄四年)四月ーー　　左少弁ー(勧修寺晴豊)

謹上　白川侍従殿(雅朝)

天変御祈事神宮へ下知

16－4

天変御祈事、従来廿六日一七ケ日、可抽精誠之旨可令下知　神宮給之由

天気所候也、仍言上如件、晴豊(勧修寺)誠恐謹言、

(永禄四年)四月十九日　　左少弁晴豊(勧修寺)

進上　中山大納言殿(孝親)

天変御祈事賀茂下上へ下知

16－5

天変御祈事、従来廿六日一七ケ日、可抽精誠之旨可令下知　賀茂下上社給之由

天気所候也、仍言上如件、晴豊（勧修寺）誠恐謹言、

四月（永禄四年）十九日　　左少弁晴豊（勧修寺）奉

進上　日野（柳原資定）一位殿

16-6

天変御祈事春日社へ下知

天変御祈事、従来廿六日一七ケ日、可抽精誠旨可令ト知　春日社給之由

天気所候也、仍上啓如件、

四月（永禄四年）ーー　　左少弁晴豊（勧修寺）

謹上　頭弁（万里小路輔房）殿

16-7

天変御祈事松尾・稲荷・広田へ下知

天変御祈事、従来廿六日一七ケ日、可抽精誠旨可令下知　松尾・稲荷・広田等社給之由

天気所候也、仍上啓如件、

四月（永禄四年）ーー　　左ーーー（勧修寺晴豊）

謹上　白川侍従（雅朝）殿

16-8

天変御祈事

天変御祈事、従来廿六日、可抽精誠之旨被仰下候也、仍上啓如件、

四月（永禄四年）｜｜　　　　左少（勧修寺晴豊）｜｜

吉田兼右

謹上　右兵衛督殿（吉田兼右）

16-9

天変御祈事

天変御祈事、従来廿六日一七ケ日、可被抽懇祈之由

天気所候也、以此旨可令洩申入大覚寺准后（義俊）給、仍執達如件、

四月（永禄四年）｜｜　　　　左（勧修寺晴豊）｜｜｜

大納言法印

謹上　大納言法印御房

追申、御門徒中内可令下知給之由、

16-10

天変御祈事勧修寺宮

天変｜｜　｜｜　｜｜

天気所候也、以此旨可令申入勧修寺宮（寛欽）給之由、仍執達如件、

四月（永禄四年）｜｜　　　　左（勧修寺晴豊）｜｜

謹上　大納言法印御房

16-11

天変御祈事仁和寺宮

天変｜｜｜　｜｜　｜｜

天気所候也、以此旨可令申入仁和寺宮（任助）宮給、仍執達如件、

（永禄四年）四月ーー　左（勧修寺晴豊）ーー

謹上　大納言法印御房

追申、六勝寺御下知事内可令存知給候由

16-12　天変御祈事座主宮

天変ーーーーーーーーーー

天気所候也、以此旨可令洩申入座主宮（応胤）給、仍執達如件、

（永禄四年）四月ーー　左少（勧修寺晴豊）ーー

謹上　大納言法印御房

一七　永禄七年　宣下・綸旨案文

（表紙）
「永禄七年之年中之

宣下
綸旨案文」

17-1

上卿　源中納言（庭田重保）
永禄七年正月廿七日　宣旨　氏人也
鴨伊吉
宜任出雲守
蔵人右中弁藤原晴豊（勧修寺）奉

鴨伊吉任出雲守

17-2

上卿　源中納言（庭田重保）
永禄七年二月九日

承舜任法橋

大法師承舜
宣任法橋
蔵人右中弁藤原晴（勧修寺晴豊）□□

17-3

上卿 源中納言（庭田重保）
永禄七年二月七日 □□（宣旨）

珍昭権律師

大法師珍昭
宣任権律師
蔵人右中弁藤原晴豊（勧修寺）奉

17-4

上卿 源中納言（庭田重保）
永禄七年二月十日 宣旨
柳原左大弁（淳光）
宰相取申
南都より

尭範叙法印

権大僧都尭範
宣叙法印
蔵人右中弁藤原晴豊（勧修寺）奉

大徳寺住持職

督宗上人

17-5

大徳寺住持職事、所　勅請也、宜令祈　聖運長久専仏□□（法興）隆者、
天気如此、仍執達如件、
永禄七年二月廿五日　左中□（弁）（勧修寺晴豊）
督宗（紹董）上人禅室　御礼十二

中臣延時叙正四位下

17-6

上卿　源中納言（庭田重保）
永禄七年三月三日　宣旨
従四位上中臣延時
宜叙正四位下
蔵人右中弁藤原晴豊（勧修寺）奉

南都神人辰市祐金等叙従四位下

17-7

上卿　源中納言（庭田重保）
永禄七年三月三日　宣旨　以上五通也
正五位下中臣祐金（辰市）　南都神人也、山科（言継）より申也、折紙在之
同祐庭（今西）

同祐（延）安（上）
同祐父（東池井）
宣叙従四位下
蔵人右中弁藤原晴豊（勧修寺）奉

17-8
宜奉祈国家安全　宝祚長久者、
天気如此、仍執達如件、
永禄七年三月十四日　右中弁（勧修寺晴豊）
筑後国専修寺
念誉上人御房
楽人久氏申也
御礼二百疋
上私へ

筑後国専修寺
念誉上人

17-9
（別紙一紙）
「宜奉祈国家安艾寧　宝祚延長者、
天気如此、悉之、以状、
永禄七年三月十四日　御草
｜｜｜名（勧修寺晴豊）
道玉上人御房」

道玉上人

永禄七年三月

故宥空上人謚号行照和尚

西山参鈷寺

道玉上人

故宥空上人謚号行照和尚

17-10

故宥空上人、提法器遊一　朝磨戒煉、耀四海、恭承　綸言、奉授三聚、浄戒宗門之光華緇林之覚蘂也、遂先師遺轍宜謚号行照和尚者、
天気如此、悉之、以状、

永禄七三月十日　右中弁判（勧修寺晴豊）

西山参鈷寺衆僧中　万里より（万里小路惟房）礼壱百疋

17-11

宜奉祈国家艾寧　宝祚〇〔延〕長者、
天気如此、悉之、以状、

永禄七年三月十四日　右中弁判（勧修寺晴豊）

道玉上人御房　万里より（万里小路惟房）

17-12　17-10とほぼ同文

（別紙一紙）「故宥空上人、提法器遊一　朝磨戒珠、耀四海、恭承　綸言、奉授〔三聚、浄戒〕宗門之　光華緇林之覚蘂也、遂先師遺轍宜謚号行照和尚者、
天気如此、悉之、以状、

永禄七年三月十日　　御草名

西山参鈷寺衆僧中　｜｜｜（勧修寺晴豊）

｜｜｜｜｜｜｜｜｜｜｜｜｜｜｜｜｜｜｜

表書ニハ如此アルヘシ

西山参鈷寺衆僧中　　御名字　右中弁｜｜（勧修寺晴豊）

17-13

中原康政任権少外記

上卿　源中（中納言・庭田重保）

永禄七年三月廿二日　　宣旨

正六位上中原康政

宜任権少外記

17-14

中原康政任右少史

上卿　源中（中納言・庭田重保）

永禄七年三月廿二日　　宣旨

権少外記中原康政

宜任右少史

蔵人右中弁藤原晴豊（勧修寺）奉

賀茂重能叙正四位下

17-15
上卿　源中納言（庭田重保）
永禄七年三月廿日　宣旨
従四位上賀茂重能朝臣
宜叙正四位下
蔵人右中弁藤原晴豊（勧修寺）奉

賀茂重興叙従五位下

17-16
上卿　源中（中納言・庭田重保）
永禄七年三月廿九日　宣旨
賀茂重興
宜叙従五位下
蔵人右中弁藤原晴豊（勧修寺）奉

乗海転任権大僧都

17-17
上卿　源中納言（庭田重保）
永禄七年四月四日　宣旨
権少僧都乗海

宜転任権大僧都
蔵人右中弁藤原晴豊(勧修寺)

着香衣参内

17-18

着香衣、令参　内、宜奉祈　宝祚長久者、依
天気、執達如件、
永禄七年四月五日　右中弁(勧修寺晴豊)判

鑑誉上人

十念寺住持鑑誉上人御房

龍嵲寺住持職

17-19

龍嵲寺住持職事、可令存知給者、依
天気執達如件、
永禄七年五月二日　右中弁(勧修寺晴豊)判
守□禅室

庭田重通除服

17-20

重みち(庭田重通)のあそん(朝臣)ちよふく(除服)しゆつし(出仕)の事申入候、御心候て御ひろう(披露)まいらせ候、かしく、
勾当内侍(薄好子)殿御局へまいる　晴豊(勧修寺)

永平寺住持職
深安上人

17-21
永平寺住持職之事、早応　勅請、宜奉祈　国家艾安　宝祚無窮者、
綸命如此、悉之、以状、
永禄七年五月廿六日　右中弁（勧修寺晴豊）判
深安上人禅室　万里（万里小路惟房）より承候

大徳寺再住
督宗上人

17-22
大徳寺再住持職之事、所　勅請也、宜令祈　聖運長久・専仏法興隆者、
天気如此、仍執達如件、
永禄七年六月五日　左中弁（勧修寺晴豊）判
督宗（紹董）上人禅室
再住之綸旨申請候所、伝奏書出之礼同前ニ参百疋両人ニ被出之候、同奏者四十疋也

永平寺住持職
深安上人

17-23　17-21とほぼ同文
（別紙一紙）「永平寺住持職之事、早応　勅請、宜奉祈　国家艾安　宝祚無窮者、
綸命如此、悉之、以状、
永禄七年五月廿六日　右（勧修寺晴豊）ーー判
深安上人禅室」

仁王経執行
富永山城守

17-24

為国家安全長久、仁王経執行事、神妙旨者、
天気如此、仍執達如件、
永禄七
六月十一日　右中弁（勧修寺）晴豊
富永山城守殿

藤原玉澄任治部大輔

17-25

上卿（庭田重保）
上　源中納言
永禄七年八月四日　宣旨
従五位下藤原玉澄
宜任治部大輔
蔵人右中弁藤原（勧修寺）晴豊奉

口宣案田舎人所望

17-26

（別紙一紙）
「治部大輔
玉澄
此口宣案田舎人所望候、定遊御下候哉い□可申候、」
永禄七年八月

17-27　伏見庄境内

伏見庄境内之事、御代々御退(ママ)無紛上者、諸寺庵等事、如前々可被計仰付旨不可有相違之由、
天気所候也、此旨可令洩申入道宮給也、仍言上如件、(勧修寺)晴豊謹言、
(永禄七年)十月十二日　　右中弁(勧修寺)晴豊
進上　(庭田重保)源中納言殿

17-28　着香衣

宜着香衣、奉祈仏法紹隆・宝祚長久者、依
天気、執達如件、
(永禄七年)十一月十七日　　右中弁(勧修寺)晴豊
浄華院

浄華院菖(カ)休上人御房

一八　永禄九年・十年　符案

「（表紙）
鴨奏事如案有是

永禄九年日

宣下案文　右少弁（勧修寺晴豊）（花押）
同僧方」

18—1

上（上卿）　万里小路大納言（惟房）
永禄九年九月三日　宣旨
正四位上藤原淳光朝臣（柳原）
同輔房朝臣（万里小路）
宜叙従三位
蔵人右中弁藤原晴豊（勧修寺）奉

柳原淳光叙従三位
万里小路輔房叙従三位

永禄九年九月

18－2
（上卿）
上　（万里小路大納言惟房）
万里大
永禄九年九月八日　宣旨
刑部少輔藤原秀綱
宜転位刑部大輔
〻〻
蔵人右仲弁ーー（勧修寺晴豊）

藤原秀綱転大輔

18－3
（上卿）
上　（万里小路大納言惟房）
万里大
永禄九年十一月廿五日　宣旨
従五位下丹波頼慶
宜任備後守
蔵人右中弁藤原晴豊（勧修寺）奉

丹波頼慶任備後守

18－4
（上卿）
上　（万里小路大納言惟房）
万里大
永禄九年十一月廿九日　宣旨
法印頼恵

頼恵任権僧正

宣任権僧正　(基孝)持明院被申候

蔵人右中藤原(勧修寺)晴豊奉

泉涌寺・悲田院住持職

18-5

泉涌寺并悲田院住持職事、可令存知給之由、

天気所候也、仍執達如件、

永禄九年十二月三日　　右中弁(勧修寺晴豊)判

鴨社造替

神領再興

鴨祐清叙爵

18-6

永禄十年二月　日、(勧修寺)晴豊奏

鴨社造替事

神領再興事

鴨祐清叙爵事

一九　永禄十年　符案（一）

（表紙）「

永禄十年正月日

右中弁（勧修寺晴豊）（花押）」

19−1

上卿　勧修寺中納言（晴秀）

永禄十年正月十一日　宣旨

深忠任権少僧都

権律師深忠

宜任権少僧都

蔵人右中弁藤原晴豊（勧修寺）奉

○『歴代残闕日記』二八冊「晴豊公記」参照。

玄良任権少僧都

19―2

上卿　同（勧修寺中納言晴秀）

永禄十年正月十一日　宣旨

権律師玄良

宜任権少僧都

蔵人右中弁藤原晴豊（勧修寺）奉

○『歴代残闕日記』二八冊「晴豊公記」にはこの行より九行欠。

着香衣参内

眠誉上人

19―3

着香衣、令参　内、宜奉祈　宝祚長久者、依

天気、執達如件、

永禄十年二月九日　右中弁（勧修寺晴豊）判

如来院住持眠誉上人御房

泉涌寺・悲田院住持職

19―4

当寺幷悲田院住持職事、去年長海任先例、衆儀一同挙達之由、依申上、雖被成　勅許、於本

寺各不存知通庭中（庭田中納言重保）言上段、被聞食分上者、彼　綸旨儀被成棄破訖、然者可任寺家法度旨、

天気所候也、仍執達如件、

泉涌寺

永禄十年三月一日　右中弁（勧修寺晴豊）判

泉涌寺
衆僧中

○『歴代残闕日記』二八冊「晴豊公記」参照。

着香衣参内

慶誉上人

19－5

着香衣、令参　内、宜奉祈　宝祚長久者、依
天気、執達如件、

永禄十年四月廿五日　右中弁（勧修寺晴豊）判

常福寺住持慶誉上人御房

局より承候、（無）参内候、礼五十疋也、

○『歴代残闕日記』二八冊「晴豊公記」参照。

国家安全祈

19－6

宜奉祈　国家安全　宝祚長久者
天気如此、仍執達如件、

永禄十年五月十四日　右中弁（勧修寺晴豊）判

空済上人

空済上人御房

御所五十疋　御局へ十疋、一位申候て

○『歴代残闕日記』二八冊「晴豊公記」参照。

乗広院住持職

19-7

乗広院住持職事、可令存知給者、依　御礼以上二百疋、内山方江書状にて申候へ共内山るすにて一位申候

天気、執達如件、

永禄十年五月廿一日　右中弁（勧修寺晴豊）判

玄溺和尚

玄溺和尚禅室　書出礼五十疋

○『歴代残闕日記』二八冊「晴豊公記」参照。

尭雲任権大僧正

19-8

上（上卿）勧中（勧修寺中納言晴秀）

永禄十年七月十八日　宣旨

法印尭運

宜任権大僧都正ゝ　権僧正

蔵人右中弁ーー（勧修寺晴豊）

○『歴代残闕日記』二八冊「晴豊公記」参照。

19-9

泉涌寺・安楽光院住持職

長円上人

泉涌寺幷安楽光院住持職事、可令存知給者、依
天気、執達如件、
永禄十年五月廿一日　右中弁（勧修寺晴豊）判
長円上人御房

○『歴代残闕日記』二八冊「晴豊公記」参照。

19-10

着香衣参内

松誉上人

着香衣、令参　内、宜奉祈　宝祚長久者、依
天気、執達如件、
永禄十年六月一日　右中弁（勧修寺晴豊）判
紀州西岸寺住持松誉上人
御房

○『歴代残闕日記』二八冊「晴豊公記」参照。

二〇　永禄十年　符案（二）

（表紙）「

永禄十年之分二

右中弁（勧修寺晴豊）（花押）」

20-1

上（上卿）勧中（勧修寺中納言晴秀）

永禄九年十二月二日　宣旨

従四位下清原隆房

宜叙従四位上

蔵人右中弁藤原晴豊（勧修寺）奉

清原隆房叙従
四位上

20-2

上上（上卿）勧中（勧修寺中納言晴秀）

永禄十年七月十八日　宣旨

永禄十年七月

清原隆房任神祇権副

左京亮清原隆房
宜任神祇権副
蔵人右中弁藤原晴豊（勧修寺）奉

賀田隆元転任治部大輔

20-3
上（上卿）勧中（勧修寺中納言晴秀）
永禄十年七月十八日　宣旨
治部少丞賀田隆元
宜転任治部大輔
蔵人右中弁藤原晴豊（勧修寺）奉

定盛叙法印

20-4
上（上卿）勧中（勧修寺中納言晴秀）
永禄十年七月廿日　宣旨
権大僧都定盛　万里（万里小路惟房）承候
無礼候
宜叙法印
蔵人右中弁藤原晴豊（勧修寺）奉

禅界寺住持職

20―5

禅界寺住持職事、可令存知給者、依
天気、執達如件、
永禄十　八月八日　　右中弁晴豊（勧修寺）判

設叟和尚

設叟和尚禅室　自内山承候

宗然転任権大僧都

20―6

上（上卿）勧修寺中納言（晴秀）
永禄十年三月廿一日　宣旨
権少僧都宗然　理性院より承候
宜転任権大僧都
蔵人右中弁藤原晴豊（勧修寺）奉

堅深転任権大僧都

20―7

上（上卿）勧中（勧修寺中納言晴秀）
永禄十年三月廿一日　宣旨
権少僧都堅深　内理性院より
宜転任権大僧都

蔵人右中弁（勧修寺晴豊）｜｜｜奉

20-8

松木宗道叙従五位下

上（上卿）勧修寺中（中納言晴秀）
永禄十年八月九日　宣旨
藤原宗道（松木）
宜叙従五位下
蔵人右中弁（勧修寺晴豊）｜｜｜

20-9

松木宗房叙従四位上

上（上卿）勧中（勧修寺中納言晴秀）
永禄十年八月十四日　宣旨
従四位下藤原宗房（松木）朝臣
宜叙従四位上
蔵人右中（勧修寺晴豊）｜｜｜

20-10

着香衣参内

着香衣令参　内、宜奉祈　宝祚長久者、依
天気、執達如件、

永禄十年八月十四日　　　右中弁（勧修寺晴豊）判

法誉上人

善光寺法誉上人御房

20―11

上卿　勧修寺中納言晴秀

永禄十年八月廿七日　　　宣旨

杲朝贈権大僧都

権少僧都杲朝

宜贈権大僧都

蔵人右中弁藤原晴豊（勧修寺）奉

二一　永禄十年　符案（三）

「（表紙）
永禄十年三
右中弁（勧修寺晴豊）（花押）」

21－1
上卿　勧修寺中納言（晴秀）
永禄十年十月九日　宣旨
正五位下藤原種直（富小路）
宜叙従四位下
蔵人右中弁藤原晴豊（勧修寺）奉

富小路種直叙
従四位下

21－2
上卿
勧中（勧修寺中納言晴秀）
永禄十年十月九日　宣□（旨）

竹内長治叙従四位下

正五位下源長治（竹内）
宜叙従四位下
蔵人右中弁藤原晴豊（勧修寺）奉

深応任権僧正

21－3
上（上卿）勧中（勧修寺中納言晴秀）
永禄十年十月六日　宣旨
法印深応
宜任権僧正
蔵人右中弁藤原晴豊（勧修寺）奉
行村院（万里小路惟房）万里より
承候

光栄転任権大僧正

21－4
上（上卿）勧中（勧修寺中納言晴秀）
永禄十年十月廿六日　宣旨
権僧正光永
宜転任権大僧正
蔵人右中弁藤原晴豊（勧修寺）（奉）□

瑞昌叙法印

21-5

上（上卿）同（勧修寺中納言晴秀）

永禄十年十一月十五日　宣旨

法眼瑞昌

宜叙法印

蔵人右中弁藤原晴豊（勧修寺）奉

藤原輔子叙従五位下

21-6

上（上卿）同（勧修寺中納言晴秀）

永禄十年十一月廿四日　宣□（旨）

藤原輔子

宜叙従五位下

蔵人右中弁藤原晴豊（勧修寺）奉

着香衣参内

21-7

着香衣令参　内、宜奉祈　宝祚長久者、依

天気、執達如件、

永禄十年十一月廿七日　右中弁（勧修寺晴豊）判

然誉上人

法伝寺住持然誉上人御□（房）

21-8

堯応任権少僧都

上（卿）勧中（勧修寺中納言晴秀）

永禄十年十一月四日　宣旨

権律師堯応　伊勢新房　御礼十二

宜任権少僧都

蔵人右中弁藤原晴豊（勧修寺）奉

21-9

舜聡任権律師

上（卿）同（勧修寺中納言晴秀）

永禄十年十一月十五日　宣旨

大法師舜聡

宜任権律師

蔵人右中弁藤原晴豊（勧修寺）奉

21-10

上（卿）同（勧修寺中納言晴秀）

永禄十年十二月六日　宣旨

性弁叙法印

権大僧正性弁　万里（万里小路惟房）より所望にて
無□
宜叙法印
蔵人右中弁藤原晴豊（勧修寺）奉

定者任権少僧都

21-11

上（上卿）同（勧修寺中納言晴秀）
永禄十年十二月六日　宣旨
権律師定者　同万里（万里小路惟房）より
宜任権少僧都
蔵人右中弁藤原晴豊（勧修寺）奉

一二二　永禄十一年・元亀三年　除服宣下符案

（表紙）
「除服　宣下
右中弁（勧修寺晴豊）（花押）」

除服出仕

22－1
可令除服出仕給、仍上啓如件、
（永禄十一年）八月廿六日　右中弁（勧修寺）晴豊
謹上　（四辻公遠）左中将殿

四辻公遠

22－2
（上卿）上　（勧修寺中納言晴右）勧中
永禄十一年八月十一日　宣旨
（西園寺公朝）左大臣

西園寺公朝左大臣復任

宜復任

蔵人右中弁藤原晴豊（勧修寺）奉

22-3

西園寺公朝
除服

上（上卿）同（勧修寺中納言晴右）

永禄十一年八月十一日　宣旨

左大臣（西園寺公朝）

宜除服

蔵人右中弁（勧修寺晴豊）ーーー

22-4

除服出仕

可令除服出仕給、仍言上如件、晴豊（勧修寺）、誠恐謹言

九月十一日（永禄十一年カ）　右中弁（勧修寺晴豊）ー

四辻季遠

進上　四辻大納言（季遠）殿

22-5

除服出仕

可令除服出仕給、仍上啓如件、

九月十一日（永禄十一年カ）

四辻公遠

謹上　新宰相中将殿(四辻公遠)

藤波慶忠
除服出仕

22-6

□(上)　勧中(勧修寺中納言晴右)

元亀三年七月廿八日　　　宣旨

従五位下大中臣慶忠(藤波)

宜除服出仕

蔵人頭左中弁藤原晴豊(勧修寺)奉

二三　元亀元年　符案（一）

（表紙）「
元亀元年七月三日
左中弁（勧修寺晴豊）（花押）」

23-1

元応寺住持職

元応寺住持職事、可令存知給者、依
天気執達如件、
元亀元年七月五日　左中弁（勧修寺晴豊）判
興旭上人御房

23-2

上（上卿）
勧中（勧修寺中納言晴右）
元亀元年十二月廿七日　宣旨

三条西公明叙
従四位下

正五位下藤原公明（三条西）
宜叙従四位下
蔵人頭左中弁藤原晴豊（勧修寺）奉

四辻季満任侍
従

23-3

上（上卿）同（勧修寺中納言晴右）
元亀元年十二月廿七日　宣旨
従五位下藤原季満（四辻）
宜任侍従
蔵人頭（勧修寺晴豊）左中｜｜｜

西園寺実益叙
従四位下

23-4

上（上卿）万中（万里小路中納言輔房）
元亀元年十二月廿五日　宣旨
正五位下藤原実益（西園寺）
宜叙従四位下
蔵人頭（勧修寺晴豊）左中弁｜｜｜奉

吉田兼右兼任神祇大副

23-5

上（上卿）同（万里小路中納言輔房）

元亀元年十二月廿一日　宣旨

右兵衛督卜部朝臣（吉田兼右）

宜兼任神祇大副

蔵人頭左中（勧修寺晴豊）ーーー

下冷泉為勝叙従五位上

23-6

上（上卿）万里中（万里小路中納言輔房）

元亀元年十二月廿九日　宣旨

従五位下藤原為勝（下冷泉）

宜叙従五位上

蔵人頭左中弁（勧修寺晴豊）ーーー

中院通勝叙従四位下

23-7

上（上卿）同（万里小路中納言・輔房）

元亀元年十二月卅日　宣旨

正五位下源通勝（中院）

宜叙従四位下
蔵人頭左中弁｜｜（勧修寺晴豊）

元亀元年十二月

二四　元亀元年　符案（二）

（表紙）
「
元亀元年之内

左中弁（勧修寺晴豊）（花押）
」

24-1

（上卿）
上　勧修寺中納言（晴右）

元亀元年十二月廿七日　宣旨

正五位下藤原公明（三条西）

宜叙従四位下

蔵人頭左中弁藤原晴豊（勧修寺）奉

三条西公明叙
従四位下

24-2

（上卿）
上　同（勧修寺中納言晴右）

元亀元年十二月廿七日　宣旨

四辻季満任侍従

従五位下藤原季満（四辻）
宣任侍従
蔵人頭（勧修寺晴豊）｜｜｜

24-3

下冷泉為勝叙従五位上

（上卿）上万中（万里小路中納言輔房）
元亀元年十二月廿九日　宣旨
従五位下藤原為勝（下冷泉）
宣叙従五位上
蔵人頭（勧修寺晴豊）｜｜｜

24-4

中院通勝叙従四位下

（上卿）上万中（万里小路中納言・輔房）
元亀元年十二月卅日　宣旨
正五位下源通勝（中院）
宣叙従四位下
蔵人頭左中弁藤原晴豊（勧修寺）奉

二五　元亀二年　四方拝申沙汰

「（表紙）

元亀二年四方拝申沙汰

晴豊（勧修寺）」

25―1

四方拝　出御、可令早参給、仍執達如件、

十二月ーー（元亀元年）　左中弁晴豊（勧修寺）

謹上　頭中将殿（庭田重通）

四方拝出御早参

庭田重通

25―2

四方拝　出御、可令早参給、仍執達如件、

十二月ーー（元亀元年）　左中弁ーー（勧修寺晴豊）

謹上　蔵人右中弁殿（烏丸光宣）

四方拝出御早参

烏丸光宣

、、　蔵人左少弁殿　中弁ーー

、、　蔵人権弁殿　中弁ーー

25－3　四方拝出御御剱

四方拝　出御、可令候御劔給者、依

天気、執達如件、

十二月（元亀元年）ーー　左中弁（勧修寺晴豊）ー

謹上　正親町中将殿（実彦）

正親町実彦

25－4　四方拝出御脂燭

四方拝　出御、可令候脂燭給者、依

天気、執達如件、

十二月（元亀元年）ーー　左中弁（勧修寺晴豊）ー

謹上　治部卿殿（五辻為仲）　大内記殿（東坊城盛長）

藤侍従殿（高倉永孝）

五辻為仲・東坊城盛長・高倉永孝

25－5　四方拝出御申沙汰

四方拝　出御、任例可令申沙汰給、仍執達如件、

（元亀元年）十二月ーー　（勧修寺晴豊）左中弁判

薄以継

（薄以継）蔵人式部大丞殿

25-6

四方拝出御沙汰

四方拝　出御、任例可令致沙汰之状、如件、

（元亀元年）十二月ーー　（勧修寺晴豊）左中弁判

中原師廉

（中原師廉）四位大外記殿

壬生朝芳

（小槻朝芳）四位史殿　（勧修寺晴豊）中弁判

二六　元亀二年　符案（一）

（表紙）「
元亀二年
晴豊（勧修寺）」

26-1

柳原淳光叙正三位

上（上卿）　勧中（勧修寺中納言晴右）

元亀二年正月六日　宣旨

従三位藤原朝臣淳（柳原淳光）

宜叙正三位

蔵人頭左中弁藤原晴豊（勧修寺）奉

26-2

上（上卿）　勧中（勧修寺中納言晴右）

元亀二年十一月十五日　宣旨

元亀二年十一月

○この二行抹消。

万里小路輔房叙正三位

26-3

上（上卿）同（勧修寺中納言晴右）

元亀二年正月六日　宣旨

従三位藤原朝臣輔（万里小路輔房）

宜叙正三位

蔵人頭左中弁（勧修寺晴豊）｜｜｜

白川雅朝叙正五位下

26-4

上（上卿）同（勧修寺中納言晴右）

元亀二年正月六日　宣旨

従五位□（上）雅英王（白川雅朝）

宜叙正五位下

蔵人頭左中弁（勧修寺晴豊）｜｜｜

26-5

上（上卿）同（勧修寺中納言晴右）

元亀二年正月七日　宣旨

正親町三条公仲叙従四位下

正五位下藤原公仲（正親町三条）
宣叙従四位下
蔵人頭（勧修寺晴豊）左中弁―――

検非違使大石長弘町役

26-6
検非違使大石長弘居住相懸町役云々、□也、役以下於彼輩者諸役免除不紛之由、不可致其儀之旨、可令下知給者、依
天気言上□（如）件、誠恐謹言、
元亀二年二月十三日　　左中弁晴豊（勧修寺）判
進上　左大将殿（菊亭晴季）

速水武益叙従四位下

26-7
上（上卿）　勧中（勧修寺中納言晴右）
元亀二年二月五日　　宣旨
正五位下藤原武益（速水）
宣□（叙）従四位下
蔵人頭（勧修寺晴豊）左中弁―――

泉涌寺末寺寺領還附

26―8

泉涌寺末寺安養院・宝生寺・法泉寺等事、依擾乱、寺領無謂没収由、被　聞食候、太不可然候、早如元被還附之儀、被□（申）付彼寺家、再興勤行等無退転様被申付者、□可為神妙之旨、
天気所候也、仍執達如件、
（元亀二年）二月十五日　左中弁晴豊（勧修寺）

北畠具教

謹上　北畠中納言（具教）殿
天気所候也、仍執達如件、○以下二行衍カ
謹上　北畠中将殿

高倉範国叙従五位下

26―9

上（上卿）　歓中（勧修寺中納言晴右）
元亀二年五月廿一日　宣旨
藤原範国（高倉）
宜叙従五位下
（一行欠カ）

神護寺再興
天文丁未ノ兵革

26—10

高□(雄)山神護寺者、為日本無双勝境、真言密教霊場、然天文丁未兵革剋、軍士乱入、忽尽棟玉縁式令顛倒、或成灰燼訖、尤所歎思食也、不可無補▨弊支傾之営早催国家順旅、以末寺助資、可致再興跂之旨、依

天気執達如件、

元亀二年三月十日　左中弁(勧修寺晴豊)判

当寺□僧等中

知恩寺一代ノ住持職

26—11

当□本寺知恩寺一代之住持職□(之)事、早遂参洛、可令存知給之由

天気如此、仍執達如件、

元亀二年三月廿九日　左中弁(勧修寺晴豊)判

専念寺等連社上人御房

専念寺等連社上人

着香衣参内

26—12

着香衣、令参　内、宜奉□(祈)　宝祚長久者、依

□□(天気)、執達如件、

□（元）亀二年四月十六日　左中弁（勧修寺晴豊）判

雄誉上人

□□寺雄誉上人御房　取次山科（言継）より

26-13

着香衣参内

着香衣、令参　内、宜奉祈　宝祚長久者、依
天気、執達如件、
元亀二年四月十　日　左中弁（勧修寺晴豊）判

始翁上人

養国寺始翁上人御房　万里小路（惟房）より被申候

26-14

葉室長教叙従五位上

上（上卿）　同（勧修寺中納言晴右）
元亀二年十一月十五日　宣旨
従五位下藤原長教（葉室）
□□（宜叙）従五位上
蔵人頭左中（勧修寺晴豊）｜｜｜｜

葉室長教任兵部権少補

26－15

□（元亀二年十一月十）□□□□□□□五日　　宣旨

□□□藤原長教（葉室）

宜任兵部権少補

蔵人頭（勧修寺晴豊）左中｜｜｜｜

元亀二年

二七　元亀二年　符案（二）

「（表紙）
元亀二年之分
左中弁（勧修寺晴豊）（花押）」

27―1
元亀二年四月三日　宣旨
左兵衛督藤原（山科言経）朝臣
宜任左衛門督
蔵人頭左中弁（勧修寺晴豊）―――
○『歴代残闕日記』二八冊「晴豊公記」、『大日本史料』一〇―六、一〇二頁参照。

山科言経任左衛門督

27―2
（上卿）上（勧修寺中納言晴右）勧中
元亀二年五月十一日　宣旨

賀茂常顕任豊後守

従五位下賀茂常顕
宜任豊後守
蔵人頭左中弁（勧修寺晴豊）ーーー

○『歴代残闕日記』二八冊「晴豊公記」、『大日本史料』一〇—五、九三三頁参照。

山門根本中堂日供諸国奉加

27—3
山門根本中堂日供之事、近江国依錯乱、及断絶之由、驚思食候、以諸国奉加続候様、先於廻
計略者、可為神妙之由
天気（ママ）
元亀二年五月廿九日　左中弁（勧修寺晴豊）判
山門東増院衆徒中

○『歴代残闕日記』二八冊「晴豊公記」、『大日本史料』一〇—六、三〇五頁参照。

曼殊院准后天台座主

27—4
曼殊院（覚恕）准后事、被補天台座主、既雖被成宣命、禄物等事、于今不相調云々、然者国家安寧、
武運長久之祈願、凝無二之丹心、別而於被抽随分合力者、併可為門跡再興之専一候由、
天気所候也、
元亀二年五月

元亀二年五月十一日　　左中弁（勧修寺晴豊）判

武田入道（信玄）殿

○『歴代残闕日記』二八冊「晴豊公記」、『大日本史料』一〇―六、二二八頁参照。

武田信玄

27―5

令専法流之相承、宜奉抽天下安寧・宝祚延長之懇祈之由

天気所候也、仍執達如件、

元二（元亀）　六月五（日脱）　　左中弁（勧修寺晴豊）判

慶岳上人御房

○『歴代残闕日記』二八冊「晴豊公記」、『大日本史料』一〇―六、三一四頁参照。

法流相承

慶岳上人

27―6

宜着紫衣令参　内給者、依

天気、執達如件、

元亀二年七月廿四日　　左中弁（勧修寺晴豊）判

浄華院住持良休上人御房

万里（万里小路惟房）より安文給候

着紫衣参内

良休上人

○『歴代残闕日記』二八冊「晴豊公記」参照。『大日本史料』一〇―六、六七七頁参照。

御厨子所嵯峨供御人諸役免除武家御下知

27―7

御厨子所嵯峨供御人諸役免除之事、任御代々　綸旨并武家御下知等之事（旨）、宜専公役全商売之
由、可令下知給者
天気如此、仍執達如件、
元亀二年八月十二日　左中弁（勧修寺晴豊）判
謹上　内蔵頭殿（山科言経）

山科大納言（言継）被来候て被申、安文持被来候

山科言経

○『歴代残闕日記』二八冊「晴豊公記」、『大日本史料』一〇―六、七二八頁参照。

浄泉叙法橋

27―8

上（上卿）勧中（勧修寺中納言晴右）
元亀二年八月十日　宣旨
浄泉
宜叙法橋
蔵人頭左中弁藤原晴豊（勧修寺）奉

○『歴代残闕日記』二八冊「晴豊公記」、『大日本史料』一〇―七、四〇八頁参照。

27-9

東大寺大仏
諸国勧進・再造

東大寺大仏殿者、為日本無双之伽藍、上古之旧趾、異于他之処、南都擾乱之時節、依兵火魔風回録之由、被歎思召者也、仍（以脱カ）諸国之勧進、可励再造之微功之由、任衆僧　奏申旨、万方被成　綸旨畢、然者為国家安寧・武運長久之祈願、別而於被抽奉加之忠志者、可為神妙之由
天気所候也、仍執達如件、

元亀二年八月廿八日　　左中弁（勧修寺晴豊）判

徳川家康

徳川（家康）参河守殿

○『歴代残闕日記』二八冊「晴豊公記」、『大日本史料』一〇—六、六六三頁参照。

27-10

着香衣参内

着香衣、令参　内、宜奉祈　宝祚長久者、依
天気、執達如件、

元亀二年九月六日　　左中弁（勧修寺晴豊）判

楽誉上人

願行寺住持楽誉上人御房

大すけ殿（万里小路賢房女）よりそちへかき申候へのよし六日御やうきの時御申候

あくるひとゝけ候へ申候、あや〳〵にわたす候、

○『歴代残闕日記』二八冊「晴豊公記」、『大日本史料』一〇—六、八四八頁、参照。

祈国家安全

27―11

宜奉祈国家安全・宝祚長久、者
天気如此、仍執達如件、
元亀二年九月五日　左中弁（勧修寺晴豊）判

慶秀上人

慶秀上人御房
（万里小路賢房女）大すけとのへ申候、
禁裏御礼、かたな一こし
書出、わきさしそへこ二ッ

○『歴代残闕日記』二八冊「晴豊公記」、『大日本史料』一〇―六、八四八頁参照。

皇太后宮五十年忌

27―12

来月十日奉為　贈皇（太脱）后宮（万里小路栄子）五十年之周忌、可被成追善之叡願之条、丹波国中之諸侍致馳走者、
可為神妙之旨、綸命如此、悉之、以状
（元亀二年）九月廿五日　左中弁晴豊（勧修寺）

日乗上人

日乗上人御房

○『歴代残闕日記』二八冊「晴豊公記」、『大日本史料』一〇―六、九一三頁参照。

着香衣参内

27―13

（別紙一紙）宜令着香衣、参　内給之旨、依
元亀二年九月

洞賢上人

天気執達如件、

元亀二年四月十七日　　左中弁（勧修寺晴豊）（花押）

石州西念寺洞賢上人御房

○『歴代残闕日記』二八冊「晴豊公記」、『大日本史料』一〇―六、には見えず。

藤原光次任図書少属

27―14

上（上卿）　勧中（勧修寺中納言晴右）

元亀二年十二月十八日　　宣旨

藤原光次

宜任図書少属

蔵人頭左中弁（勧修寺晴豊）ーーー

○原本にはみえないが、『歴代残闕日記』二八冊「晴豊公記」に採録、しばらくここに収む。『大日本史料』一〇―五、九三三頁、参照。

妙心寺住持職

27―15

妙心寺住持職事、所有　勅請也、殊専仏法紹隆、可奉祈　宝祚延長者、依

天気執達如件、

南化和尚

元亀元年十月七日　左中弁（勧修寺晴豊）判

南化（玄興）和尚禅室

○『歴代残闕日記』二八巻、『大日本史料』一〇—五、二九頁、参照。

着香衣参内

洞賢上人

27—16

宜令着香衣、参内給之旨、依　天気、執達如件、

元亀二年四月七日　左中弁（勧修寺晴豊）判

石州西念寺洞賢上人御房

○『歴代残闕日記』二八冊「晴豊公記」、『大日本史料』一〇—六、一二四頁参照。

二八　元亀二年・三年　神宮関係綸旨・宣旨案

（表紙）
「神宮
　元亀二年分
　同三
九月一日ヨリ
　　　　左中弁（勧修寺晴豊）（花押）」

28―1

内宮正遷宮
上原定正

内宮正遷宮不事行之処、上原定正依奇瑞与文託上人相互廻営術由、遂再造之由言上之旨被感思召者也、然者愈凝神忠可為神妙之由可下知給之由、天気所候也、仍言上如件、誠恐謹言、

（元亀二年）八月廿七日　　　　（勧修寺）晴豊

進上　（柳原資定）日野一位殿

28-2

奏事目録

元亀三年後正月　日　晴豊(勧修寺)奏

大宮司満長申造替事

神領再興事

権禰宜度会寧久申、

叙爵事

イコニタカキヒツケアリ
二ツウト、ノヱ上カキ奏事目録トコレアリ

28-3

太神宮正遷宮事、頻雖及其沙汰、神宝御装束之儀、于今不事行之処、為国家安泰・武運長久之祈願、可励懇志之由申輩輩有之云々、尤神妙被思召畢、然者不日廻奉加之営術、早可抽御装束調進之、神忠之由、可令下知行事官于俊給者、
天気所候也、仍言上如件、誠恐謹言、
(元亀三年)後正月廿八日　左中弁晴豊(勧修寺)

進上日野（柳原資定）一位殿

○『大日本史料』元亀三年閏正月是月条、二九一頁、に「京都御所東山御文庫記録」を典拠に日付を欠くがほぼ同文の綸旨が収められている。

28―4　藤波康忠伊勢太神宮祭主

元亀三年二月一日　　宣旨

神祇権大副大中臣康忠（藤波）朝臣

宜為伊勢太神宮祭主

蔵人頭左中弁藤原晴豊（勧修寺）奉

28―5

口宣一紙献上之、早可令下知給之状如件、

（元亀三年）二月一日　　左中弁晴豊（勧修寺）

謹上　源（庭田重保）中納言殿

28―6　藤波康忠祭主職

大中臣康忠（藤波）朝臣祭主職事、次第解如此候、可令　奏聞給也、誠恐謹言、

（元亀三年）後正月廿八日　　左中弁晴豊（勧修寺）

藤波康忠伊勢
太神宮祭主

進上　日野一位殿（柳原資定）

源中納言（庭田重保）

28－7

宣旨

従四位下行
神祇権大副大中臣康忠朝臣（藤波）
宜為〻備奉伊勢ㄈ太神宮祭主者、
右　宣旨早可〻被令下知給之状如件、
（元亀三年）二月一日　中弁判（勧修寺晴豊）
（小槻朝芳）四位史殿

礼五石也
イチマイニ

○『大日本史料』元亀三年閏正月是月条（二九四頁）に「京都御所東山御文庫記録」を典拠にほぼ同文の綸旨が収められている。

天変地妖御祈

28－8

天変地妖御祈事、撰良辰一七ケ日、別而可抽精誠旨可被致下知神宮之由被仰出候状如件、
（元亀三年）二月十一日　中弁判（勧修寺晴豊）
（小槻朝芳）四位史殿

大神宮仮殿造
替
清順上人

28-9

大神宮仮殿造替事、任故清順上人例、以諸国之奉加可致其沙汰之由、尤神妙被思食訖、然者弥凝無弐之丹心、早可遂造畢之成功之由、天気所候也、仍執達如件、

元亀三年二月廿一日　左中弁判（勧修寺晴豊）

周養上人

伊勢国住人
周養上人御房

○「慶光院文書」に原本あり。『大日本史料』一〇—八、参照。

変異御祈

28-10

変異御祈事、去二月被仰出神宮之処、至于今自社家不及是非之儀事、前代未聞、沙汰之限候、然者子細何事候哉、急度可言上之由、可被致下知祭主之状、如件、

（元亀三年）
五月廿日　中弁（勧修寺晴豊）

（小槻朝芳）
四位史殿

天変地妖御祈
内宮禰宜

28-11

天変地妖御祈之事、内宮禰宜請印《シヤウイン》文書一通、幷次第解相副、進献之、可令給候也、誠恐謹言、

(元亀三年)五月十八日　左中弁晴豊(勧修寺)奉

進上　(柳原資定)日野一位殿

追申言上

外宮行事官

外宮御行事官折紙如此候、同可令披露給候哉、

春日社神木枯

神宮

28-12

春日社神木数千本枯槁之由被慎思食者也、然者撰良辰一七ケ日、別而可抽懇祈之丹精之旨可被致下知　神宮之由、被仰出候状、如件、

(元亀三年)六月三日　中弁判(勧修寺晴豊)

(小槻朝芳)四位史

神祈

内宮禰宜

28-13

御祈事、内宮禰宜等請文両通、外宮一禰宜訴状壱通、同宮禰宜四人連暑〔署〕副之、右令〔可〕令　奏聞給候哉、誠恐謹言、

(元亀三年)六月廿九日　(勧修寺)晴豊

進上　(柳原資定)日野一位殿

(藤波)慶忠申分也、

元亀三年六月

藤波慶忠任
神祇権少副

28-14
上（上卿）勧中（勧修寺中納言晴右）
元亀三年七月廿八日　宣旨
従五位下大中臣慶忠（藤波）
宜任神祇権少副
蔵人頭左中弁藤原晴豊（勧修寺）奉
八月二日ニ宣下申候へ共、廿八日分所望候由申、其分伝奏申候、

藤波慶忠祭主
職

28-15
大中臣（藤波）慶忠祭主職事、次第解如此、同加級候事、可令　奏聞給候也、誠恐謹言、
九月四日（元亀三年）　左中弁晴豊（勧修寺）
進上　日野一位殿（柳原資定）

祭主職

28-16
祭主職事、於　勅許者、日付来十六日吉日候間、其分ニ今日所望之由申候、如何可得御意候也、
四日（元亀三年九月）　晴豊（勧修寺）

柳原(資定)殿

藤波慶忠叙従五位上

28―17

上卿　勧修寺中納言(晴右)

元亀三年九月十六日　　宣旨

従五位下大中臣慶忠(藤波)

宜叙従五位上

蔵人頭左中弁藤原晴豊(勧修寺)奉

○『大日本史料』一〇―一〇、一一三頁に典拠は異なるが同文あり。

伊勢太神宮祭主

28―18

宣旨

従五位上大中臣慶忠(藤波)

宜供奉　伊勢太神宮祭主者、

右　宣旨早可被下知給候状、如件、

(元亀三年)九月六日　　中弁(勧修寺晴豊)判

四位史(小槻朝芳)殿

追申、可為来十六日宣下候也、

○『大日本史料』一〇―一〇、一二四頁に関連史料がみえる。

28-19

藤波慶忠伊勢太神宮祭主供奉

元亀三年九月十六日　　宣旨

従五位上大中臣慶忠（藤波）

宜供奉　伊勢太神宮祭主

蔵人頭左中弁藤原晴豊（勧修寺）

○『大日本史料』一〇―一〇、一二四頁に典拠は異なるが同文あり。

28-20

藤波慶忠伊勢太神宮祭主供奉

上卿　勧修寺中納言（晴右）

元亀三年九月十六日　　宣旨

従五位上大中臣慶忠（藤波）

宜供奉　伊勢太神宮祭主

蔵人頭左中弁藤原晴豊（勧修寺）奉

コレワ祭主所江遣候、御礼五百疋

外宮八禰宜貞幸

28―21
外宮八禰宜貞幸事、依一神主ニ貴彦松木堂祢宜等存分貴彦幷松木堂禰宜存分自去月廿一日不相随神事、止出仕之由、達後聞畢、令違背　朝儀、如此之所業曲事候間、急度遂糺明、可言上候由可被致下知祭主（藤波）慶忠之由被仰下候状、如件、

藤波慶忠

（元亀三年）十月八日　　　　（勧修寺晴豊）中弁判

（小槻朝芳）四位史殿

外宮禰宜貞幸

28―22
就外宮禰宜貞幸儀、自伝奏一通如此候、急度祭主可被致下知之由被仰出候状、如件、

（元亀三年）十一月廿日　　　　（勧修寺晴豊）判

（小槻朝芳）四位史殿

二九　元亀二年・三年　雑符・綸旨案

東大寺大仏殿
諸国勧進

29－1

東大寺大仏殿者、為日本無双之伽藍、上古之旧趾、異于他之処、南都擾乱之時節、依兵火魔
風回録之由被歎思召者也、（以脱カ）仍諸国之勧進、可励再造之微功之由、任衆僧　奏申旨、万方被被（衍）
成　綸旨畢、然者為国家安寧・武運長久之祈願、別而於被抽奉加之忠志者、可為神妙之由
ーーー

（後欠）

○27－9に別の写あり（元亀二年八月廿八日）。

三木自綱叙従四位下

29－2

上卿　万里小路大納言（惟房）
元亀三年五月十七日　宣ー
正五位下藤原自綱（三木）
宜叙従四位下

蔵人（勧修寺晴豊）ーーー

三木自綱任大宰大弐

29-3

上卿　万里小路大納言（惟房）

元亀三年五月十七日　ーー

従四位下藤原自綱朝臣（三木）

宜任大宰大弐

蔵人（勧修寺晴豊）ーーー

御厨子所嵯峨供御人諸役免除武家御下知

29-4

御厨子所嵯峨供御人諸役免除之事、任御代々　綸旨幷武家御下知等之旨、宜専　公役全商売

之由、可令下知給者、

天気如此、仍執達如件、

元亀二年八月十二日　左中弁（勧修寺晴豊）判

謹上　内蔵頭殿（山科言経）

山科言経

安楽光院住持職

29-5

安楽光院事、今度長海依妄語之曲事∩難▨其科可任寺法之由、既被成　勅裁畢、安楽光院住持職事、為本寺衆

ゝゝゝゝゝ

中可計申入之旨、

天気所候也、仍｜｜｜、

（元亀三年）
五月廿一日

泉涌寺
衆僧中

泉涌寺

三〇　元亀三年五月　符案

（表紙）「

元亀三年五月　日

左中弁（勧修寺晴豊）（花押）」

30-1

三木自綱叙従四位下

上卿　万里小路大納言（惟房）

元亀三年五月十八日　宣旨

正五位下藤原自綱（三木）　ヒタミツキ也

宜叙従四位下

蔵人頭左中弁藤原晴豊（勧修寺）奉

30-2

（上卿）上　同（万里小路大納言惟房）

元亀三年五月十八日　宣旨

従四位下藤原（三木）自綱朝臣
宜任大宰大弐
蔵人（勧修寺晴豊）｜｜｜

三木自綱任大宰大弐

三一　元亀三年　綸旨案・符案

（表紙）
「元亀三年分
左中弁（勧修寺晴豊）（花押）」

31―1

永平寺住持職
梵泰和尚
祥真和尚
文周和尚
竹門

永平寺住持職事、所有勅請也、殊専仏法紹隆、宜奉祈　国家安全者、
依　天気執達如件、
（元亀三年）十月四日　左中弁（勧修寺晴豊）判
梵泰和尚禅室
祥真和尚禅室
文周和尚禅室
同前三人申候、甘露寺（経元）取次にて、禁中江竹門（曼殊院覚恕）可申候て、御上ノ御礼ハ竹内御門跡（曼殊院覚恕）被参候、書出之礼三人

之分二石也、日付同前也

31-2

上卿　勧修寺中納言（晴右）

元亀三年十月五日　宣旨

正五位下大江輝元（毛利）

宜叙従四位下

蔵人頭左中弁藤原晴豊（勧修寺）奉

毛利輝元叙従四位下

31-3

上卿　勧修寺中納言（晴右）

元亀三年十月五日　宣旨

正五位下藤原隆景（小早川）

宜叙従四位下

蔵人頭左中弁藤原晴豊（勧修寺）奉

小早川隆景叙従四位下

31-4

上（上卿）　万大（万里小路大納言惟房）

元亀三年十月十四日　宣旨

西園寺実益叙
従三位

正四位下藤原実益（西園寺）朝臣
宜叙従三位
蔵人頭左中弁藤原晴豊（勧修寺）奉

西園寺実益左
近中将

31-5

上卿
万里小路大納言（惟房）
元亀三年十月十四日　宣旨
従三位藤原朝臣実（西園寺実益）
左近中将如元
蔵人頭左中弁藤原晴豊（勧修寺）奉

冷泉為勝任左
近衛権少将

31-6

上（上卿）
万大（万里小路惟房）
元亀三年三月　宣旨
持従（侍）
少将藤原為勝（下冷泉）
宜任左近衛権少将
蔵人頭左中弁藤原晴豊（勧修寺）奉

葉室頼房叙従二位

31-7

上（上卿）勧中（勧修寺中納言晴右）

元亀三年十一月七日　宣旨

正三位藤原朝臣頼（葉室頼房）

宣叙従二位

蔵人頭左中弁藤原晴豊（勧修寺）奉

徳大寺実満叙従四位上

31-8

上（上卿）同（勧修寺中納言晴右）

元亀三年十一月七日　宣旨

従四位下藤原実満（徳大寺）朝臣

宣叙従四位上

蔵人頭左中弁藤原晴豊（勧修寺）奉

玄廓和尚特賜明堂仏燈禅師

31-9

元亀三年十一月十五日　宣旨

玄廓和尚

宜特賜明堂仏燈禅師

蔵人頭左中弁藤原晴豊（勧修寺）
上卿　勧修寺中納言（晴右）也、大内記（東坊城盛長）被申候也、

藤原重祐叙従五位下

31-10
上（上卿）
勧中（勧修寺中納言晴右）
元亀三年十月五日　　宣旨
藤原重祐
宜叙従五位下
蔵人頭左中（勧修寺晴豊）｜｜｜

叡山炎上再興

31-11
今度叡山炎上之事、被歎思食処、法性院僧正為再興、既企入洛由、被及聞召候、随而　朝家之盛
興可被励忠勤条々、可令直談給者、依
天気言上如件、盛恐謹言、
元亀三年九月廿日　　左中弁（勧修寺晴豊）（花押）
進上　四辻大納言（季遠）殿

31-12

当寺被補　勅願所候訖、宜奉祈国家安全・宝祚長久者、

天気如此、仍執達如件、

　恵林寺衆僧中

長禅寺　　同両所也、モンコン（文言）同前

　元亀三年九月廿日　左中弁（勧修寺晴豊）判

恵林寺勅願所

三二　元亀三年　大徳寺住持職申文留

（表紙）
「元亀三年
　　大徳寺入院　　」

32-1
大徳寺住持職事、南英（宗頓）座元以衆評所請也、被成下
綸旨可奉祈　宝祚者也、恐惶謹言、
（元亀三年）
五月十二日
住山
宗訴（笑嶺）（花押）
前住
紹董（督宗）（花押）
前住
宗順（和渓）（花押）

伝奏
執事閤下

大徳寺住持職
南英座元

元亀三年五月

32-2

大徳寺住持職
万仭座元

大徳寺住持職事、万仭（宗松）座元以衆評所請也、被成下
綸旨可奉祈　宝祚者也、恐惶謹言、

（元亀三年）六月十日　住山　紹董（督宗）（花押）
前住　宗訴（笑嶺）（花押）
前住　宗順（和渓）（花押）

伝奏（勧修寺晴豊）
執事閣下

大徳寺入院
飛鳥井雅教
武家伝奏

女房奉書

飛鳥井面目ヲ
失ウ

就大徳寺入院之儀申次之事、飛鳥井中納言（雅教）　武家伝　奏之儀存知之間、此儀申次可存候由、寺江被申之由、寺中ヨリ申来候条、言語道断之由寺へ申遣、則披露申候処、一段曲事之由、飛鳥井江被仰出、如此、当家江女房奉書被出、則寺江以使者申遣訖、尤可然候由申来候、入院之儀以長橋披露申、　勅許候、此寺之伝　奏之儀、数代申次理運無是非候、堅可致存知之由重而被仰下候、飛鳥井失面目候者也、

大徳寺申次
武家伝奏
飛鳥井

32-3
仰元亀三五九
大とく《徳》寺申つきの事、まへ〳〵もふそう《敷奏》のいゐより申さた《沙汰》候ほかにハきこしめしおよハれ
候はぬ、しせん《自然》にふけてんそう《武家伝奏》まてそんち候へハ、ひとつにとりさた候つる、御わたくし
の事ハまへ〳〵よりかの御寺てんそう候つるまゝ、へちき《別儀》なく候、あすか井《飛鳥井》事ハふそうのい
ゐにても候ハす、ふけてんそうの事はかり、はしめてそんち候へハまへ〳〵のともからに
ハかハりたる事にて候まゝ、しよ《諸》寺しよしや《書社》のてんそうにおきてハゐいりよ《叡慮》したい《次第》におほ
せつけられ候事にて候へハこのやう寺へもおほせ事候て御申さた候へく候よし申たまへ、
くわんしゆ寺《勧修寺晴右》中納言とのへ

南英和尚

32-4
此住持、南英和尚《宗頓》　綸旨、頭弁晴豊□□也、伝　奏江弐百疋以八木渡也、奏者二□
□八木、書出百疋同八木、奏者二百疋同、

大徳寺住持職
古渓座元

大徳寺住持職事、古渓座元《宗陳》以衆評所請也、被成下
綸旨可奉祈　宝祚者也、恐惶謹言、
元亀三年六月

（元亀三年）八月廿七日

住山　宗順（和渓）（花押）

前住　宗琇（玉仲）（花押）

前住　紹董（督宗）（花押）

伝奏（勧修寺晴豊）

執事閣下

32-5

大徳寺住持職事、応　勅請、宜奉祈国家安全　宝祚長久者、

天気如此、仍執達如件、

元亀二年六月廿日　左中弁（勧修寺晴豊）

上人

明叟禅室（宗普）

○本文書は現状では「晴豊公住持職勅裁案」（A452）の中の一通であるが、三二「元亀三年大徳寺住持職申文留」の関連文書として仮に収める。

大徳寺住持職

明叟上人

三三　備前鳥取庄関係書状・女房奉書等留

「（後補表紙）晴雲院儀同晴豊公御記
女房奉書幷下知状案　第十」

「（表紙）備前宇喜多和泉（直家）所江　○縦二六・六cm×横一一・一cm
書状案文」

33－1

尚々急度可被申付事専一候、

就鳥取庄御公用之事、差下岡本候、急度被申付候者、可為神妙之由女房奉書如此候、且者御家之可為冥加候哉、天正三年四年御公用参千疋宛、慥京進之段無紛候、然者五年以来当納分等厳密ニ進納肝要候、仍　親王（誠仁親王）御方御筆御短冊十枚幷織色壱端進之候、委曲猶岡本可申候也、謹言、

鳥取庄御公用

誠仁親王

天正九年

宇喜多直家

（天正九年カ）十四日　判（勧修寺晴豊）

宇喜多和泉守殿（直家）

33―2

鳥取庄御公用

天正五年以来ノ未進

就鳥取庄御公用之儀、被差下岡本候、本所代替之儀候間、可為御不審候条、以直札被申候、為私万々相心得可申旨候、巨細岡本可被申候、将又天正五年以来之御未進当納分等堅被申付、御京進候者、御家中弥御満足之可為祈祷候、次為入道殿（勧修寺尹豊）以直書被仰候、御家領和気庄之儀先年御約諾之筋目無相違之様候者可為御祝着之由、此等之趣相心得可申旨候、恐々謹言、

井家豊家

宇喜多直家

（天正九年カ）十六日　豊家判（井家）

宇喜多和泉守殿（直家）

御宿所　井家五郎

33―3

鳥取庄御公用本所代替リ

天正五年以来ノ未進

就鳥取庄御公用之儀、被差下岡本候処、様躰不審之由被申旨、岡本注進候、尤候、　本所代替候間、前之趣相違之儀モ可有之候、親にて候者も致在国、旁々不案内之事候、岡本差下候段、聊以不可及御不審候、急度御京進候様専一候、天正三年四年之分御公用三千疋宛御京進候段無紛候、五年以来之御未進当納厳重ニ御進上候者、弥以万事可被任御心底候、尚々御公用之

宇喜多直家

儀於御馳走者、且者貴所可為御冥加候、自　本所一札和泉守（宇喜多直家）殿へ被申候、次綿ほうし二ッ・
五明五本貴所へ被遣候、祝儀斗候、恐々謹言、

（天正九年）十一月十六日　豊家（井家）判

対馬治部丞

対馬治部丞殿
御宿所

鳥取庄御公用本所代替リ

33-4

天正五年以来ノ未進

就鳥取御公用之儀、被差下岡本候処、御不審之由候、本所代替之儀候間、様躰相違之儀尤候、拙者も親にて候者在国候間、不案内故、前々相替儀可有之候、岡本方より注進候旨条々尤存候、於向後者加其分別可申候、次御公用天正三年四年両年分三千疋宛慥京進候、本所代替之儀候条、請取之儀者只今不下申候、御公用京進之段者、聊以無別儀候巨細之段、岡本可申付候、尚々五年以来未進当納急度御馳走肝要候、併可為御冥加候、仍織色壱端自我等貴所へ被進候、祝儀斗候、恐々謹言、

（天正九年）□（十）一月十六日　豊家（井家）判

対馬三丞

対馬三丞殿
御宿所

33-5

鳥取庄御公用去年分進納

天正九年十月

仰 天正九十廿四

とゝりのしやう（鳥取庄）御くよう（公用）しろかね（銀）十まい（枚）、こそ（去年）の分ニしんなう（進納）申候、よろこひおほしめし候、よく／＼なをいへ（宇喜多直家）に御心して、御ほせきかせられ候へのよし申とて候、

くわんしゆ寺（勧修寺晴豊）中納言とのへ

33-6

鳥取庄御公用未進分進納ヲ求ム　内侍所神楽

仰天正九十廿四

とゝりしやう（鳥取庄）の御くよう（公用）とく／＼人をさしくたされ候へく候、こそ（去年）も御ミしん（未進）まいらせ候ハて、ふさた（無沙汰）なる事候、さ候へハいかやうにもミしんふんまてしんなう（進納）候て　内侍所御かくら（神楽）とりおこなはれ候ハん□（ま）ゝ、きと／＼しんなう申候やうに申下され候へく候、このよし心して申せとて候、かしく、

くわんしゆ寺（勧修寺晴豊）中納言とのへ

33-7

鳥取庄御公用銀子十枚京進

鳥取庄御公用去年分銀子十枚京進之旨令披露候、雖少分之儀候、先以珍重候、御請取差下候、

内侍所神楽

当納幷未進分等之儀於此度運上者、内侍所可被行御神楽候之条、急度可被申付候由、女房奉書如此候、猶岡本可申候也、謹言、

追申書、雖(些)左少候、織色壱端進之候、

(天正九年)十月廿四日　　判(勧修寺晴豊)

宇喜多(直家)和泉守殿

宇喜多直家

33-8

鳥取庄御公用未進分進納ヲ求ム
内侍所神楽

鳥取庄御公用、去年分銀子十枚御進納、先以珍重候、幷為路物壱枚被相渡候由尤候、当納分之儀幷未進等之儀、急度於此度御進納者　内侍所御神楽可被行候、然者貴所迄之可為御冥加候《間》之由、別而御馳走専一候、次綿・鳥子弐被進候、何も相心得可申旨候、恐々謹言、

(天正九年)十月廿四日　　豊家(井家)判 ウラカキ 井家五郎

対馬治部殿

対馬治部

33-9

鳥取庄御公用
内侍所神楽

鳥取庄御公用去年分銀子十枚御進納、先以珍重候、当納分之儀被差下岡本方候、此度之儀者、御公用幷未進等之儀、急度於京進者、内侍所御神楽可被相行候、然者貴所迄之可為御冥加候間、別而御馳走専一候哉、委細岡本可被申候、次路物銀子壱枚被相渡之由候、尤候、将又織

池田三丞

色壱端被進候、何も心得可申旨候、恐々謹言、

十月廿四日《（天正九年）》　豊家《（井家）》判

池田三丞殿

33-10

地黄煎商売

就地黄煎商売事、先年被成綸旨候処、紛失之由候之条、重而被成綸旨候、然者諸国抜売等之儀、如先々堅被申付、可被全朝役之由被仰出候旨、座中へ可被申付事肝要候也、

四月五日《（天正六年）》　判《（勧修寺晴豊）》

典薬頭

典薬頭殿　天正六年之分

○天正六年「日々記」に同文の写あり。

33-11

鳥取御料所
銀十枚進上

仰　文禄四
　　十二十

と丶りの御れう所まいねん《（毎年）》しろかね《（銀）》十まい《（枚）》まいらせ候、あまりにせうふん《（少分）》の事にて、御座候まゝよく〱御心し候て申くたされ候へとのよし、心して申とて候、かしく、

くわんしゅ寺《（勧修寺晴豊）》大納言とのへ

鳥取庄御公用
女房奉書

33-12
就鳥取庄御公用之儀、以書状申入候、毎年少分之事ニ候間、当納之義一規模被仰付、於運上
者、（可脱カ）為御冥加候、女房之奉書如此候、仍條三筋進覧候、猶中村又右衛門尉方可被申入候、
恐々謹言、
文禄四
十二月十日　（勧修寺）晴豊

宇喜多秀家

（宇喜多秀家）備前中納言殿

鳥取庄御公用

33-13
就鳥取庄御公用之儀令申候、毎年少分之事候間、当納之義一規模被仰付、於運上者、可為御
冥加候、女房奉書如此候、仍條三筋進覧候、委細之段中村又左（ママ）衛門方可被申入候、恐々謹言、
慶長元
十二月十二日　（勧修寺）晴豊

宇喜多秀家

（宇喜多秀家）備前中納言殿

鳥取御料所
銀十枚進上
宇喜多秀家

33-14
とゝり（鳥取）の御れう所、としこと（年）にしろかね（銀）十まい（枚）しん（進）上、あまりにさたまりたるやうに少ふ
んの事候まゝ、ことし（今年）ハ一かとしん上候やうに、中なこん（宇喜多秀家）とのへかたく申しくたされ候へ

慶長元年十二月

のよし、心して申（せ脱カ）とて候、かしく、

くわんしゆ寺（勧修寺晴豊）大納言とのへ

仰 慶長元 十二十二

（奥書）「右家尊贈内府晴豊公御記、依破損如此令沙汰畢、

寛文十二年黄鐘

権中納言藤原経（勧修寺経慶）（花押）（朱印）」

三四　遊行上人関係留

遊行内（普光）参、上人号申請之□（儀カ）、余（勧修寺晴豊）ニ申、大仏師取次申候処、柳原中納言淳光卿前々ヨリ伝奏之儀候間、申次之儀可仕由、種々上人之へも申、　禁裏申入候、然者せうせきをもつて申可入之由仰下候処、□（無カ）之候間、此余〔旨〕ニ被仰候、然ハ此慮ヲ以御目かけ代□申沙汰之儀候間、是非不申候、

綸旨天正七年九月十二日□

34-1

宜奉　祈国家安全、宝祚〇延長者、
天気如此、仍執達如件、
天正七年九月十二日　　右中弁判（万里小路（充房））
他阿（普光）上人御房

遊行内参
上人号

他阿上人

御礼共

天正七年九月

上人号御礼

禁裏マキモノ・トンス（緞子）・コタカ（小高）、親王（誠仁親王）御方杉原マキモノ、新大典侍局（万里小路房子）、申次樽代一石、御阿茶々（勧修寺晴子）御局二百疋、大典侍局（万里小路賢房女）へ百疋、入道殿（勧修寺尹豊）江百疋、余（勧修寺晴豊）伝奏ヨリ内参（参内）時弐百疋、申次礼弐石、返弁一そく（束）、一本両金、礼とも各申請也、名号給也、ウトン（饂飩）・フノスイモノ（吸物）にて御茶申也、供衆五六十有之、ひやうにて一盃申□

34-2

上人号・参内

先日者為御音信名香三種送給候、祝着候、将又今度上人号幷御参内之儀、任先例申沙汰、御参内候、珍重候、猶使者可申述候、恐々謹言、

九月廿八日（天正七年）　晴豊（勧修寺）

遊行上人（普光）御房

遊行上人

遊行上人十念参内御礼

天正八年二月五日、遊行上人十念参　内、御フせ（布施）十てう・御扇、同二条之御所親王（誠仁親王）御方御十念御フセワタ十そく（束）、此上人一代ひやう者之由被聞召候間、ワタ着（可）申候、被仰出候、御阿茶（勧修寺晴子）之局より十てう・あふき、新大典（万里小路房子）より沈一ッヽミ金少被遣候、六日ニ御礼被参候、ひき十てうニしヽら（縅）三たん（反）、当世しヽらはやり申候、御阿茶々（勧修寺晴子）ニしほのはい十つヽミ、余（勧修寺晴豊）ニ三つヽミ、六日給申候、、御十念わタ着被望申、余礼五百疋・とんす（緞子）一たん給候也、大方書申也、

遊行上人、禁中へ見舞
唐錦・唐紙

34—3
仰□□□（天正十）一六十五日
ゆきやう上人（遊行・普光）よりからにしき（唐錦）一たん・たうし（唐紙）百まい（枚）しん上候、おもしろくおほしめし候よ
しよく、御心し候て申くたされ候、かしく、
くわんしゆ寺（勧修寺晴豊）
しん大納言とのへ

誠仁親王見舞遊行上人見舞
唐錦・硯

34—4
同（仰）親王（誠仁親王）御見、　同年月日
御かた（誠仁親王）の御所さまへ遊う行より御みまい（見舞）として、一のりやうはる〴〵のほせられ候、一し
ほ御うれしく悦覚しめし候、ことにからにしき（唐錦）めつらしき御すゝり（硯）まいらせ候、よく御心
し候ておほせくたされ候へのよし申とて候、わたくしまてまき物（巻）給候、おもひよられ候て
御うれしきよし、よく〳〵御つたへ候て給り候へく候かしく、
くわんしゆ寺（勧修寺晴豊）大納言とのへ

錦御免
養性

34—5
先年被仰出候錦御免之事、為御養性候之間、御着用尤可然候、得其意、重而可令申旨被仰下

候、為其令啓候、恐々謹言、
（天正十一年）六月十四日　（勧修寺）晴豊
（普光）遊行上人
御房

遊行上人

禁中・誠仁親王へ見舞女房奉書

34-6

為　禁中御見舞一寮被遠路差上候、　叡感此事、殊唐錦・唐帋御進上、幷　（誠仁親王）親王御方江唐
錦・御硯同御進上、取々令披露候、相心得可申之旨被仰下、女房奉書如此候、次私へ緞子一
巻・沈香送給候、御懇之儀難申謝候、仍水引一嚢（カ）進覧之候、猶一寮可被申候、恐々謹言、
将又、（勧修寺尹豊）前内府入道唐扇祝着之至、相心得可申候由候、
（天正十一年）六月十四日　（勧修寺）晴豊
（普光）遊行上人御房

誠仁親王短冊梶井門跡御歌

一寮　親王御方短冊二枚・扇十本、（最胤）梶井御門跡御哥申遣候、七条被居候遊行留守居ニ一
束・油煙三梃遣候、
今日、天正十一年六月十五日之事也、
差樽　茶子　持参、

誠仁親王短冊
遊行上人
日向在
一遍ノ語録
空也上人
西行法師撰集抄

34―7

悦好便一筆令啓候、其已後不得便無音失本意候、折節令所持候之条、親王(誠仁親王)御方御筆御短冊十枚進之候、御自愛所仰候、尚大仏師法印可令申候也、恐々謹言、

六月十二日(天正十一年)　　晴豊(勧修寺)

遊行上人(普光)
御房

遊行上人(普光)弟子罷下間、此分之書状遣候、此比日向之国ニ有之事候、彼罷下僧親王御方へ此一巻、遊行之弟子持申候一巻之間申入候間、予(勧修寺晴豊)申入遣候、此弟子五明五本遣候、

34―8

それ念仏の行者用心の事、□(可)示のよし承候、南無阿□□(陀仏)と申外に、更に用心もなく、此上に可示安心もなし、諸□先徳達の様々に立をかるゝ法用共の侍ハ皆諸惑に対したるかりその案文也、されハ念仏の行者にてか様の事をも打捨て、念仏すへし、昔空也上人□(に)人の念仏ハいかゝ申へきと問けれハ、捨てこそと計にて、余の事ハ何ともの給はすと、西行法師撰集抄に載たり、是誠に金言也、念仏の行者ハ智恵をも愚痴をも捨、善悪の境界をも捨、貴賤高下

の道理をも捨、地獄をも恐す、極楽をねかふ心をもすて、又諸宗のさとりをも捨、一切の事をすて丶申念仏こそ、弥陀超世の本願に叶候へ、か様に打あけ〳〵唱ふれは、仏もなく家もなく、まして此内にとかくの道理もなし、善悪の境界皆浄土也、求へからす、いきとしいけるもの、山河草木吹風立浪まて念仏ならすと云事なし、人はかり超世の願にあつかるにあらす、又如此愚老か申事を打捨て、何共あてかひはからすして、本願に任て念仏し給へし、念仏ハ安心して申も、安心せすして申も、他力趣世の本願にたかふ事なし、弥陀の本願にハ闕たる事もなく、あまれる事もなし、此外に何事をか用心して申へき、たゝ愚なるもとの心に立かへりて念仏し給へし、南無阿弥陀仏、

須弥の峯たかしひき□の雲清て、月のひかりや空の□

八月十四日　　一遍

興願律師御房

天正十二年六月十二日ニ令書写之置所也、

○『一遍上人語録』（日本思想史大系『法然　一遍』所収）にほぼ同文のものが収められている。

一遍

晴豊書写

三五　天正十一年　大徳寺住持職入院関係文書

（表紙）
「大徳寺入院之事
天正十一年月日
天正十七年分有之　」

35−1
大徳寺住持職之事、竹澗座元（宗紋）以衆評所請也、被成下綸旨可奉祈　宝祚者也、恐惶謹言、
（天正十一年）
二月七日
住山　宗園（春屋）（花押）
前住　宗哲（明叔）（花押）
前住　宗悦（怡雲）（花押）

大徳寺住持職
竹澗座元

伝奏（勧修寺晴豊）
執事閣下

35―2

大徳寺住持職
先甫座元

大徳寺住持職事、先甫（宗賢）座元以衆評所請也、被成下
綸旨可奉祈　宝祚者也、恐惶謹言、
（天正十一年）閏正月十二日　住山　宗悦（怡雲）（花押）
前住　宗紋（竹澗）（花押）
前住　宗陳（古渓）（花押）
伝奏（勧修寺晴豊）
執事閣下

35―3

大徳寺住持職
太素座元

天正拾一年　立成也、
大徳寺住持職事、太素（宗謌）座元以衆評所請也、被成下
綸旨可奉祈　宝祚者也、恐惶謹言、

二月十八

住山 宗陳（古渓）判 イウン

前住 宗賢（先甫）判

前住 宗悦（怡雲）判 コケイ

天正十一年二月十九日

35-4

大徳寺入院推挙状

大とく寺入ゐんの事、すいきよしやう（推挙状）もつて申入候、勅さい（裁）をなしくたされて、かしこまりそんし候ハんよし申とのよし御心して御ひろう（披露）候へく候、

晴とよ（勧修寺晴豊）

勾当内侍殿（高倉永相女）

御局へまいる

推挙状ハ寺ニ返ス
入院ハ勅許
織田信長・総見院
信長木像仏師
古渓和尚

御返事ニ思召子細候間、すいきよ（推挙）状ハ寺へ被返遣候、入ゐんの事ハ　勅許なされ候由被仰出候、則寺ヨリ使僧申聞候、此子細ハ信長（織田）はか（墓）所そうけん（総見）院と申寺立申候、信長木さう（像）をつくり申され候、其仏師大仏師と名乗請取申候、彼仏師大仏師にてなき者出請取申候、然間　禁裏ヨリ被成下候大仏師ニ被申付可然由古渓和尚江申候へ共、同心なきよつて　女房奉書なしくたされ候て、被仰候へ共、こけい請被申ニ（不カ）より、今度入ゐんのすいきよ状ニこいけ（ママ）人数に

て加判あるにより、すいきよ状返被下、　綸旨者被成下候、余(勧修寺晴豊)十九日ハおさへおき、廿日ニいうん(怡雲宗悦)より種々被申候間、綸旨遣候、書出中御門(宣光)・光豊(勧修寺)、廿一日いうん百疋持参礼被来候、

勅使料・書出銭・伝奏礼

勅使者葉室頼宣、来月五日也、勅使料・書出銭・伝奏礼、廿七日渡也、八木也、勅使料千疋十石米にて、奏銭二十疋、すかうの物雑色之内江五十疋、書出壱貫二十疋、伝奏弐石二斗、以上拾四石壱斗渡也、

内参

三月五日、勅使無事有之、則内参也、

大徳寺住持職一凍座元

35―5

大徳寺住持職事、一凍(紹滴)座元以衆評所請也、被成下
綸旨可奉祈　宝祚者也、恐惶謹言、

十月十二日(天正十一年)　住山　宗悦(怡雲)（花押）

前住　宗哲(明叔)（花押）

前住　宗園(春屋)（花押）

伝奏(勧修寺晴豊)

執事閣下

一凍入院推挙状

古渓和尚信長木造大仏師

勅許ナシ

一凍(紹滴)入院之事、スイキヨ(推挙)状、天正十一年十月十二日被送候、無 勅許御返事、重而可被仰出候由也、其子細コケイ(古渓)和尚、信長(織田)木さう(像)大仏師ニ申付られ候、禁裏之大仏師にてなく別人罷出請取、 禁裏大仏師ことわり申候へ共、不被申付候、然者 禁裏大仏師一人有之事、 禁裏大仏師申つけ候への旨仰出候へ共、コケイ不被申付候、然者一凍コケイはの(派)人也、これニより無 勅許也、種々申入られ候へ共、相調かたくニ候、十一月廿〔三〕日怡雲(宗悦)・しゆんおく(春屋宗園)和尚両人余所(勧修寺晴豊)へ被来候て、いくかなり共つめ候てわひ事申入候ハんとて申入られ、余所にてすい(吸)物一さん也、入道殿(勧修寺尹豊)にて御ふるまい(振舞)あり、入道殿よ(り脱カ)申入、勅許也、コケイめいわく(迷惑)申斗なし、廿四日 綸旨相渡申候也、

35-6

大徳寺住持職

一凍禅室

大徳寺住持職事、応 勅請、宜奉祈 国家安全・宝祚長久者、
天気如此、仍執達如件、

天正十一年十一月廿三日　右中弁(万里小路充房)

一凍(紹滴)禅室和尚

三六　天正十四年　上杉景勝加級一件

（表紙）「上杉　加級　宣旨案」

上杉景勝任侍従

36-1

上卿　左大将（九条兼孝）

天正五年五月九日　宣旨

従五位下藤原景勝（上杉）

宜任侍従

蔵人右少弁藤原充房（万里小路）奉

上杉景勝任左近衛権少将

36-2

上卿　四辻大納言（公遠）

天正十四年六月廿二日　宣旨

侍従豊臣景勝（上杉）

任左近衛権少将

蔵人頭左中弁藤原充房（万里小路）奉

今度ノ参内
上杉景勝

36-3
又七月八日ニ自越後吉田肥前ト申以使者、今度之御一礼以直札被申、其返事案也、
寔今度者御参　内之儀、殊官位等御冥加之至、併当家満足不過之候、猶以連々御昇進不可有
疎略候、期後信、先閣(擱)筆候、恐々謹言、
(天正十四年)七月廿七日　(勧修寺)晴豊
上杉(景勝)少将殿

上杉景勝上洛
参内
直江兼続

36-4
又直江山城(兼続)方ヨリ以披露状申、御返事案也、
今度者少将殿(上杉景勝)御上洛、御参　内、殊官位等之儀、依有由緒、随分令馳走候キ、御冥加之至、
無其隠候、弥御昇進等之事、御取合不可有如在候、自然身上之儀連々取成頼入候、委細之段、
井家(豊家)可申候、謹言、
(天正十四年)七月廿七日　御判(勧修寺晴豊)
直江山城(兼続)守殿

上杉景勝上洛

36-5
天正十六年五月ニ上洛、十七日ニ六条ニ宿、礼参候、大刀・かたひら(帷子)一ツ、直江山城(兼続)守太

刀・けかけおひ（帯）五ツすち（筋）、いつミさわ河内（泉沢久秀）ニ太刀・あかきし、ら（緘）一たん（反）、廿六日参　内、

参内

しやうそく（装束）国ニおかれ、余（勧修寺晴豊）道具共也、先そろすい（吸）物ニこん也、玄以法印（前田）・ました（増田長盛）右衛門尉・弁（勧修寺光豊）しやうはん（相伴）、参　内、禁裏（後陽成天皇）御太刀・銀子十まい（枚）、院（正親町院）御太刀・御馬くり毛、余馬太刀かけ、弁太刀・おりかミ（折紙）、廿九日ニ直江ゑちこ（越後）五たん、いつミさわ河内ゑちこつゝき廿たん・ゑちこ酒一か（荷）・かん二ツ・しほ引二ツ・こふ（昆布）持来候、

上杉官位

上杉官位

天正十六年五月廿三日ニ　従四位上

同日参議

上杉景勝叙従五位下

36-6

上卿　左大将（徳大寺公維）

天正五年五月九日　宣旨

藤原景勝（上杉）

宜叙従五位下

蔵人右少弁藤原充房（万里小路）奉

36-7

上卿　源大納言（庭田重保）

天正八年六月廿日　宣旨

上杉景勝叙従五位上

従五位下藤原景勝
宜叙従五位上
蔵人左少弁藤原充房（万里小路）奉

上杉景勝叙正五位下

36－8
上卿　甘露寺（経元）大納言
天正十一年三月十一日　宣旨
従五位上藤原景勝（上杉）
宜叙正五位下
蔵人左少弁藤原充房（万里小路）奉

上杉景勝叙従四位下

36－9
上卿　四辻（公遠）大納言
天正十四年六月廿二日　宣旨
正五位下豊臣景勝（上杉）
宜叙従四位下
蔵人左中弁藤原充房（万里小路）奉

三七　天正十四年　徳川家康叙任一件

（表紙）
「家康卿　」

37-1
上卿（庭田重保）源中納言
元亀二年正月五日　宣旨
従五位下藤原家康（徳川）
宜叙従五位上
蔵人頭右近衛権中将源（庭田）重通奉

徳川家康叙従五位上

37-2
（上卿）上（庭田重保）源中納言
元亀二年正月十一日　宣旨
従五位上藤原家康（徳川）

徳川家康任侍従

宣任侍従

蔵人頭右近衛権中将源重通（庭田）奉

徳川家康叙正五位下

37-3

上卿　左大将（菊亭晴季）

天正二年正月五日　宣旨

従五位上藤原家康（徳川）

宜令叙正五位下

蔵人頭左近衛権少将藤原親綱（中山）奉

徳川家康叙従四位下

37-4

上卿　左大将（二条昭実）

天正五年正月五日　宣旨

十二ゝ　十ゝ

正五位下藤原家康（徳川）

宜叙従四位下

蔵人右少弁藤原充房（万里小路）奉

37-5

上（上卿）　左大将（二条昭実）

天正五年正月廿一日　宣旨

十二ゝ　廿九ゝゝ

天正五年正月

徳川家康任右近衛権少将

侍従藤原家康(徳川)
宣任右近衛権少将
蔵人右少弁藤原充房(万里小路)奉

徳川家康叙従四位上

37-6
上(上卿)　源大納言(庭田重保)
天正八年正月五日　宣旨
従四位下藤原家康(徳川)朝臣
宜叙従四位上
蔵人右中弁藤原充房(万里小路)奉

徳川家康任中将

37-7
上　甘露寺大納言(経元)
天正十一年十月七日　宣旨
右近衛権少将藤原家康(徳川)朝臣
宜任中将
蔵人頭右中弁藤原充房(万里小路)奉

37-8 徳川家康叙正四位上

上卿 水無瀬（兼成）中納言
天正十一年十月五日　宣旨
正四位下藤原（徳川）家康朝臣
宜令叙正四位上
蔵人頭左近衛権中将藤原（中山）慶親奉

37-9 徳川家康叙従三位

上（上卿） 甘露寺（経元）大納言
天正十二年二月廿七日　宣旨
正四位下藤原（徳川）家康朝臣
宜叙従三位
蔵人頭左中弁藤原（万里小路）充房奉

37-10 徳川家康任参議

上（上卿） 甘露寺（経元）大納言
天正十二年二月廿七日　宣旨
左近衛権中将藤原（徳川）家康朝臣
宜任参議

蔵人頭左中弁藤原充房（万里小路）奉

徳川家康従二位大納言

天正十五年八月八日ニ大納言　勅許、同従二位　勅許、書出頭中将（中山慶親）、上卿ヨ（予・勧修寺晴豊）也、

井伊直政任修理大夫

37-11
上卿　四辻大納言（公遠）
天正十二年二月廿七日　宣旨
左衛門少尉藤原直政（井伊）
宜令任修理大夫
蔵人頭左近衛権中将藤原慶親（中山）奉

藤原長頼任兵庫頭

37-12
上卿　源中納言（庭田重通）
天正十二年二月廿七日　宣旨
藤原長頼
宜任兵庫頭
蔵人左少弁藤原宣光（中御門）奉

如雪叙法印

37-13
上(上卿) 四辻大納言(公遠)
天正十二年□(六カ)月廿七日宣旨
法眼如雪
宜叙法印
蔵人頭左中弁藤原充房(万里小路)奉

上卿御礼請取
菊亭家雑掌
倉光主水佑

37-14
徳川殿(家康)為上卿御礼金子壱両被遣候、則請取申、相心得可申由候、恐々謹言、
(天正十四年)七月五日
菊亭家雑掌
光渕判
倉光主水佑殿
御宿所

宣下御礼請取
庭田家雑掌

37-15
為 宣下御礼従徳川殿(家康)金子壱両、上卿江同壱両御書出之□請取申候、此旨相心得申入由候、
恐々謹言、
(天正十四年)七月五日
庭田家雑掌
通氏判
倉光主水佑殿
御宿所

上卿御礼請取
水無瀬家雑掌

37−16
徳川殿為（家康）　上卿御礼金子一両被進候、則請取申候、相心得可申由候、恐々謹言、
（天正十四年）
七月五日　水無瀬家雑掌
氏将判
倉光主水佐（佑）殿
御宿所

口宣御礼請取
万里小路雑掌

37−17
徳川殿江口（家康）　宣之為御礼金子壱両請取被申候、相意得可申入由候、恐々謹言、
（天正十四年）
七月五日　万里小路雑掌
幸康判
倉光主水佐殿
御宿所

上卿御礼請取
甘露寺家雑掌

37−18
徳河□（徳川家康）（殿）為上卿御礼金子壱両被進之、即請取申候、相心得可申由候、恐々謹言、
（天正十四年）
七月五日　甘露寺家雑掌
元次判
倉光主水佐殿
御宿所

口宣御礼請取
中山頭中将家雑掌

37-19

徳川(家康)殿口　宣為御礼金子壱両被請取被申候、相意得可申由候、恐々謹言、

(天正十四年)七月五日　中山頭中将家雑掌
親次判

倉光主水佐殿
御宿所

徳川家康昇進ノ御礼
近衛前久

37-20 (天正十四年七月)

とくかハ(徳川家康)さい将(宰相)せうしん(昇進)の御れい(礼)として金三まひしん□(し)やう候、よく〳〵御心候てれう山(龍山・近衛前久)よりおほせくたされ候へのよし、両人として申入られ候へのよし申とて候、かしく、

くわんしゆ寺(勧修寺晴豊)大納言とのへ
藤ゑもんのかミ(高倉永孝)とのへ

徳川家康昇進ノ御礼

37-21 (天正十四年七月)

とくかわ(徳川家康)さい将(宰相)殿せうしん(昇進)めてたく思ひまいらせ候、御いんしん(音信)としてわたくしへも金二両給候、御うれしく候よし、よく〳〵御つたへ候て給候へく候、かしく、

くわんしゆ寺(勧修寺晴豊)大納言とのへ
藤ゑもんのかミ(高倉永孝)とのへ

徳川家康昇進ノ御礼
誠仁親王・良仁親王

37-22（天正十四年七月）
とく川《徳川家康》さい将《宰相》せうしん《昇進》の御れい《礼》としてかね《金》弐まい《枚》しん□《わ》うさま《誠仁親王》へ、わか宮様《良仁親王》へ一まいしんしやう候、よく〳〵御心しへ候てれう山《龍山・近衛前久》よりおほせくたされ候へのよし、両人して申入られ候へのよし申とて候、かしく、
御かた《方》の御所《誠仁親王》より
くわんしゆ寺《勧修寺晴豊》大納言とのへ
藤ゑもんのかミ《高倉永孝》とのへ

徳川家康昇進ノ礼

37-23（天正十四年七月）
とくかハ《徳川家康》さい将《宰相》殿せうしん《昇進》めてたく思ひまいらせ候、御いんしん《音信》としてわたくしへもかね《金》三両給候、御うれしく候よし、よく〳〵御つたへ候て給候へく候、かしく、
くわんしゆ寺《勧修寺晴豊》大納言とのへ
藤ゑもんのかミ《高倉永孝》とのへ

三御所へ昇進ノ御礼
女房奉書
近衛前久

37-24
為御昇進之御礼　御三御所へ御進上之金子、則令披露候処、女房奉書如此候、両人相心得可申入之由被　仰出候、猶従　龍山《近衛前久》可被仰述候間、不能一二候、恐々謹言、
六月《天正十四年》十一日
永孝《高倉》

晴豊《(勧修寺)》

徳川殿《(家康)》

家康《(徳川秀忠)》御長侍従宰相成御礼被申入候、天正十九年十一月十八日御礼也、ふるまい《(振舞)》申也、禁裏《(後陽成天皇)》銀子廿まい《(枚)》馬代、院《(正親町院)》へ十枚、准后《(勧修寺晴子)》へ十帖・しゝら《(緘)》、女御《(近衛前子)》同、長橋《(葉室頼房女)》同、そち《(帥)》殿同、上臈《(花山院家輔養女)》同、予《(勧修寺晴豊)》馬代参拾貫、青山百疋、宰相ノ上卿馬太刀三貫、伝奏馬代三貫也、今日十八日清涼殿御むね《(棟)》あけ、午刻也、お長礼▨午刻也、

徳川家康

徳川秀忠宰相成

清涼殿棟上

天正廿年三月十三日、家康《(徳川)》参 内、両御所ニこん 禁裏ニ而ニこんニてんしやく《(天酌)》、馬太刀・白鳥五ツ進上、院《(正親町院)》へ馬大刀・白鳥三進上、予所《(勧修寺晴豊)》ふるまい《(振舞)》申候、家康大納言、柳原《(淳光)》・予・弁光豊《(勧修寺)》・大和・宗乗・茶屋四郎二郎《(中島清延)》しやうはん《(相伴)》、又かいふるまい《(振舞)》申候、予馬太刀・金一枚、准后へ金一枚、女御へ十帖・しゝら《(緘)》三たん《(反)》、大すけ殿《(中山親綱女・親子)》へ十帖・一たん、長橋へ十帖一たん、大御ちの人江同、上臈へ同、そち殿へ同、北むき《(勧修寺晴豊室)》きぬにた山廿ひき《(疋)》、大酒《(カ)》候、茶屋四郎二郎持参申候、

徳川家康参内・院参

茶屋四郎二郎

徳川秀忠中納言成参内豊臣秀吉

天正廿年九月十三日ニ徳川宰相（秀忠）参　内、大坂にて大閤（豊臣秀吉）九日ニ今日より中納言被成候間、勅許可有之間、十三日夜入参内、禁裏（後陽成天皇）大刀馬代銀子十まい（枚）、院（正親町院）五まい、参之衆五人一そく（束）・あや、余（勧修寺晴豊）ニ大刀折かミ（紙）、めし（飯）ふるまい（振舞）、徳川中納言（秀忠）・秀康（結城）・柳原（淳光）・予（勧修寺晴豊）・弁（勧修寺光豊）・榊原式部大夫（康政）・青山津のかミ・一安（横浜良慶）・竹村兵部・茶屋四郎二郎（中島清延）、十四日ニ大刀折かミの代金一まい馬代、式部百疋、青山百疋、十四日早大刀・しゝら一たん・こねりかミ三百持候て中納言参也、

九月十六日ニ

徳川秀忠清花成

大閤より被申入、清花可成候由候、則　勅許也

徳川家康内大臣陣儀・参内

文禄五年五月十一日、家康卿（徳川）内大臣陣儀有之、上卿西園寺（実益）・奉行弁（勧修寺光豊）、・烏弁（烏丸光広）、予（勧修寺晴豊）所三こん（献）、則十一日参内被申候也、

前田利家任大納言

前田俊（利）家大納言成内外参内也、

徳川家康叙正二位

家康卿正二位御礼、銀子三十まい

三八　天正十五年八月八日　徳川家康宛口宣案

38―1

上卿　勧修寺（晴豊）大納言
天正十五年八月八日
正三位源朝臣（徳川）家康
宜令叙従二位
蔵人頭左近衛権中将藤原（中山）慶親奉

三九　天正十六年　武家公家成留

公家成

「(表紙)

公家成天正十六年七月六日

権大納言(勧修寺晴豊)（花押）」

島津義弘

一参　内、天正十六年七月六日午刻、島津(義弘)禁裏(後陽成天皇)江太刀御馬代銀子十まい(枚)　院(正親町院)江

龍造寺政家

りうさう寺(龍造寺政家)

立花宗茂

立花(宗茂)

小早川隆景・吉川広家・毛利輝元参内

七月廿五日内小早川(隆景)・吉川(広家)・毛利(輝元)参　内、三人、毛利百銀、余所(勧修寺晴豊)十枚、小早川太刀三千疋、吉川太刀五まい

毛利輝元清花成
小早川隆景・吉川広家四品
豊臣秀吉同道参内

廿五日 六ゝ
清花被成候御礼ニ夜中我等所まて御礼、馬太刀、菊亭(晴季)・余(勧修寺晴豊)・中山(親綱)申入、御礼被申入候、小早川・吉川両人ハ四品御礼、馬太刀、久我(敦通)四人馬太刀、民部卿法印(前田玄以)四人披露也、於我等所、
廿八日ニ関白(豊臣秀吉)同道参　内、我等所にてこしらへ也、七五三ふるまい(振舞)申也、

毛利輝元・小早川隆景・吉川広家参内
毛利・小早川・吉川御礼

天正十六年七月廿五日
毛利(輝元)・小早川(隆景)・吉川(広家)三人参　内、毛利四品マヘ申入られ、今日侍従　勅許、小早川・吉川従五位下侍従、参　内、御さか月(盃)拝領、毛利さかつき余(勧修寺晴豊)のミ直、両人ハくわいろう(廻廊)也、院御所(正親町院)御わつらい(煩)ニより殿上にててんはい(天盃)くたされ候、御たいめん(対面)ハあり、
御礼共毛利、
禁裏(後陽成天皇)太刀馬代銀子百まい(枚)、院卅まい、しゆこう(准后・勧修寺晴子)五まい、女御(近衛前子)三まい、小早川御礼
禁裏三十まい、院廿まい、しゆこう三まい、女御二まい、吉川御礼
禁裏廿まい、院十まい、しゆこう二まい、女御一まい、其外女中各代にてあり、
毛利入道殿(勧修寺尹豊)へ太刀十まい、余(勧修寺晴豊)ニ太刀十まい、弁(勧修寺光豊)ニ太刀おりかミ(紙)　小早川入道殿へ二千疋、余ニ三千疋、

四〇　天正十七年・文禄四年　禅師号下知案

「（表紙）
天正十七年十一月廿二日
禅師号大内記（五条為良）江下知
権大納言（勧修寺晴豊）（花押）」

40—1

口宣一枚

麟宅和尚

宜特賜宏徳応並禅師事

右宣旨奉入早可令下知給之状、如件、

（天正十七年）十一月廿二日　権大納言晴豊（勧修寺）

大内記（五条為良）殿

麟宅特賜宏徳
応並禅師

40－2

口宣一枚

琳英和尚宜特賜嫩禅師事、

右宣旨奉入早可令下知給之状、如件、

（文禄四年）五月十九日　権大納言晴豊（勧修寺）

（五条為経）大内記殿

書出　琳英特賜嫩禅師

甘露寺（経遠）　年号文禄四

文禄四年五月

四一　文禄二年　禁中大閤御能・銀山御公用之請取案文

（表紙）

「文禄二年

日々記

禁中大閤（豊臣秀吉）御能

銀山御公用之請取安（案）文有之也

権大納言（勧修寺晴豊）（花押）」

十月五日御能有之、其前ヨリ

毛利輝元七五三振舞

九月廿七日、毛利輝元予（勧修寺晴豊）所被来候、七五三ふるまい（振舞）申候、諸大夫衆其外禁裏（後陽成天皇）馬代銀子五拾まい（枚）、准后（勧修寺晴子）へ十まい、予ニ十まい、内記へ五百疋、弁（勧修寺光豊）・甘露寺（経遠）馬太刀、井家（豊家）へ三百疋、人見ニ三百疋、毛利諸大夫衆馬代三百疋つヽ、

豊臣秀吉参内徳川家康・秀忠・毛利輝元・上杉景勝

十月三日ニ大閤（豊臣秀吉）参　内、家康（徳川）予所、家康（徳川秀忠）中納言予所へ、弁光豊所へ毛利宰相（輝元）、入道（勧修寺尹豊）所上杉宰相（景勝）、

家康大納言成
禁裏能
秀吉三日参内ノ御礼
禁裏能、毛利輝元参内
井伊直政
金山公用

家康大納言馬代金壱枚、中納言金壱枚、
五日ニ御能有之、三番すき、ふたい（舞台）に三万疋つまれ、菊亭右大臣（晴季）・予・中山（親綱）ふたの上より参、今日之役者被遣候由申渡候也、前書付忘申、三日の参　内御礼、銀子百まい（枚）・御小袖三十・白鳥五・わた（綿）百は（把）・ちんのほた三ツ、准后（勧修寺晴子）へ小袖三重・しらかわた・銀子五十まい・白鳥三ツ、　大閤よりの御礼也、
七日、御能、毛利見物参　内、馬太刀進上、馬代銀子廿枚、御くやうけん弁所にてふるまい、うたい（謡）なと有之也、伊井侍従（井伊直政）被来候て、御能過申、御罷出申候へハ、未予所へいられ候てさけ（酒）有之、馬をやくそく（約束）也、

41-1

勾当内侍局請取如此、
文禄二年十月九日　　判
かな山御くやう（公用）、文禄二年ふんとしてしろかね（銀）百まい（枚）しんなう（進納）候、うけとり（請取）まいらせ候、あひかわらすめてたく候、かしく、
くわんしゆ寺大納言（勧修寺晴豊）とのへ

41―2　公用分一請取

為御公用分一銀子十枚請取申候也、

文禄二年十月九日　前内府（勧修寺尹豊）入道判

毛利宰相（輝元）殿

41―3　御分刀請取

為御分刀銀子十枚令祝着候也、

文禄二年十月九日　前内府（勧修寺尹豊）入道判

毛利宰相（輝元）殿

四二　文禄五年八月十四日　天寧寺禅師号事

（表紙）「
天寧寺禅師号事
文禄五年八月十四日
伝奏大納言晴豊（勧修寺）
」

42―1

勅、道泰住龍興之、天寧咲隠製疏、勧駕浮山夢鷹子、於会聖大陽伝法得人、元室和尚実悟参、大機大用游方行脚、四海為境、九州為家、設物利生、万国之春、千江之月、坐団蒲而效長慶、植万松而慕聡公、大振洞山、門風正偏明験、一掬曹渓滴水、冷暖自知、忽現烏曇、跋羅辱賜紫衣、師号特賜仏心円融禅師、
文禄五年八月十四日

元室和尚

紫衣
仏心円融禅師

四三　慶長三年・四年　書状案

「(後補表紙)慶長三年同四年

書状之安」

「(別筆)慶長三年同四年

書状之案　晴豊公

一安国寺　一国分寺　一毛利ゟ御公用

一女房奉書同銘　一従大閤(豊臣秀吉)被下御

袋束事　等之消息也、」

43―1

禁裏御公用取鳥(鳥取)庄慶長弐年分銀子拾壱枚御進納令披露候、則女房之奉書可被遣進候へ共、禁裏就不例遅候間、先従拙者如此候、猶自□可申入候条、不能具候、恐々謹言、

(慶長三年)十月十七日

鳥取庄公用

宇喜多秀家

備州(宇喜多秀家)中納言殿

小川坊城

43-2
態令申候、小川坊城(俊昌)之儀にて、此中致御奉公候、何共不成儀候間、徳善院(前田玄以)以御分別堪忍罷成候様ニ被申付候ハヽ、可為祝着候、此等之趣、御透之時分被申候て可給候、貴所偏ニ頼入候也、

備(ママ)　(慶長三年)十一月廿七日

松田政行

松田勝右衛門尉(政行)殿

小川坊城

43-3
先度も申入候小川坊城(俊昌)無足ニて致奉公儀可有御推量候、可然様ニ御馳走を以被仰付候へハ可為本望候、偏ニ奉頼候、猶松田勝右衛門尉(政行)被申候間、不能巨細候、恐々謹言、

(慶長三年)十二月九日

前田玄以

徳善院(前田玄以)

禁裏へ歳暮ノ祝儀女房奉書

43-4
禁裏(後陽成天皇)へ歳暮之為御祝儀銀子拾枚御進上、則致披露候処ニ、女房之奉書如此候、猶相心得可申之旨候、恐々、

（慶長三年）十二月廿日

毛利輝元

（毛利輝元）安芸中納言殿

43-5

御音信

為御音信金子壱枚被懸御意候、祝着至候、明春者早々以面拝可申述候、恐々、
追而申候、准后（勧修寺晴子）御方へ銀子五枚被進候義候、心得可□之旨候、

（慶長三年）十二月廿日

毛利輝元

（毛利輝元）安芸中納言殿

43-6

鳥取御料所

と〻り（鳥取）の御れう所、きやうちやう（慶長）二年ふんとして、しろかね（銀）十枚まいらせ候、おもしろく覚
しめし候、よく〱御心へ候て御つたへ候へく候、かしく、

（勧修寺晴豊）くわんしゆ寺大納言とのへ

仰　慶長二 九十一

43-7

鳥取庄公用女房奉書

鳥取庄御公用慶長弐年分銀子拾枚御進上、則披露候処、女房之奉書如此候、於然者慶長三年
分於運上者可為尤候、随而▨銀子壱枚被懸御意候、如例年祝着至候、将又條三筋御音信斗候、

宇喜多秀家

猶使者可申入候、恐々、

正月五日（慶長四年）

賀《備》前
中納言殿（宇喜多秀家）

43-8

今年ノ御礼
毛利輝元

慶長四 正 五

ことしの御礼としてあきの（安芸）中納言（毛利輝元）より　しろかね（銀）廿まい（枚）被進候、ひろう（披露）申候へハ、おもしろくおほしめし候、此よしよし（衍カ）よく心へ候て申候て申候、よくく（衍カ）御心へ候て、つたへ候へて給へく候、

43-9

改年ノ御礼
女房奉書

禁裏（後陽成天皇）へ改年之為御礼銀子弐拾枚御進上、則披露申処ニ不相替儀思召候、女房奉書如此候、随而拙者へ太刀折帋被懸御意候、是又祝着至候、旁以参可申入候、恐々、

正月五日（慶長四年）　晴豊（勧修寺）

毛利輝元

安芸（毛利輝元）
中納言殿

43-10　年頭祝儀　毛利秀元

年頭之為祝儀太刀一腰・馬一疋進申候、何様重畳懸御目可申□候、恐々謹言、

（慶長四年）正月十六日　　御判（勧修寺晴豊）

安芸宰相（毛利秀元）殿

43-11　改年ノ祝儀　井伊直政

改年之御慶珍重候、随而太刀一腰・馬一疋・両種二荷御音信斗候、御上洛候以後不申承候、所存之外候、子細之段、井家（豊家）具ニ申合（含カ）候、

（慶長四年）正月廿一日　　御判（勧修寺晴豊）

伊井侍従（井伊直政）殿

43-12　当年ノ祝儀　袖岡景久

当春之御慶珍重存候、随而本所へ為御祝儀御太刀一腰・馬代弐百疋被進候、御祝着令申段、拙者相心得可申入之旨候、必御上洛之刻御見参ニて可被申候、恐々謹言、

尚々自是追自可被申候、以上、

（慶長四年）二月六日　　袖岡越中
景久

棚町左近将監

棚守左近衛将監殿

当春ノ祝儀
鯨桶

43-13

当春之為御祝儀折三合三荷幷鯨桶ニ御進上、則致披露候之処、女房奉書如此候、猶相心得可
申入之旨候、恐惶謹言、

（慶長四年）二月十六日　　御判（勧修寺晴豊）

専修寺

専修寺殿

当年ノ祝儀
狗状・鯨桶

43-14

当年之為御祝儀狗状十帖幷文箱・鯨之桶壱被懸御意候、祝着至候、仍五明十本・茶筅三御音
信斗候、当春者必〳〵御上洛奉待候、其刻以面拝可申入候、恐惶謹言、

（慶長四年二月十六日）同日　　御判（勧修寺晴豊）

専修寺殿

新春ノ慶

43-15

為新春之御慶、禁裏（後陽成天皇）へ御巻数幷御硯・沈香御進上候、次ニ准后（勧修寺晴子）御方へ御巻数・御硯・沈香・
樽代百疋被参候、随而従　禁裏、十帖・巻物御拝領事候、次従　准后御方織色・樽代百疋被
参候、相心得可申入之由候、女房之奉書如此候、猶面拝之刻可申候、謹言、

女房奉書

周防国分寺

（慶長四年）二月卅日　（勧修寺晴豊）御判

周防
　国分寺

改年ノ祝儀

43-16
改年之為御祝儀御巻数并硯弐面・沈香三両・樽代百疋被懸御意候、祝着至候、随而五明十本・帯、誠表祝儀迄候、

（慶長四年）二月卅日　（勧修寺晴豊）御判

周防国分寺

周防
　国分寺

43-17
昨日者懸御目本望至候、殊為御音信三種三荷并金子壱枚御懇之至候、猶井上摂津守申含候間、不能具候、恐々謹言、

（慶長四年）三月八日　（勧修寺晴豊）御判

太田宗隆

太田飛驒守（宗隆）殿

43-18
仰　慶長四
　　三十四

鳥取御料所

鳥取庄公用女房奉書

宇喜多秀家

豊国社祝

吉田兼見

と、り（鳥取）の御れう所きやうちやう（慶長）三ねんふんとしてしろかね（銀）十枚まいらせ候、めてたくおほしめし候、よく〳〵心へ候て、つたへれられ候へのよし心へ候て申候へく候、かしく、

くわんしゆ寺（勧修寺晴豊）大納言とのへ

43-19

鳥取庄御公用慶長三年分銀子拾枚御進上、則致被露候処、女房之奉書如此候、随而銀子壱枚被懸御意候、如例年祝着至候、猶追而可申入候、恐々謹言、随而條三筋誠以御音信迄候、

三月十四日（慶長四年）　晴豊（勧修寺）御判

備前中納言（宇喜多秀家）殿

43-20

春日社若宮神主息豊国社祝ニ被相加、治部大輔官位之儀自左兵衛佐（吉田兼治）方被申入候、則致披露候処、若輩候間、委相尋可申入之旨被　仰出候、於無別儀者、依御報重而可申入候間、如此候也、

五月十日（慶長四年）　晴豊（勧修寺）

吉田二位（兼見）殿

銀山公用

43-21

近日御下向之由承候間、令申候、尤以参可申処、少相煩無其儀候、随而銀山御公用之儀於被仰付者、可為珍重候、猶委細之段、袖岡(景久)可申入候条、不能具候、恐々謹言、

(慶長四年)五月廿六日　晴豊(勧修寺)

毛利輝元

安芸(毛利輝元)中納言殿

禁中御蔵
前田玄以

43-22

先度者、被懸御意、種々御懇儀毎度満足之至候、随而　禁中御蔵之儀被御存寄段、感被思召候、猶々徳善院(前田玄以)僧正と被仰談尤存候、以参可申入候処、少相煩及遅候間、先如此候、将亦勅筆短尺十枚・杉原十帖幷帷二、誠御音信斗候、子細袖岡越中守(景久)可申入候間、不能具候、恐々謹言、

(慶長四年)六月十三日　晴豊(勧修寺)

安国寺恵瓊

安国寺(恵瓊)

禁裏文庫

43-23

先度被懸御目候、漏刻被成　叡覧、則被返下候、相心得可申之旨候、随而文庫之儀不及其、

可被相置趣有之条、書籍於被上者可為御感之由被　仰出候間、御分別専用候、猶使者ニ申含
候条、不能子細候、恐々謹言、
　　（慶長四年）六月十四日　　　　　晴豊（勧修寺）
安国寺恵瓊
　（恵瓊）安国寺

喜定ノ祝儀
43-24
如例年為喜定御祝儀饅頭并猩々進之候、不相替珍重候、猶面拝刻可中入候、恐々謹言、
　　（慶長四年）六月十六日　　　晴豊（勧修寺）
前田玄以
　（前田玄以）徳善院僧正
　　　御房

晴豊進上
43-25
けふよりの御めてたさいく秋も申入候ハんしるしにはかり十てう一つ、ミしん（進）上いたし候、
御心して御ひろう（披露）候へく候、
　　勾当内侍殿　　　　　　晴とよ（勧修寺晴豊）
　　　御局へ

徳川家康参内
43-26
如仰、今日内府（徳川家康）就御参　内、定而可有御出仕と存候処、此中御煩故御延引之儀如何無御心元

存候、随而　禁裏（後陽成天皇）へ御太刀一腰・銀子五十枚御進上、披露申候処、女房之奉書如此候、殊我等へ御太刀一腰千疋被懸御意候、猶面拝之刻可申入候、恐々謹言、

（慶長四年）八月十四日　晴豊（勧修寺）

毛利輝元

安芸中納言殿（毛利輝元）

毛利秀就公家成

43-27

輝元（毛利）息藤七郎（毛利秀就）公家成之儀、則致披露候之処、被成　勅許之由被仰出候、然者参内之儀以名代可被申之由候、吉日其方次第と其御心得尤候、恐々謹言、

（慶長四年）十月七日　晴豊（勧修寺）

前田玄以

徳善院僧正（前田玄以）

御房

毛利秀就官位勅許

43-28

如仰、藤七郎（毛利秀就）殿官位之儀　勅許候間、則　口宣相調進候、珍重此事候、随而為御名代以福原式部少輔（広俊）御礼可被申入段尤候、御参内儀者来春可然と存候、猶福原可被申候間、不能具候、恐々謹言、

（慶長四年）十月十一日　晴豊（勧修寺）

毛利輝元

安芸（毛利輝元）
中納言殿

毛利秀就官位
勅許

43–29
毛利藤七郎（秀就）官位之儀　勅許候間、為名代福原式部少輔（広俊）被指上候条、則披露候、可有御心得候、猶従輝元（毛利）可被申候、恐々謹言、

十月十一日（慶長四年）　晴豊（勧修寺）

前田玄以

徳善院僧正（前田玄以）
御房

毛利秀就官位

43–30
先日者、侍従殿（毛利秀就）官位之儀珍重存候、御使之刻、大坂へ罷越、則御報不申入候、殊ニ為御音信懸御意候、銀子五枚、是以祝着至候、与風罷越面拝之刻可申候、恐々謹言、

十月廿一日（慶長四年）　晴豊（勧修寺）

毛利輝元

安芸（毛利輝元）
中納言殿

当春ノ慶

43–31
如仰当春之御慶珍重存候、随而《殊》為御音信御太刀一腰・御馬一疋并蝋燭百挺被懸御意候、祝着

徳川家康

之至候、随而子にて候者　内府（徳川家康）御方ニ有事候、拙者然こと不存儀候、雖然万端御指南奉頼候、
旁面拝刻可申入候、
（慶長五年カ）二月九日　御判（勧修寺晴豊）

井伊直政

井伊（直政）侍従殿

前田玄以取替ノ米

43―32
従徳善院（前田玄以）殿御取替申候八木百石分可被相渡之由、本所被申候間、為其如此候、以上、
慶長四
十二月廿六日　勧修寺家雑掌
宮木次郎右衛門尉殿
富家源二郎殿

鳥取庄公用女房奉書

43―33
鳥取庄御公用慶長四年分銀子拾枚御進上、則致披露候之処、女房之奉書如此候、随而銀子壱枚被懸御意候、如例年候、祝着至候、猶追而可申入候、恐々謹言、
（慶長四年）十二月廿六日　（勧修寺）晴豊　條三筋誠御音信迄候、

宇喜多秀家

備前之中納言（宇喜多秀家）殿

禁裏へ紅花女房奉書

43-34
禁裏(後陽成天皇)へ紅花参百斤御進上、則致披露候処、女房之奉書如此候、猶拙者相心得可申之旨ニ候、
殊私へ紅花百斤幷塩引拾尺被懸御意候、是又祝着至候、猶明春御上洛之刻万々可申述候、
恐々謹言、
十二月廿六日(慶長四年)　晴豊(勧修寺)
会津中納言殿(上杉景勝)

上杉景勝

豊臣秀吉遺物拝領
前田玄以

43-35
大閤様(豊臣秀吉)御物拝領冬之下重・冬之裾・指貫三色忝存之旨、徳善院(前田玄以)へ御心得候て可被仰伝候、以
上、
十二月廿六日(慶長四年)　晴豊(勧修寺)
御在判
日野大納言殿(輝資)
藤宰相殿(高倉永孝)

43-36

歳暮ニ尤以参可申入処、此比相煩所存之外ニ候、来春者早々罷越可申承候、随而小袖一、誠以表祝儀斗候者也、恐々謹言

（慶長四年）十二月廿九日　　晴豊（勧修寺）

安芸（毛利輝元）中納言殿

歳暮礼
煩

毛利輝元

四四　慶長四年　豊国大明神神号之記

（表紙）
「豊国大明神神号之記
権大納言
晴豊（勧修寺）
（花押）」

豊国大明神神号
仮殿ニテ宣命
本社へ遷座

臨時ノ叙位小叙位

慶長四年四月十六日、大閤（豊臣秀吉）豊国大明神ニ神号之次第、十六日暁仮殿へ遷《ウツ》シ、十七日ニ仮殿前にて宣命、正親町中納言季秀卿読上之畢、吉田左兵衛佐兼治請取之、十八日夜巳刻本社へ吉田二位兼見遷《ウツ》シ申也、上卿予（勧修寺晴豊）・弁（勧修寺光豊）・烏丸弁光広、着座菊亭右大臣（晴季）・日野大納言輝資卿・久我大納言（敦通）・広橋大納言（兼勝）・花山院（家雅）中納言・万里少路中納言（充房）・藤宰相永孝（高倉）卿、着座七人、十九日、臨時叙位小叙位何も同前之事、上卿西園寺右大将実益卿、陣執筆参議中御門（資胤）、奉行頭弁日野資勝、聞書大外記（中原師生）・大内記（五条為経）、位記聞書座参也、

四五　慶長五年・六年・七年　書状案

（表紙）
「慶長五年書状之案共
同六年
同七年」

45―1
尊札之趣、則致□□勅使来□五日ニ定□相極、然者其地□□四日□可被着候、可有□御心得、十日十一日ニ者御能被仰付候間、如此候、万事御前之儀御馳走所仰候、旁面拝之刻可申談候、恐々謹言、

（慶長五年）二月六日　（勧修寺）晴豊
中中
（前田玄以）徳善院僧正
御房

勅使
御能
前田玄以

御能
虎屋弥九郎

警固
前田玄以

徳川家康ヨリ
金十枚進上

嘉例ノ金子
女房奉書

45―2

於　禁裏、来十日虎屋弥九郎ニ御能被仰付候、然者脇進藤久衛門ニ祗候申様ニ急度可被申候
由被　仰出候間、無御油断可被差上候、為其申入候、
（慶長五年）二月七日　在判（勧修寺晴豊）
追而申候、警固之儀葛西（長弘）方へ可被仰付候、以上、
徳善院（前田玄以）僧正御房

45―3

仰慶長五二十七
内ふ（内府・徳川家康）より御かれい（嘉例）のきかね（黄金）十まい（枚）しん（進）上、ひろう（披露）申候へハ、よくこそとおもしろく思ほし
めし候よし、心□□申候へく候、このよし御心へ候てつたへられ候へく候、かしく、
くわんしゆ寺（勧修寺晴豊）大納言とのへ
但金者十五日ニ参候、安倍右京使、

45―4

嘉例之金子拾枚御進上、則致披露候処、女房之奉書如此候、猶相心得可申之旨候、此等之趣
可然様ニ可被申入候、恐々謹言、
慶長五年二月

二月十七日（慶長五年）　晴豊（勧修寺）

井伊侍従殿（直政）

井伊直政

45-5

上様（後陽成天皇）より　杉原拾帖・銀子弐枚、

准后様（勧修寺晴子）より　縮壱端

大納言より五明十本・帯弐筋

国分寺へ

三月八日（慶長五年）

45-6

御袋御方煩御祈禱か御代官参リ

急度令申候、御袋御方（豊臣秀頼母）御煩之由被聞召候条、御祈禱ニても御代官参にても可被仰付之由御談合可申之旨候、被仰出候条可然と候、御報ニ具ニ可承候、披露可申候者也、追而申候、道三（曲直瀬玄朔）其方ニ於有隙者、御脈被見度被思食候間、可被差上之由候、

三月十日（慶長五年）

徳善院（前田玄以）

前田玄以

45-7

天王寺供養
舟之儀
前田玄以

来卅（廿）七日、就天王寺供養、両門（大覚寺空性・曼殊院良恕）廿四日ニ御下向候由候条、着座之衆、其外役者衆も廿四日ニ可罷下候間、舟之儀被仰付可給候、然者上下二百人程可有之候間、被成其心得候て尤候、

三月（慶長五年）十八日　在判（勧修寺晴豊）

徳善院（前田玄以）

45-8

六条有広ノ赦免
徳川家康
前田玄以

就六条（有広）儀、御状之通、則披露申候処ニ、内府（徳川家康）御方御申候条、御赦免被成之由候、随而先年僧正御申之通、少も不相違之由被仰出候、此等之趣可被申入候、

卯月（慶長五年）十一日

徳善院（前田玄以）

45-9

豊国大明神祭礼
前田玄以

豊国大明神祭礼、来十八日ニ候由、則致披露候処、　勅使日野大納（輝資）言被仰出候、可有其御心得候旨也、

四月（慶長五年）十八日

徳善院（前田玄以）

六条有広赦免

45-10
従内府公（徳川家康）、六条（有広）儀御申ニ付御赦免ニ候、尊札之通、則致披露候之処、弥以別儀無之候条、此
等之趣六条ニ可被仰聞候、尤珍重候者也、
卯月（慶長五年）十六日
安芸
中納言（毛利輝元）殿

毛利輝元

豊国祭礼勅使下行

45-11
豊国御祭礼　勅使下行之事、いか様ニも被任置候間、可然様ニ可申付之旨被仰出候、猶一安
兵部ニ申渡候条、不能委細候、恐々謹言、
四月（慶長五年）十七日
徳善院（前田玄以）

前田玄以

慶友法印号ノ儀

45-12
慶友法眼、法印号之儀、則申儀、口　宣相渡申候、乍御申冥加之至不可過之候、随分致馳走
候、猶安国寺（恵瓊）可被申入候条、不能具候、恐々謹言、
五月（慶長五年）廿二日

毛利輝元

安芸中納言(毛利輝元)殿

○『萩藩閥閲録』第四巻五七頁に同文の文書あり。

松平忠吉公家成

45-13

猶申候、仍下野守殿(松平忠吉)満□□(公)家成之儀、則致披露候処、被成　勅許□□御対面儀被仰之由□次第と申処出候処、至于今令遅段候如何儀候哉御座□□御報ニ可承候、為其申入候、恐々謹言、

徳善院(前田玄以)

六月五日(慶長五年)

禁裏へ音信
女房奉書

45-14

禁裏(後陽成天皇)へ為御音信銀子弐拾枚幷国許之酒十桶、則致披露候処、女房奉書如此、猶相心得可申之由候、恐々謹言

毛利輝元

安芸中納言殿(毛利輝元)　六月八日(慶長五年)

御音信

45-15

為御音信帷子五・両樽被懸御意候、御懇志之段祝着存候、猶林志摩守(元善)へ申渡候条、不具候、恐々謹言、

六月八日(慶長五年)

（毛利輝元）
安芸中納言殿
毛利輝元

45-16

如例年為嘉定御祝儀饅頭幷猩進候、不相替珍重候、猶面拝之刻可申入候、恐々謹言、
嘉定ノ祝儀

（慶長五年）
六月十五日　（勧修寺）晴豊

（前田玄以）
徳善院僧正御房
前田玄以

45-17

（勧修寺晴子）
准后御方へ江川桶弐被参候、御祝着之由御文如此候、随而拙者へ壱被懸御意候、是又過分至候、可然様ニ可被申入候、恐々謹言、
准后へ江川酒

（慶長五年）
六月廿九日

（直政）
井伊侍従殿
井伊直政

45-18

先度承候興正寺官（昭玄）之儀、則申調候、猶従興正寺可被申候条、不能具候、恐々謹言、
興正寺官

（慶長五年）
六月廿九日

（前田玄以）
徳善院
前田玄以

高島武曽村庄屋若狭　百姓迷惑

45-19

尊札拝見申候、仍高島武曽村庄屋若狭儀付而様子承候、然者彼者年米小百性共を追失、在所下明させ、田畠荒、其上百性等迷惑之由、依訴訟申候、右分申付候間、御分別可有之候、猶面拝之刻可申入候、

(慶長五年)七月十四日

徳善院(前田玄以)

前田玄以　音信

45-20

御札拝見申候、如仰其已後者久不申承候処ニ、為御音信御太刀一腰・帷二・御馬一疋被懸御意候、御懇意至候、在大坂有之候由御苦労共、必々与風罷下以面可申述候間、不能具候、

(慶長五年)七月四日

安芸宰相殿(毛利秀元)

毛利輝元　晴豊進上

45-21

けふ(今日)よりの御めてたさいく秋も申入候ハん、しるしはかりに十てう一つ、ミしん上いたし候、御心して御ひろう(披露)候へく候、かしく、

晴とよ(勧修寺晴豊)

勾当内侍殿御局へまいる

細川幽斎退城勅使
智仁親王
前田玄以

45-22

幽斎(細川藤孝)退城之事ニ付而　勅使之儀申入候処ニ、則日野大納言(烏丸光宣)・富小路(秀直)ニ中院(通勝)被相添、今日三日ニ被立候子細之段、従　八条殿(智仁親王)可被仰候間、不能具候、

九月三日(慶長五年)

徳善院(前田玄以)

禁裏御料所山科七郷大津陣取ノ衆苅田
毛利輝元

45-23

禁裏御領所於山科七郷、大津陣取之衆苅田竹木濫妨有之儀候間、急度可被申付之旨被仰出候間、為其申入候、

九月十三日(慶長五年)

安芸
中納言殿(毛利輝元)

禁裏御領所山科七郷大津陣取ノ衆苅田

45-24

禁裏御領所於山科、大津陣取衆苅田竹木伐取候間、急度可被申候旨被仰出候、輝元(毛利)様へも以書状申候、猶下代両人可被申間、御分別候て可申付候、

九月十三日(慶長五年)

前田玄以

徳善院（前田玄以）

初鶴進上
女房奉書

45-25

禁裏（後陽成天皇）へ初鶴御進上、則致披露候処ニ、〇女房奉書如此〇悦被思召之由候、毎度御音信之儀相心得可申之旨候、此等之趣可然様ニ可被申入候、

（慶長五年）十月廿六日

井伊直政

井伊侍従（直政）殿

鷹之鶴
女房奉書

45-26

鷹之鶴御進上候、則致披露候処ニ毎度御音信悦被思召之旨、女房之奉書如此、猶相心得可申之由候、此等之趣宜可被申入候、

（慶長五年）十二月十三日

井伊直政

井伊侍従（直政）殿

四六　慶長六年・七年　書状案

46―1

嘉定ノ祝儀
前田玄以

如例年為嘉定祝儀饅(頭脱)并猩進候、不相替珍重候、猶面拝之刻万々可申承候也、

(慶長六年)六月十六日　　　(勧修寺)晴豊

(前田玄以)徳善院僧正
　　御房

46―2

見廻
天下静謐
井伊直政

其以後無音令申候、然者為御見廻宰相(勧修寺光豊)罷越候間、申入候、弥天下静謐可為御満足候、随而給帷、誠以御音信斗候、万々期面謁之節候、穴賢、

(慶長六年)七月廿六日

井伊侍従(直政)殿

46―3

八朔ノ祝儀

八朔為祝儀青銅百疋参候、例年不相替儀□候者也、

前田玄以

（慶長六年）八月朔日

徳善院（前田玄以）僧正御房

晴豊進上

46-4

けふよりの御めてたさ、いく秋も申入候ハんしるしはかりに十てう・御ちやハん（茶碗）しん（進）上いたし候、御心して御ひろう（披露）候へく候、かしく、

勾当内侍殿　　晴豊（勧修寺）

御局へまいる

勅使御礼

46-5

為勅使御礼、御音信被申入候、則宰相（勧修寺光豊）致披露候、殊我等達（迄カ）銀子弐拾両送給候、祝着至候、万々追而可申候、恐々謹言、

（慶長六年）八月十日

毛利輝元

幻庵老（毛利輝元）

御札祝着

46-6

御札祝着至候、随而御煩之儀、弥御養生専用候、万々御上洛之刻可申述候間、不能子細候也、

（慶長六年）八月十一日　　判（勧修寺晴豊）

井伊直政

井伊侍従殿（直政）

46－7

御音信

御懇札披見候、殊為御音信奉書紙十束送給候、祝着至候、万々面拝刻可申述候条、不能子細（具候）候、穴賢、

八月廿一日（慶長六年）　御判（勧修寺晴豊）

井伊直政

井伊侍従殿（直政）

儀同

上つゝミニ儀同（勧修寺晴豊）と被遊候、

46－8

参内・天盃

昨日者参　内珍重存候、殊　天盃御拝領可為御満足候、然者為太刀馬代銀子参枚畏入候、旁面拝之刻可申承候、かしく、

五月廿四日（慶長七年カ）

池田輝政

播磨少将殿（池田輝政）

46－9

御参内

御参　内候以来者、不申承候、致老朦御見舞申儀無之候段、自然御前之事奉頼候、御出京之刻御尋候ハヽ、可為祝着候、随而帷弐ケ、誠以御音信斗候、猶面拝之刻可申述候、かしく、

山岡景友

（慶長七年カ）五月廿四日　御判（勧修寺晴豊）

（景友）山岡法印
御房

解　題

本書には、勧修寺家一五代当主、勧修寺晴豊の日記と晴豊が作成した符案や記録（以下、符案等と記す）を収めた。

晴豊は、天文十三（一五四四）年二月二十四日に、勧修寺家一四代当主となる右中弁勧修寺晴右の子として生まれた。母は若狭武田氏の家臣粟屋元隆の女である。最初に晴豊の官歴をあげる。

天文十三年二月二十四日	誕生	一歳	
天文十四年十二月二十二日	叙爵	二歳	
天文二十二年十二月十七日	元服	一〇歳	
同日	従五位上左兵衛佐昇殿	一〇歳	
天文二十四年九月二十八日	右少弁	一二歳	
弘治二年正月六日	正五位下	一三歳	
永禄二年十一月十一日	蔵人	一五歳	○『公卿補任』は永禄一年十二月五日とする
永禄三年七月八日	左少弁	一六歳	
永禄五年正月五日	正五位上	一八歳	
永禄六年六月二十七日	右中弁	一九歳	

永禄十一年十二月十三日	従四位下	二四歳
永禄十一年十二月二十七日	従四位上	二四歳
永禄十二年正月五日	正四位下	二五歳
永禄十二年正月十日	左中弁	二五歳
永禄十二年六月一日	正四位上	二五歳
元亀元年六月九日	蔵人頭	二六歳
元亀三年十月二十八日	参議・右大弁	二八歳
天正二年正月五日	従三位	三〇歳
天正二年三月二十八日	左大弁	三〇歳
天正四年十二月二十八日	権中納言	三二歳
天正五年十一月十七日	正三位	三三歳
天正八年十二月二十二日	従二位	三六歳
天正十年十二月二十七日	権大納言	三八歳
天正十三年正月六日	正二位	四一歳
慶長六年正月六日	従一位	五八歳
慶長六年正月十一日	散位・准大臣	五八歳
慶長七年十二月八日	死去	五九歳
慶長十九年十二月三日	贈内大臣	

法号を晴雲院と号す。

天正四（一五七六）年六月には将軍足利義昭の勘気にふれ、父とともに蟄居したが間もなく許されている。天正四年から慶長四（一五九九）年までのおよそ二四年にわたり、武家伝奏を勤めた。

勧修寺家は、藤原氏北家高藤流に属し、南北朝時代に勧修寺を称するようになる。家格は名家（旧家、内々）。近世初頭にかけて代々武家伝奏を勤めた。

祖父尹豊は、権大納言尚顕の一男として文亀三（一五〇三）年誕生。天文元（一五三二）年参議に昇り、同五年権中納言、同十年権大納言となり、同二十一年九月には従一位に達したが、翌月辞官した。ついで元亀三（一五七二）年正月准大臣となり、さらに閏正月内大臣に進んだが、数日にして辞し、同年二月出家して紹可と称した。文禄三（一五九四）年二月一日、九二歳で没した。法号を長寿院という。

父晴右（前名晴秀）は、勧修寺尹豊の子として、大永三（一五二三）年に生まれる。母は伊勢貞通の女という。新上東門院勧修寺晴子の父でもある。参議、権中納言を経て天正元年に権大納言となる。翌年正二位に進む。天正五年正月一日に五五歳で没した。日記に「晴右公記」がある。法号を高樹院という。

晴右の子には、晴豊の他、万里小路家を相続した充房、日蓮宗立本寺住持となった日袖、正親町三条公仲の室、後陽成天皇の母となった晴子がいる。晴子は、天文二十二年に生まれ、永禄十（一五六七）年十一月、誠仁親王に仕え、親王との間に後陽成天皇・智仁親王はじめ十三人の皇子皇女をもうけた。後陽成天皇受禅後の天正十四年十一月二十日に准后、慶長五年十二月二十九日に院号を受けて新上東門院と称した。元和六（一六二〇）年二月十八日に六八歳で死去した。

子で勧修寺家一六代となった光豊は、天正三年十二月七日に晴豊の長男として誕生。母は土御門有脩の女であ

勧修寺晴豊関係系図

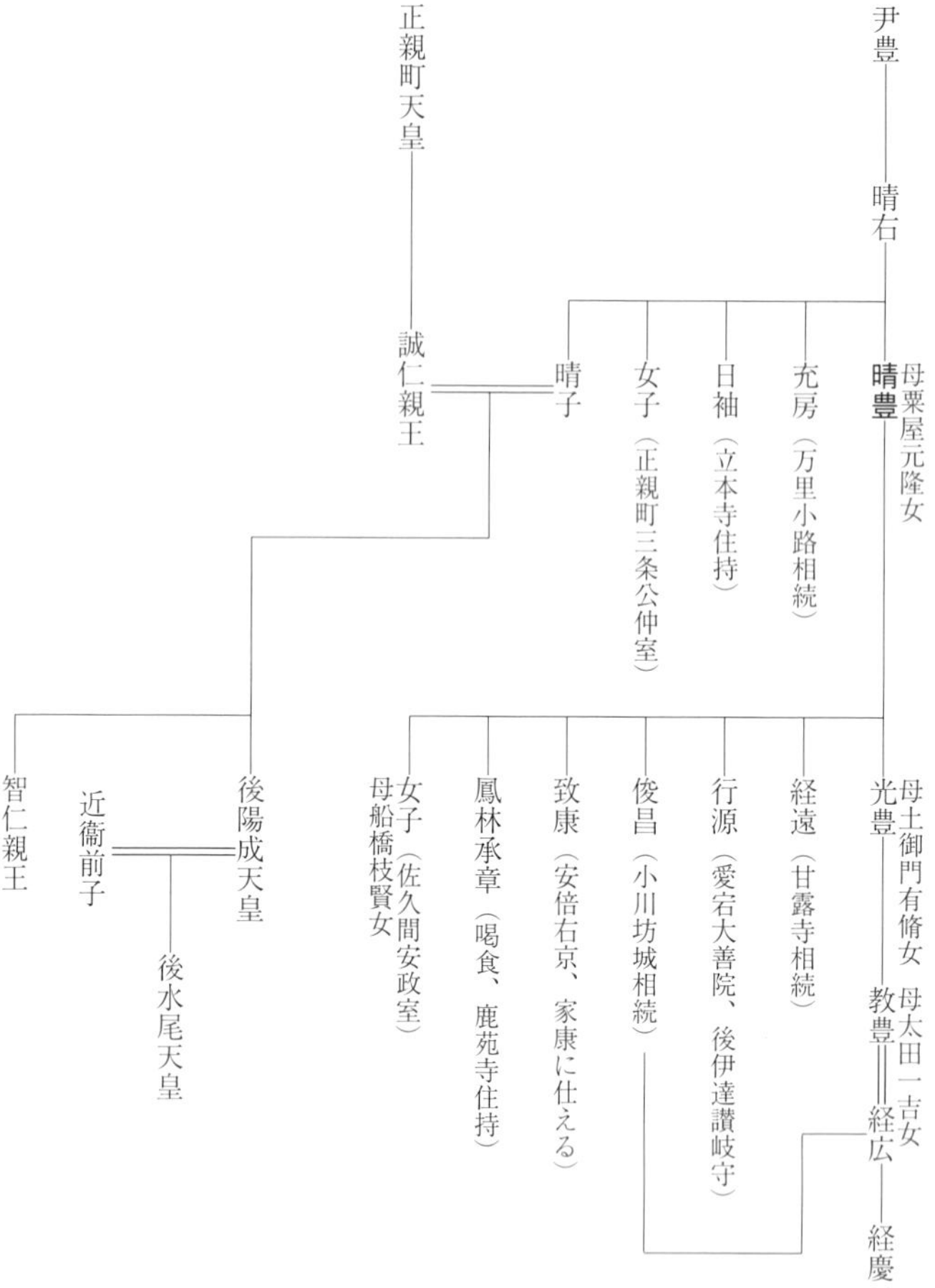

「勧修寺家譜」等による。

る。天正十一年従五位上左衛門佐、慶長二年蔵人頭、慶長四年参議、慶長九年権中納言、慶長十七年権大納言、同年十月二十七日に三八歳で死去した。法名真徴、また天寿院と号した。元和四年十月二十七日内大臣を贈られる。日記に『光豊公記』がある。『光豊公記』は、京都大学史料叢書の一冊として刊行されている。

晴豊の子には、光豊の他に、甘露寺家を相続した経遠、愛宕大善院に入り、後に武士となった伊達讃岐守行源、小川坊城家を相続した俊昌、家康に仕え安倍右京を称した致康、鹿苑寺の仕職となった鳳林承章、佐久間安政の室となった女子がいる。安政は、はじめ豊臣秀吉に仕えるが、関ヶ原の戦いでは東軍に属し、その後徳川氏に仕えた。

「日々記」について

本書に収録した「日々記」一三冊の内、九冊は京都大学総合博物館所蔵の勧修寺家文書に属し、四冊は、内閣文庫所蔵のものである。

京都大学総合博物館所蔵の「日々記」は、公家の勧修寺家に伝来した他の史料とともに、一九六三年、京都大学文学部国史研究室の所蔵となった勧修寺家文書の一部であり、現在は京都大学総合博物館に収蔵されている。内閣文庫所蔵の四冊（分類番号一一九―一〇）は、伝来は不明であるが、京都大学総合博物館所蔵の「日々記」がいずれも寛文十二年（一六七二）の修復奥書を持つのに対し、内閣文庫本はそれを持たないことからすれば、寛文十二年以前に勧修寺家から外に出たものと考えられる。

日記原本の表紙には、すべて「日々記」とあるが、本書刊行にあたっては、通例に従い記主の名をとって「晴豊公記」とした。

『晴豊公記』収録期間・法量等

№.	期　間	法　量	紙数	形式	紙質	備考
1	天正6/9/7～11/13	26.1×20.5	12	竪帳	楮紙	
2	天正7/1/1～6/4, 7/-, 11/-	23.2×19.9	11	竪帳	楮紙	内閣
3	天正8/6/1～6/11	25.1×20.4	6	竪帳	楮紙	
4	天正10/1/1～3/30	27.2×21.8	14	竪帳	楮紙	
5	天正10/4/1～6/30	27.0×21.5	17	竪帳	楮紙	内閣
6	天正10/10/1～10/15	24.3×19.8	6	竪帳	楮紙	
7	天正13/1/1～2/20	23.4×20.3	6	竪帳	楮紙	内閣
8	天正13/8/1～8/8	24.6×20.4	14	竪帳	楮紙	
9	天正18/1/1～12/29	28.2×21.6	61	竪帳	楮紙	
10	天正19/1/1～3/29	27.2×21.6	27	竪帳	楮紙	
11	天正19/4/1～12,20/1/1	28.6×22.5	18	続紙	楮紙	
12	天正20/1/-, 3/-, 5/- ～10/18	26.1×21.3	19	竪帳	楮紙	内閣
13	文禄3/1/1～1/26, 7/, 10/-	29.0×23.2	10	竪帳	楮紙	

注：法量は縦×横、単位はcm。

日記の現存している部分は、記主晴豊三五歳の天正六年にはじまり、文禄三年に及んでいるが、連年ではなく、また一年を通して残されているのは、天正十八年くらいで多くは一部しか伝わっていない。（表参照）。

京都大学大学総合博物館所蔵本の「日々記」は、各冊の奥に記されているように、寛文十二年に勧修寺家の当主経慶により修復が加えられ、新たな表紙が補われている。経慶は、六歳で死去した光豊の子教豊の跡を受けた経広（小川坊城俊昌男）が寛文十二年（一六七二）閏六月八日に出家した後に勧修寺家の家督を継いだ。

「日々記」の料紙には、到来した書状や自らの書状案等の反古紙が裁断して用いられている。形状は袋綴である。各冊の法量は表を参照されたい。

「日々記」の写本には、勧修寺経慶が書写した「晴雲院贈内府・天寿院贈内府御記　得川家抜書」（現在残されているものは嘉永二年〈一八四九〉に勧修寺顕彰が書写し、慶応元年〈一八六五〉に勧修寺経頼が校訂したもの）と題する徳川将軍家にかかる記事を摘記した写本一冊がある。この写本は、原本に徳川氏にかかる表現に改変が加えられており、利用にあたっては注意が必要である。

この他、東京大学史料編纂所「晴豊公記」、内閣文庫「晴豊卿記抜萃」（「元長卿記抜萃」と合冊）、「晴雲院准大臣贈内大臣晴豊公御記」（「勧修寺家御記」一六三一―一六、天正六年、八年、十年、十三年、十八年の抜書、奥書に「明治十八年四月依立入宗信借本校」とある）および宮内庁書陵部にも写本「准大臣藤晴豊公記」がある。このうち、東京大学史料編纂所本（「晴豊公記」）は、明治十九年五月の謄写本である。その第一冊目の奥書をあげておく。

明治十九年五月華族勧修寺顕允蔵書ヲ写ス、

三級写字生遠山景正

掌記　瀧澤規道校（印）

京都大学総合博物館所蔵の「晴豊公記」については、「晴右公記」とともに、一八九九年に文科大学史誌叢書（坪井九馬三・日下寛校、冨山房）の一冊として刊行された。形式は文字を翻刻したものではなく、東京大学史料編纂所謄写本をもとに、年月表記等を付加し、改行等を判型にあわせ加工した影印本である。さらに一九七八年に増補続史料大成の一冊として再度刊行されている。続史料大成での刊行にあたっての巻頭解題において、当時京都大学文学部所蔵の原本を調査し、その知見にもとづいた書誌が記されているが、本文は、文科大学史誌叢書のものの再版である。

内閣文庫の「晴豊公記」については、岩沢愿彦氏が一九六八年に書かれた論文「本能寺の変拾遺――『日々記』所収天正十年夏記について――」（『歴史地理』九一巻四号）において、内閣文庫所蔵の「日々記」が勧修寺晴豊の日記であることを確定され、天正十年夏記を中心にその一部を翻刻された。ついで立花京子氏が著書『信長権力と朝廷』（岩田書院、二〇〇〇年）において「天正十年夏記」の全文を翻刻されている。なお、立花著の第二版（二〇〇二年）において若干の読みを訂正されている。

以下、「日々記」各冊の概要を記しておく。

一「日々記」は、晴豊が賀茂伝奏となった天正六年九月七日にはじまり、十月二十六日まで連続するが、その後中断し、十一月四日、十三日の記事があり、最後に天正六年四月五日の地黄煎商買についての晴豊宛正親町天皇綸旨が書き留められている。

二「日々記」は、天正七年正月一日にはじまり、所々記事を欠くが六月四日までほぼ連続している。その後は欠け、七月は、一日、七日、十八日の記事、十月は十一日の記事のみが残されている。

三「日々記」は、天正八年六月一日から十一日までのごく僅かの記事しか残っていない。

四「日々記」は、天正十年正月一日から三月二十九日まで、ほぼ連続して記載がある。

五「日々記」は、内閣文庫所蔵のものであり、四「日々記」の後に繋がり、天正十年四月一日から六月三十日までの記事が残る。なかでも六月二日の本能寺の変にかかる記事は注目される。

六「日々記」は、天正十年十月一日から十五日までの記事である。

七「日々記」は、内閣文庫所蔵のものである。天正十三年正月一日から二十八日までと二月三日、十一日、十七日、十八日、二十日の記事のみである。

八「日々記」は、冒頭に八月一日の田実に関する「御局」宛の晴豊消息の写と誠仁親王への進上についての記事がある。日記本文は七日、八日のみである。

九「日々記」は、天正十八年正月一日より、所々に記事を欠くが五月一日までと六月三日より十二月二十九日までの記事があり、ほぼ一年分が残されている。なお、五月二日から六月二日までは、陣中見舞の勅使として小田原に下向中である。

一〇「日々記」は、天正十九年正月一日より三月二十九日までほぼ連続して記事がみえる。

一一「日々記」は、天正十九年四月一日から十七日まで、五月一日より八日までと二十日から二十九日まで、七月は四日、六日、十四日、十五日、二十四日、八月は一日、二日、五日、十日より十五日、六月は記事はなく、七月一日より十二日まで、その後に八月の重出として一日、五日の記事があり、九月は一日より三日、十六日の記事がある。その後に別紙で十一月二十八日と十二月四日の記事があり、また重出として十一月二十八日と十二月四日、二十五日、二十七日、二十八日の記事があるが、前の記事とは重なりつつも同一ではない。さらに、天正二十年正月一日の記事がみえる。この年の特徴は、晴豊がしばしば諸種の談合や南蛮人の礼に欠席するなど、かなり長期にわたって煩っており、日記の記載に多くの欠がみえるのも、それを反映したところがあるようである。

一二「日々記」は、内閣文庫所蔵のものである。天正二十年正月一日の記事の後、同年六月六日に勧修寺家雑掌より茶屋四郎二郎に宛てた徳川家康よりの金子請取状の写があり、そのあとに勧修寺晴豊に宛てた後陽成天皇と正親町院の家康への礼を記した女房奉書が記されている。それに続き、三月二十六日、五月六日、七月一日、六月二十四日、六月八日、七月十九日、二十二日、八月一日より、途中記事を欠くところもあるが、十月十八日までの記事が残されている。

一三「日々記」は、文禄三年正月一日より二十六日まで、七月二十日、二十二日、二十四日、十月十七日、十八日、二十五日、二十八日の記事が残る。

「符案等」について

「符案等」には、二二点を収めた。二二点の内容は、晴豊が関わった口宣案や綸旨、書状案がその中心をなす。現状は、多くは元は袋綴りであったものの綴じを外し、数点を一巻に仕立てられている。晴豊作成の符案が中心であるが特定の事柄について晴豊が記した留書を含んでいる。本書に収録するにあたっては、現状巻子の順ではなく、それぞれのまとまりを基本に年代順に収録した。

一四「永禄二年~四年符案」、元は袋綴装の冊子であったと考えられる。一三紙。料紙は楮紙。二紙を除き、書状や反古紙の紙背を使用。原表紙は失われており、後補表紙には「晴豊公御教書」とある。内容は永禄二年十一月十一日から永禄四年正月二十八日までの晴豊が奉者となった口宣案・綸旨四八通が収められている。

一五「永禄二年~四年宣下・綸旨案文」、元は袋綴装の冊子であったと考えられる。一〇紙。料紙は表紙のみ宿紙、残りは楮紙。いずれも書状や反古紙の紙背を使用。原表紙が残されており、そこには「永禄二年十一月吉日宣下・綸旨案文共也」とある。いずれも晴豊が作成したものである。なお収録期間がほぼ同じ一四収録の口宣案・綸旨との重複はみられない。

一六「永禄四年御祈案文」、元は袋綴装の冊子であったと考えられる。料紙は宿紙と楮紙、いずれも書状や反古紙の紙背を使用。五紙。原表紙に「御祈案文／左少弁／永禄四年四月十九日（花押）」とあり、晴豊の符案であることが確認できる。永禄四年四月十九日付の「天変御祈」に関する各寺社に宛てた正親町天皇綸旨案一二通を収める。いずれも晴豊が作成したものである。なお、此時の「天変」については「大日本編年史料稿本」同年四月八日条「星、月ヲ犯ス、其占大凶、諸社諸寺ニ勅シテ之ヲ穰ス」に関連記事がある。

一七「永禄七年宣下・綸旨案文」、元は袋綴装の冊子であったと考えられる。料紙は大半が宿紙、反古紙の紙背

を使用。残りは楮紙。一六紙。原表紙に「永禄七年之年中之／宣下・綸旨案文」とある。晴豊が関わった口宣案・宣旨の符案二八通を収める。

一八「永禄九年・十年符案」、元は袋綴装の冊子であったと考えられる。料紙は宿紙、反古紙の紙背を使用。四紙。原表紙に「鴨奏事私案有是／永禄九年日／宣下案文／同僧方／右少弁（花押）」とあるが、年代的には永禄九年から十年のもの、また内容は鴨社だけでなく公家の叙位、僧の任官などを含む口宣案・綸旨の符案六通である。

一九「永禄十年符案（一）」、元は袋綴装の冊子であったと考えられる。料紙は宿紙、反古紙の紙背を使用。六紙。原表紙に「永禄十年正月日／左中弁（花押）」とある。晴豊が作成した永禄十年正月十一日より六月一日までの口宣案二〇通の符案である。なお、この符案は『歴代残闕日記』一〇五に途中一丁分の欠落があるが、「晴豊公記」の名で収められている。

二〇「永禄十年符案（二）」、元は袋綴装の冊子であったと考えられる。料紙は宿紙、反古紙の紙背を使用。六紙。原表紙に「永禄十年之分二／右中弁（花押）」とある。永禄九年十二月二日より永禄十年八月二十七日までの口宣案一一通の符案である。

二一「永禄十年符案（三）」、元は袋綴装の冊子であったと考えられる。料紙は宿紙。五紙。原表紙に「永禄十年三／右中弁（花押）」とある。晴豊が奉者として作成した永禄十年十月六日から十二月六日までの口宣案一一通の符案である。

二二「永禄十一年・元亀三年除服宣下符案」、元は袋綴装の冊子であったと考えられる。料紙は宿紙。四紙。原表紙に「除服宣下／右中弁（花押）」とある。晴豊が作成した永禄十一年八月二十六日、八月十一日、九月十

一日、元亀三年七月二十八日の除服宣下に関する六通の符案である。

二三「元亀元年符案（一）」、元は袋綴装の冊子であったと考えられる。料紙は宿紙、多く反古紙の紙背を使用。四紙。原表紙に「元亀元年七月三日／左中弁（花押）」とある。晴豊が作成した元亀元年七月五日から十二月三十日までの綸旨と口宣案七通の符案である。

二四「元亀元年符案（二）」、元は袋綴装の冊子であったと考えられる。料紙は宿紙、一紙のみ反古紙の紙背を使用。三紙。原表紙に「元亀元年之内／左中弁（花押）」とある。晴豊が作成した元亀元年十二月二十七日より十二月三十日までの口宣案四通の符案である。

二五「元亀二年四方拝申沙汰」、元は袋綴装の冊子であったと考えられる。料紙は宿紙。四紙。原表紙に「元亀二年四方拝申沙汰／晴豊」とある。晴豊が作成した元亀元年十二月の翌年正月の四方拝についての申沙汰六通の符案である。

二六「元亀二年符案（一）」、元は袋綴装の冊子であったと考えられる。料紙は宿紙、いずれも反古紙の紙背を使用。九紙。原表紙に「元亀二年／晴豊」とのみある。晴豊が作成した元亀二年正月六日より十一月十五日までの口宣案・綸旨一五通の符案である。

二七「元亀二年符案（二）」、元は袋綴装の冊子であったと考えられる。料紙は宿紙、過半は反古紙の紙背を使用。一二紙。原表紙に「元亀二年之分／左中弁（花押）」とある。晴豊が作成した元亀二年四月三日より十二月十八日までの綸旨・口宣案一六通の符案である。なお、この符案は、内閣文庫蔵「元長卿記・晴豊卿記文書類」、それを定本としたと思われる『歴代残闕日記』一〇五「晴豊公記」の原本と考えられるが、本文中に注記したように原本では27-12（元亀二年）九月二十五日 日乗上人宛正親町天皇綸旨の後に別紙で晴豊の花押が据えら

れた27-13元亀二年四月十七日石州西念寺洞賢上人宛正親町天皇綸旨が続くが、『歴代残闕日記』にはそれがみられず、27-14元亀二年十二月十八日藤原光次宛任図書少属口宣案が収められている。この藤原光次宛口宣案は原本にはない。こうした相違は、巻頭の勧修寺経慶が付した目録を踏まえると、元の符案に経慶が目録を加えて袋綴装としたものには27-13元亀二年四月十七日の石州西念寺洞賢上人宛正親町天皇綸旨はなく、現状の巻子装に改められたときに27-14元亀二年十二月十八日藤原光次宛任図書少属口宣案が欠落し、新たに27-13元亀二年四月十七日石州西念寺洞賢上人宛正親町天皇綸旨が挿入されたと推定される。本書には『歴代残闕日記』から27-14号文書として元亀二年十二月十八日藤原光次宛任図書少属口宣案を例外的に収めた。

二八「元亀二年・三年神宮関係綸旨・宣旨案」、袋綴装の冊子、料紙は宿紙、一八丁。一部は反古紙を使用。原表紙に「神宮／元亀二年分／同三／九月一日ヨリ／左中弁（花押）」とある。晴豊が作成した元亀二年八月二十七日より元亀三年十一月二十日までの内宮・外宮遷宮に関わる綸旨・口宣案二一通の符案である。なお、『大日本史料』元亀二年閏正月是月条（二九一頁）に「京都御所東山御文庫記録」を典拠に日付を欠くがほぼ同文の綸旨が収められている。

二九「元亀二年・三年雑符・綸旨案」、原表紙はなく、綸旨・口宣案五通の符案が貼り継がれている。楮紙、四通。29-5以外の四通については他に同文、また日付が異なるが同文の符案がみられる。

三〇「元亀三年五月符案」、元は袋綴装の冊子であったと考えられる。料紙は宿紙、反古紙の紙背を使用。一紙。原表紙に「元亀三年五月日／左中弁」とある。晴豊が作成した元亀三年五月十八日の口宣案二通の符案である。

三一「元亀三年綸旨案・符案」、元は袋綴装の冊子であったと考えられる。料紙は宿紙。いずれも反古紙の紙背を使用。一〇紙。原表紙に「元亀三年分／左中弁（花押）」とある。晴豊が作成した順序は月日順ではないが

元亀三年三月から十一月七日までの綸旨・口宣案一二通の符案である。

三二「元亀三年大徳寺住持職申文留」、元は袋綴装の冊子であったと考えられる。料紙は楮紙。六紙。うち大徳寺宗訴・紹董・宗順推挙状三通は楮紙、他は宿紙を使用。原表紙に「元亀三年／大徳寺入院」とある。元亀三年五月十二日より八月二十七日までの大徳寺宗訴・紹董・宗順推挙状、晴豊覚書、正親町天皇女房奉書写、正親町天皇綸旨写からなる。多くは晴豊のものでないが、晴豊の覚書を含むことから本書に収録した。現状は、大徳寺入院に関する関連文書を集め一冊に仕立てられたものを、後年巻子装にしている。

三三「備前鳥取庄関係書状・女房奉書等留」、楮紙、九紙。原表紙に「備前宇喜多和泉（直家）所江／書状案」とあるが、天正五年より慶長元年までの備前鳥取庄関係文書の留であり、晴豊書状、勧修寺家司井家豊家書状、後陽成天皇女房奉書等一四通を収む。「日々記」と同様に『増補続史料大成晴右記・晴豊記』に影印が掲載されている。

後補表紙に、

晴雲院儀同晴豊公御記

女房奉書并下知状案　　第十

また、奥書には以下のようにある。

右家尊贈内府晴豊公御記也、依破損如此令沙汰畢、

寛文十二年黄鐘

権中納言経（勧修寺経慶）（花押）（朱印）

三四「遊行上人関係留」、元は袋綴装の冊子であったと考えられる。料紙は宿紙、九紙、一部は反古紙の紙背を

使用。後補表紙に「晴豊公記／遊行記之事」とある。本文は宿紙。天正七年、同十一年の遊行の上人号・参内にかかる覚書、綸旨、女房奉書、晴豊書状、最後に一遍の語録（日本思想人系『法然・一遍』所収『一遍上人語録』にほぼ同文のものが収められているが、月日と月日前に記された和歌を欠き、また宛名を「興願僧都」とする）などが、晴豊によって書留められている。

三五「天正十一年大徳寺住持職入院関係文書」、袋綴装、料紙は最後の綸旨が宿紙である以外は楮紙である。九紙。一部、原本を含む。原表紙に「大徳寺入院之事／天正十一年《年》月日／天正十七年分有之」とある。内容は大徳寺入院に関する留書である。年紀は表紙に「天正十七年分有之」とあるが、基本的に天正十一年のものである。天正十一年二月七日の大徳寺宗園・宗哲・宗悦書状、晴豊覚書、勾当内侍宛の晴豊消息、大徳寺との遣り取り、正親町天皇綸旨等で構成されている。

三六「天正十四年上杉景勝加級一件」、元は袋綴装の冊子であったと考えられる。料紙は宿紙、反古紙の紙背を使用。六紙。原表紙に「上杉　加級　宣旨案」とある。天正十四年の上杉景勝の少将任官にかかる万里小路充房作成の符案であるが、晴豊書状を含むことから本書に収めた。天正十四年、遡及して発給された口宣案等九通を収める。なお、この史料については、尾下成敏氏の「「上杉加級宣旨案」の紹介」（『史林』九一巻五号、二〇〇八年）を参照されたい。

三七「天正十四年徳川家康叙任一件」、元は袋綴装の冊子であったと考えられる。料紙は宿紙。一六紙。原表紙は「家康卿」のみ。天正十四年の徳川家康参議任官にあたって遡及して発給された口宣案、叙任にかかる礼金の請取、正親町天皇・誠仁親王の女房奉書、晴豊書状のほか、天正十九年、二十年の徳川秀忠の叙任、天正二十年の家康参内、文禄五年の家康内大臣任官に関する記事が記されている。拙稿「徳川家康の叙位任官」（拙

著『近世初期政治史研究』〈岩波書店、二〇二二年〉所収）を参照されたい。

三八「天正十五年八月八日徳川家康宛口宣案」、一紙文書、料紙は楮紙。天正十五年八月八日の家康従二位叙に関する口宣案の写である。晴豊筆かは確定はできないが、上卿に晴豊の名があり、またそれ以前の家康叙任に晴豊が深く関わっていたことに鑑み収録した。

三九「天正十六年武家公家成留」、元は袋綴装の冊子であったと考えられる。料紙は楮紙。五紙。表紙に「公家成天正十六年七月六日／権大納言（花押）」とある。天正十六年の島津、龍造寺、立花、毛利、小早川、吉川の公家成に関する留書。

四〇「天正十七年・文禄四年禅師号下知案」、元は袋綴装の冊子であったと考えられる。料紙は楮紙、反古紙の紙背を使用。三紙。表紙に「天正十七年十一月廿二日／禅師号大内記（五条為良）江下知／権大納言（花押）」とある。禅師号宣下を大内記に伝える晴豊作成の下知状案二通を収める。

四一「文禄二年禁中大閤御能・銀山御公用之請取案文」、元は袋綴装の冊子であったと考えられる。料紙は楮紙。四紙。表紙に「文禄二年／禁中大閤（豊臣秀吉）御能／銀山御公用之請取安（案）文／有之也権大納言（花押）」とある。秀吉の禁中能にかかる記事と毛利領銀山公用銀の勧修寺尹豊請取二通を収める。

四二「文禄五年八月十四日天寧寺禅師号事」、元は袋綴装であったと考えられるが、紙数は表紙を含め二紙である。料紙は楮紙、反古紙の紙背を使用。表紙に「文禄五年八月十四日／天寧寺禅師号事／伝奏大納言晴豊」とある。文禄五年八月十四日の天寧寺禅師号の勅書案である。

四三「慶長三年・四年書状案」、元は袋綴装の冊子であったと考えられる。巻子に仕立てられるにあたって乱丁があり、収録にあたっては記載順に改めた。料紙は楮紙、多くは反古紙の紙背を使用。一五紙。後補表紙に

「慶長三年同四年／書状之安」とある。慶長二年十月十七日より慶長四年十二月二十九日までの晴豊の書状案三六通を収める。差出に「御判」と記されたものがかなりの数あり、実際の作成者は勧修寺家の家司であったと考えられる。

四四「慶長四年豊国大明神神号之記」、現状は表紙部分半丁と本文半丁の楮紙、二紙である。表紙に「豊国大明神神号之記／権大納言／晴豊（花押）」とあることから、晴豊作成のものとして収録した。

四五「慶長五年・六年・七年書状案」、元は袋綴装の冊子であったと考えられる。料紙は楮紙、多くは反古紙の紙背を使用。一〇紙。表紙に「慶長五年書状之案共／同六年／同七年」とあるが、現状では慶長五年の晴豊書状案二六通のみである。

四六「慶長六年・七年書状案」、元は袋綴装の冊子であったと考えられる。料紙は楮紙、反古紙の紙背を使用。四紙。現状は、外題に「晴豊公御記家康公任所口宣案」とある巻子の冒頭に慶長六年、七年の晴豊書状案が載せられ、その後に三八「天正十五年八月八日徳川家康宛口宣案」が続く。事情は明らかではないが、本書状案は前号の四五「慶長五年・六年・同七年書状案」に続くものと考えられる。

勧修寺家文書にみえる符案の写本については、一四、一五、一六、一七、一八、二〇、二一、三一は、安永二年（一七七三）の勧修寺敬明の写本（目録A七六―一）があり、奥書には、「晴豊公御自筆雖所持、毎度拝覧、依有其恐、書写し／安永二年四月八日　右中弁（勧修寺敬明）（花押）」とある。一九、二六も写本（目録A七六―二）がある。二五は、万治二年（一六五九）十二月二十三日の勧修寺経広の写本（目録A一三四）があり、奥書には「右　儀同晴豊公　御教書案／自老父卿《家公》申請正本破損仍予書写候／者也／万治二年十二月廿三日　右尚書（花押、勧修寺経慶）」とある。

最後に、各文書の現形について記しておく。

外題に「永禄年中晴豊公綸旨案」とある巻子（目録三四九）は、晴豊作成のものでない大永四年の「八講記」を最初に置き、一五、一四、一七の順に成巻されている。なお現状は、修復され新たな巻子に仕立てられている。

外題に「晴豊公御記」とある巻子（目録三四七）は、四二、四一、一九、一六、四三、四五の順で成巻されている。なお現状は修復され新たな巻子に仕立てられている。

外題に「晴豊公御記」とある巻子（目録三四八）は、三九、二七、二六、三一、三〇、四〇、四四、二九の順で一巻に成巻されている。なお現状は修復され新たな巻子に仕立てられている。

外題に「晴豊公口宣案控」とある巻子（目録四五六）は、一八、二〇〜二五が一巻に成巻されている。万治二年十二月二十三日の勧修寺経慶の写本（目録Ａ一三四）があり、奥書に「右儀同晴豊公　御教書案／自老父卿《家公》中請正本破損仍予書写候／者也／万治二年十二月廿三日　右尚書（花押、勧修寺経慶）」とある。

外題に「晴豊公御記　家康公任所口宣案」とある巻子には、四六、三七が一巻に成巻されている。

三四、三五は、外題に「勧修寺晴豊符案等巻子」（目録Ａ四五二）一巻を構成する六点のうちの二点である。

三六は、「万里小路家当主関係文書等巻子」（目録Ａ四七九）一巻を構成する一七点のうちの一点である。

符案等編年目録

番号	年月日	文書名
14-1	永禄2年11月11日	中原師廉宛任転大外記口宣案
14-2	永禄2年11月11日	正什和尚宛特賜明統正代禅師号口宣案
14-3	永禄2年11月11日	五辻為仲宛叙従五位下口宣案
14-4	永禄2年11月11日	五辻為仲宛任阿波守口宣案
15-3	（永禄2年）11月11日	勧修寺晴豊宛某書状
14-5	永禄2年11月16日	富小路種直宛任中務少丞口宣案
14-8	永禄2年12月2日	中原師廉宛転任助教口宣案
14-6	永禄2年12月8日	権律師賢勝宛任権少僧都口宣案
14-7	永禄2年12月8日	権律師国勝宛任権少僧都口宣案
14-13	永禄2年12月13日	松尾月読社禰宜館宛正親町天皇綸旨
15-10	永禄2年12月13日	松尾社公文中務大輔館宛正親町天皇綸旨
14-9	永禄2年12月22日	柳原淳光宛叙従四位上口宣案
15-4	（永禄2年）12月22日	勧修寺晴豊宛某書状
14-10	永禄3年1月5日	蔵人中務丞宛勧修寺晴豊奉書
14-11	（永禄3年）1月5日	理性院僧正宛正親町天皇綸旨
14-12	（永禄3年）1月5日	大夫史宛勧修寺晴豊奉書
14-14	永禄3年1月21日	三好長慶宛任修理大夫口宣案
15-5	永禄3年1月21日	三好長慶宛任修理大夫口宣案
15-6	永禄3年1月21日	三好義長宛任筑前守口宣案
14-15	永禄3年1月21日	三好義長宛任筑前守口宣案
14-42	（永禄3年）1月	蔵人中務丞宛勧修寺晴豊奉書
14-43	（永禄3年）1月	理性院僧正宛正親町天皇綸旨
14-44	（永禄3年）1月	大夫史宛勧修寺晴豊奉書
14-16	永禄3年2月6日	飛鳥井雅敦宛任左近衛権少将口宣案
15-1	永禄3年2月7日	興禅寺宛正親町天皇綸旨
14-17	永禄3年2月12日	権律師真秀宛任権少僧都口宣案
14-19	永禄3年2月12日	光林慶本和尚宛正親町天皇綸旨
15-2	（永禄3年2月12日）	毛利元就・隆元宛正親町天皇綸旨
14-18	永禄3年2月13日	柳原淳光宛任右大弁口宣案
14-20	永禄3年2月18日	照饔上人宛正親町天皇綸旨
15-8	永禄3年2月25日	権大僧都応真宛贈権大僧正口宣案
14-21	永禄3年2月27日	法印尭慧宛任権僧正口宣案

15-7	永禄3年3月2日	権少僧都宛転任権大僧都口宣案
15-9	永禄3年3月16日	大友義鎮宛任左衛門督口宣案
15-11	永禄3年4月5日	権律師頼重宛任権少僧都口宣案
15-12	永禄3年4月5日	大法師禅重宛任権律師口宣案
14-31	永禄3年4月8日	権大僧都良徧宛叙法印口宣案
15-13	永禄3年4月14日	権大僧都仁瑜宛叙法印口宣案
14-22	永禄3年4月15日	紹智上人宛正親町天皇綸旨案
14-23	永禄3年4月16日	西須上人宛正親町天皇綸旨案
14-27	永禄3年5月3日	中御門宣教宛叙従五位下口宣案
14-28	永禄3年5月3日	中御門宣教宛任左衛門佐口宣案
14-24	（永禄3年）5月19日	大願寺円海上人宛正親町天皇綸旨
14-25	永禄3年5月20日	大江房顕宛任修理大夫口宣案
14-26	永禄3年5月20日	大江房顕宛叙従四位下口宣案
14-29	永禄3年7月7日	佐伯忠清宛叙正六位上口宣案
14-30	永禄3年7月7日	藤原好堅宛任左近衛将監口宣案
14-32	永禄3年10月27日	多忠雄宛叙従五位下口宣案
14-34	永禄3年12月8日	五辻為仲宛叙従五位上口宣案
14-33	永禄3年12月11日	権少僧都定宥宛転任権大僧都口宣案
14-35	永禄3年12月22日	永祝上人宛正親町天皇綸旨
15-14	（永禄3年カ）	某宛正親町天皇綸旨
14-36	永禄4年1月5日	万里小路輔房宛叙正四位上口宣案
14-37	永禄4年1月7日	藤原常久宛叙正五位下口宣案
14-38	永禄4年1月27日	佐伯盛英宛任大膳大夫口宣案
14-39	永禄4年1月27日	佐伯盛英宛叙従五位下口宣案
14-40	永禄4年1月27日	佐伯盛次宛任某大夫口宣案
14-45	永禄4年1月28日	松永久秀宛叙従四位下口宣案
14-46	永禄4年1月27日	佐伯盛次宛叙従五位下口宣案
14-48	永禄4年1月28日	某宛口宣案
14-47	永禄4年2月8日	光雄上人宛正親町天皇綸旨
15-15	永禄4年3月8日	徳大寺公維宛任権中納言口宣案
15-22	（永禄4年）3月9日	中山孝親宛勧修寺晴豊申文
15-16	永禄4年4月19日	丹波頼慶宛叙従五位下口宣案
16-1	（永禄4年）4月19日	中山孝親宛正親町天皇綸旨
16-2	（永禄4年）4月19日	柳原資定宛正親町天皇綸旨

16-4	（永禄４年）４月19日	中山孝親宛正親町天皇綸旨
16-5	（永禄４年）４月19日	柳原資定宛正親町天皇綸旨
16-3	（永禄４年）４月	白川雅朝宛正親町天皇綸旨
16-6	（永禄４年）４月	万里小路輔房宛正親町天皇綸旨
16-7	（永禄４年）４月	白川雅朝宛正親町天皇綸旨
16-8	（永禄４年）４月	吉田兼右宛勧修寺晴豊奉書
16-9	（永禄４年）４月	大納言法印宛正親町天皇綸旨
16-10	（永禄４年）４月	大納言法印宛正親町天皇綸旨
16-11	（永禄４年）４月	大納言法印宛正親町天皇綸旨
16-12	（永禄４年）４月	大納言法印宛正親町天皇綸旨
15-18	永禄４年８月８日	平松資澄宛従五位上口宣案
15-19	永禄４年８月９日	平松資澄宛任左近衛権少将口宣案
15-20	永禄４年９月５日	舜恵宛正親町天皇綸旨
15-21	永禄４年９月28日	悟雲和尚宛正親町天皇綸旨
15-17	（永禄４年）12月	某宛正親町天皇綸旨
14-41	（永禄６年４月18日）	松尾相光従三位申文
17-1	永禄７年１月27日	鴨伊吉宛任出雲守口宣案
17-3	永禄７年２月７日	大法師珍昭宛任権律師口宣案
17-2	永禄７年２月９日	大法師承舜宛任法橋口宣案
17-4	永禄７年２月10日	権大僧都尭範宛叙法印口宣案
17-5	永禄７年２月25日	督宗上人宛正親町天皇綸旨
17-6	永禄７年３月３日	中臣延時宛叙正四位下口宣案
17-7	永禄７年３月３日	辰市祐金・今西祐庭・上延安・東池井宛叙従四位下口宣案
17-10	永禄７年３月10日	西山参鈷寺衆僧中宛正親町天皇綸旨
17-12	永禄７年３月10日	西山参鈷寺衆僧中宛正親町天皇綸旨
17-8	永禄７年３月14日	筑後国専修寺念誉上人宛正親町天皇綸旨
17-9	永禄７年３月14日	道玉上人宛正親町天皇綸旨
17-11	永禄７年３月14日	道玉上人宛正親町天皇綸旨
17-15	永禄７年３月20日	賀茂重能宛叙正四位下口宣案
17-13	永禄７年３月22日	中原康政宛任権少外記口宣案
17-14	永禄７年３月22日	中原康政宛任右少史口宣案
17-16	永禄７年３月29日	賀茂重興宛叙従五位下口宣案
17-17	永禄７年４月４日	権少僧都乗海宛転任権大僧都口宣案
17-18	永禄７年４月５日	十念寺住持鑑誉上人宛正親町天皇綸旨

17-19	永禄７年５月２日	守□宛正親町天皇綸旨
17-21	永禄７年５月26日	深安上人宛正親町天皇綸旨
17-23	永禄７年５月26日	深安上人宛正親町天皇綸旨
17-20	（永禄７年５月）	勾当内侍宛勧修寺晴豊披露状
17-22	永禄７年６月５日	督宗上人宛正親町天皇綸旨
17-24	永禄７年６月11日	富永山城守宛正親町天皇綸旨
17-25	永禄７年８月４日	藤原玉澄宛任治部大輔口宣案
17-27	（永禄７年）10月12日	庭田重保宛正親町天皇綸旨
17-28	（永禄７年）11月17日	浄華院菖休上人宛正親町天皇綸旨
17-26	（永禄７年カ）	玉澄宛口宣案案
18-1	永禄９年９月３日	柳原淳光・万里小路輔房宛叙従三位口宣案
18-2	永禄９年９月８日	藤原秀綱宛転位大輔口宣案
18-3	永禄９年11月25日	丹波頼慶宛任備後守口宣案
18-4	永禄９年11月29日	法印頼恵宛任権僧正口宣案
20-1	永禄９年12月２日	清原隆房宛叙従四位上口宣案
18-5	永禄９年12月３日	某宛補泉涌寺并悲田院住持職正親町天皇綸旨
19-1	永禄10年１月11日	権律師深忠宛任権少僧都口宣案
19-2	永禄10年１月11日	権律師玄良宛任権少僧都口宣案
19-3	永禄10年２月９日	如来院住持眠誉上人宛正親町天皇綸旨
18-6	永禄10年２月	鴨社造替・神領再興・鴨祐清叙爵勧修寺晴豊執奏案
19-4	永禄10年３月１日	泉涌寺衆僧中宛正親町天皇綸旨
20-6	永禄10年３月21日	権少僧都宗然宛転任権大僧都口宣案
20-7	永禄10年３月21日	権少僧都堅深宛転任権大僧都口宣案
19-5	永禄10年４月25日	常福寺住持慶誉上人宛正親町天皇綸旨
19-6	永禄10年５月14日	空済上人宛正親町天皇綸旨
19-7	永禄10年５月21日	玄滋和尚宛正親町天皇綸旨
19-9	永禄10年５月21日	長円上人宛正親町天皇綸旨
19-10	永禄10年６月１日	紀州西岸寺住持松誉上人宛正親町天皇綸旨
19-8	永禄10年７月18日	法印尭運宛任権大僧正口宣案
20-2	永禄10年７月18日	清原隆房宛任神祇権副口宣案
20-3	永禄10年７月18日	賀田隆元宛転任治部大輔口宣案
20-4	永禄10年７月20日	権大僧都定盛宛叙法印口宣案
20-5	永禄10年８月８日	設叟和尚宛正親町天皇綸旨
20-8	永禄10年８月９日	松木宗道宛叙従五位下口宣案

20-9	永禄10年8月14日	松木宗房宛叙従四位上口宣案
20-10	永禄10年8月14日	善光寺法誉上人宛正親町天皇綸旨
20-11	永禄10年8月27日	権少僧都杲朝宛贈権大僧都口宣案
21-1	永禄10年10月9日	富小路種直宛叙従四位下口宣案
21-2	永禄10年10月9日	竹内長治宛叙従四位下口宣案
21-3	永禄10年10月6日	法印深応宛任権僧正口宣案
21-4	永禄10年10月26日	権僧正光永宛転任権大僧正口宣案
21-8	永禄10年11月4日	権律師尭応宛任権少僧都口宣案
21-5	永禄10年11月15日	法眼瑞昌宛叙法印口宣案
21-9	永禄10年11月15日	大法師舜聡宛任権律師口宣案
21-6	永禄10年11月24日	藤原輔子叙従五位下口宣案
21-7	永禄10年11月27日	法伝寺住持然誉上人宛正親町天皇綸旨
21-10	永禄10年12月6日	権大僧正性弁宛叙法印口宣案
21-11	永禄10年12月6日	権律師定者宛任権少僧都口宣案
22-2	永禄11年8月11日	西園寺公朝宛復任左大臣口宣案
22-3	永禄11年8月11日	左大臣西園寺公朝宛除服口宣案
22-1	（永禄11年）8月26日	四辻公遠宛勧修寺晴豊奉書
22-4	（永禄11年カ）9月11日	四辻季遠宛勧修寺晴豊奉書
22-5	（永禄11年カ）9月11日	四辻公遠宛勧修寺晴豊奉書
23-1	元亀1年7月5日	興旭上人宛正親町天皇綸旨
27-15	元亀1年10月7日	南化玄興宛正親町天皇綸旨
23-5	元亀1年12月21日	吉田兼右宛兼任神祇大副口宣案
23-4	元亀1年12月25日	西園寺実益宛叙従四位下口宣案
23-2	元亀1年12月27日	三条西公明宛叙従四位下口宣案
24-1	元亀1年12月27日	三条西公明宛叙従四位下口宣案
23-3	元亀1年12月27日	四辻季満宛任侍従口宣案
24-2	元亀1年12月27日	四辻季満宛任侍従口宣案
23-6	元亀1年12月29日	下冷泉為勝宛叙従五位上口宣案
24-3	元亀1年12月29日	下冷泉為勝宛叙従五位上口宣案
23-7	元亀1年12月30日	中院通勝宛叙従四位下口宣案
24-4	元亀1年12月30日	中院通勝宛叙従四位下口宣案
25-1	（元亀1年）12月	庭田重通宛勧修寺晴豊奉書
25-2	（元亀1年）12月	蔵人右中弁・蔵人左少弁・蔵人権弁宛勧修寺晴豊奉書
25-3	（元亀1年）12月	正親町実彦宛勧修寺晴豊奉書

25-4	（元亀1年）12月	五辻為仲・東坊城盛長・高倉永孝宛勧修寺晴豊奉書
25-5	（元亀1年）12月	薄以継宛勧修寺晴豊奉書
25-6	（元亀1年）12月	中原師廉・壬生朝芳宛勧修寺晴豊奉書
37-1	元亀2年1月5日	徳川家康宛叙従五位上口宣案
26-1	元亀2年1月6日	柳原淳光宛叙正三位口宣案
26-3	元亀2年1月6日	万里小路輔房宛叙正三位口宣案
26-4	元亀2年1月6日	白川雅朝宛叙正五位下口宣案
26-5	元亀2年1月7日	正親町三条公仲宛叙従四位下口宣案
37-2	元亀2年1月11日	徳川家康宛任侍従口宣案
26-7	元亀2年2月5日	速水武益宛叙従四位下口宣案
26-6	元亀2年2月13日	菊亭晴季宛正親町天皇綸旨
26-8	（元亀2年）2月15日	北畠具教宛正親町天皇綸旨
26-10	元亀2年3月10日	高尾山□僧等中宛正親町天皇綸旨
26-11	元亀2年3月29日	専念寺等連社上人宛正親町天皇綸旨
27-1	元亀2年4月3日	山科言経宛任左衛門督口宣案
27-15	元亀2年4月7日	石州西念寺洞賢上人宛正親町天皇綸旨
26-13	元亀2年4月10日	養国寺始翁上人宛正親町天皇綸旨
26-12	元亀2年4月16日	雄誉上人宛正親町天皇綸旨
27-13	元亀2年4月17日	石州西念寺洞賢上人宛正親町天皇綸旨
27-2	元亀2年5月11日	賀茂常顕宛任豊後守口宣案
27-4	元亀2年5月11日	武田信玄宛正親町天皇綸旨
26-9	元亀2年5月21日	高倉範国宛叙従五位下口宣案
27-3	元亀2年5月29日	山門東増院衆徒中宛正親町天皇綸旨
27-5	元亀2年6月5日	慶岳上人宛正親町天皇綸旨
32-5	元亀2年6月20日	明叟上人宛正親町天皇綸旨
27-6	元亀2年7月24日	浄華院住持良休上人宛正親町天皇綸旨
27-8	元亀2年8月10日	浄泉宛叙法橋口宣案
27-7	元亀2年8月12日	山科言経宛正親町天皇綸旨
29-4	元亀2年8月12日	山科言経宛正親町天皇綸旨
28-1	（元亀2年）8月27日	柳原資定宛正親町天皇綸旨
27-9	元亀2年8月28日	徳川家康宛正親町天皇綸旨
29-1	（元亀2年8月28日）	徳川家康宛正親町天皇綸旨
27-11	元亀2年9月5日	慶秀上人宛正親町天皇綸旨
27-10	元亀2年9月6日	願行寺住持楽誉上人宛正親町天皇綸旨

27-12	（元亀２年）９月25日	日乗上人宛正親町天皇綸旨
26-2	元亀２年11月15日	口宣案断片
26-14	元亀２年11月15日	葉室長教宛叙従五位上口宣案
26-15	元亀２年11月15日	葉室長教宛任兵部権少補口宣案
27-14	元亀２年12月18日	藤原光次宛任図書少属口宣案
28-3	（元亀３年）後１月28日	柳原資定宛正親町天皇綸旨
28-6	（元亀３年）後１月28日	柳原資定宛勧修寺晴豊書状
28-2	元亀３年後１月	奏事目録
28-4	元亀３年２月１日	藤波康忠為伊勢太神宮祭主口宣案
28-5	（元亀３年）２月１日	庭田重保宛勧修寺晴豊奉書
28-7	（元亀３年）２月１日	小槻朝芳宛勧修寺晴豊奉書
28-8	（元亀３年）２月11日	小槻朝芳宛勧修寺晴豊奉書
28-9	元亀３年２月21日	周養上人宛正親町天皇綸旨
31-6	元亀３年３月	下冷泉為勝任左近衛権少将口宣案
32-3	元亀３年５月９日	勧修寺晴豊宛正親町天皇女房奉書
32-1	（元亀３年）５月12日	伝奏執事宛大徳寺住持職推挙状
29-2	元亀３年５月17日	三木自綱宛叙従四位下口宣案
29-3	元亀３年５月17日	三木自綱宛任大宰大弐口宣案
28-11	（元亀３年）５月18日	柳原資定宛勧修寺晴豊奉書
30-1	元亀３年５月18日	三木自綱宛叙従四位下口宣案
30-2	元亀３年５月18日	三木自綱宛任大宰大弐口宣案
28-10	（元亀３年）５月20日	小槻朝芳宛勧修寺晴豊奉書
29-5	（元亀３年）５月21日	泉涌寺衆僧中宛正親町天皇綸旨
28-12	（元亀３年）６月３日	小槻朝芳宛勧修寺晴豊奉書
32-2	（元亀３年）６月10日	伝奏執事宛大徳寺住持職推挙状
28-13	（元亀３年）６月29日	柳原資定宛勧修寺晴豊奉書
22-6	元亀３年７月28日	藤波慶忠宛除服出仕口宣案
28-14	元亀３年７月28日	藤波慶忠宛任神祇権少副口宣案
32-4	（元亀３年）８月27日	伝奏執事宛大徳寺住持職推挙状
28-15	（元亀３年）９月４日	柳原資定宛勧修寺晴豊奉書
28-16	（元亀３年９月）４日	柳原資定宛勧修寺晴豊書状
28-18	（元亀３年）９月６日	小槻朝芳宛勧修寺晴豊奉書
28-17	元亀３年９月16日	藤波慶忠宛叙従五位上口宣案
28-19	元亀３年９月16日	藤波慶忠宛供奉伊勢太神宮祭主口宣案

28-20	元亀３年９月16日	藤波慶忠宛伊勢太神宮祭主口宣案
31-11	元亀３年９月20日	四辻季遠宛正親町天皇綸旨
31-12	元亀３年９月20日	恵林寺衆僧中宛正親町天皇綸旨
31-12	元亀３年９月20日	長禅寺宛正親町天皇綸旨
31-1	（元亀３年）10月４日	梵泰和尚・祥真和尚・文周和尚宛正親町天皇綸旨
31-2	元亀３年10月５日	毛利輝元宛叙従四位下口宣案
31-3	元亀３年10月５日	小早川隆景宛叙従四位下口宣案
31-10	元亀３年10月５日	藤原重祐宛叙従五位下口宣案
28-21	（元亀３年）10月８日	小槻朝芳宛勧修寺晴豊奉書
31-4	元亀３年10月14日	西園寺実益叙従三位口宣案
31-5	元亀３年10月14日	西園寺実益左近中将口宣案
31-7	元亀３年11月７日	葉室頼房叙従二位口宣案
31-8	元亀３年11月７日	徳大寺実満宛叙従四位上口宣案
31-9	元亀３年11月15日	玄廓和尚宛特賜明堂仏燈禅師口宣案
28-22	（元亀３年）11月20日	小槻朝芳宛勧修寺晴豊奉書
37-3	天正２年１月５日	徳川家康宛叙正五位下口宣案
36-1	天正５年５月９日	上杉景勝宛任侍従口宣案
36-6	天正５年５月９日	上杉景勝宛叙従五位下口宣案
37-4	天正５年12月10日	徳川家康宛叙従四位下口宣案
37-5	天正５年12月29日	徳川家康宛任右近衛権少将口宣案
33-10	（天正６年）４月５日	典薬頭宛勧修寺晴豊奉書
34-1	天正７年９月12日	他阿上人宛正親町天皇綸旨
34-2	（天正７年）９月28日	遊行上人宛勧修寺晴豊書状
37-6	天正８年１月５日	徳川家康宛叙従四位上口宣案
36-7	天正８年６月20日	上杉景勝宛叙従五位上口宣案
33-1	（天正９年カ）14日	宇喜多直家宛勧修寺晴豊書状
33-2	（天正９年カ）16日	宇喜多直家宛井家豊家書状
33-5	天正９年10月24日	勧修寺晴豊宛正親町天皇女房奉書
33-6	天正９年10月24日	勧修寺晴豊宛正親町天皇女房奉書
33-7	（天正９年）10月24日	宇喜多直家宛勧修寺晴豊書状
33-8	（天正９年）10月24日	対馬治部宛井家豊家書状
33-9	（天正９年）10月24日	池田三丞宛井家豊家書状
33-3	（天正９年）11月16日	対馬治部丞宛井家豊家書状
33-4	（天正９年）11月16日	対馬三丞宛井家豊家書状

35-2	(天正11年カ)閏1月12日	伝奏執事宛大徳寺住持職推挙状
35-1	(天正11年) 2月7日	伝奏執事宛大徳寺住持職推挙状
35-3	(天正11年) 2月18日	大徳寺住持職推挙状
35-4	(天正11年2月)	勾当内侍宛勧修寺晴豊消息
36-8	天正11年3月11日	上杉景勝宛叙正五位下口宣案
34-7	(天正11年) 6月12日	遊行上人宛勧修寺晴豊書状
34-5	(天正11年) 6月14日	遊行上人宛勧修寺晴豊書状
34-6	(天正11年) 6月14日	遊行上人宛勧修寺晴豊書状
34-3	天正11年6月15日	勧修寺晴豊宛正親町天皇女房奉書
34-4	天正11年6月15日	勧修寺晴豊宛誠仁親王女房奉書
37-8	天正11年10月5日	徳川家康宛叙正四位上口宣案
37-7	天正11年10月7日	徳川家康宛任中将口宣案
35-5	(天正11年) 10月12日	伝奏執事宛大徳寺住持職推挙状
35-6	天正11年11月23日	一凍禅室宛正親町天皇綸旨
37-9	天正12年2月27日	徳川家康宛叙従三位口宣案
37-10	天正12年2月27日	徳川家康宛任参議口宣案
37-11	天正12年2月27日	井伊直政宛任修理大夫口宣案
37-12	天正12年2月27日	藤原長頼宛任兵庫頭口宣案
37-13	天正12年6カ月27日	法眼如雪宛叙法印口宣案
37-24	(天正14年) 6月11日	徳川家康宛高倉永孝・勧修寺晴豊奉書
36-2	天正14年6月22日	上杉景勝宛任左近衛権少将口宣案
36-9	天正14年6月22日	上杉景勝宛叙従四位下口宣案
37-14	(天正14年) 7月5日	倉光主水佑宛菊亭家雑掌光渕金子請取状
37-15	(天正14年) 7月5日	倉光主水佑宛庭田家雑掌通氏金子請取状
37-16	(天正14年) 7月5日	倉光主水佑宛水無瀬家雑掌氏将金子請取状
37-17	(天正14年) 7月5日	倉光主水佑宛万里小路雑掌幸康金子請取状
37-18	(天正14年) 7月5日	倉光主水佑宛甘露寺家雑掌元次金子請取状
37-19	(天正14年) 7月5日	倉光主水佑宛中山頭中将家雑掌親次金子請取状
36-3	(天正14年) 7月27日	上杉景勝宛勧修寺晴豊書状
36-4	(天正14年) 7月27日	直江兼続宛勧修寺晴豊書状
37-20	(天正14年7月)	勧修寺晴豊・高倉永孝宛正親町天皇女房奉書
37-21	(天正14年7月)	勧修寺晴豊・高倉永孝宛正親町天皇房奉書
37-22	(天正14年7月)	勧修寺晴豊・高倉永孝宛誠仁親王女房奉書
37-23	(天正14年7月)	勧修寺晴豊・高倉永孝宛誠仁親王女房奉書

38-1	天正15年8月8日	徳川家康宛叙従二位口宣案
36-5	天正16年5月23日	上杉景勝従四位上参議叙任覚
40-1	(天正17年) 11月22日	五条為良宛勧修寺晴豊奉書
41-1	文禄2年10月9日	勧修寺晴豊宛勾当内侍請取状
41-2	文禄2年10月9日	毛利輝元宛勧修寺尹豊請取状
41-3	文禄2年10月9日	毛利輝元宛勧修寺尹豊請取状
40-2	(文禄4年) 5月19日	五条為経宛勧修寺晴豊奉書
33-11	文禄4年12月10日	勧修寺晴豊宛後陽成天皇女房奉書
33-12	文禄4年12月10日	宇喜多秀家宛勧修寺晴豊書状
42-1	文禄5年8月14日	後陽成天皇禅師号勅書案
33-13	慶長元年12月12日	宇喜多秀家宛勧修寺晴豊書状
33-14	慶長元年12月12日	勧修寺晴豊宛後陽成天皇女房奉書書
43-6	(慶長2年9月11日)	勧修寺晴豊宛後陽成天皇女房奉書
43-1	(慶長3年) 10月17日	宇喜多秀家宛勧修寺晴豊書状
43-2	(慶長3年) 11月27日	松田政行宛勧修寺晴豊書状
43-3	(慶長3年) 12月9日	前田玄以宛勧修寺晴豊書状
43-4	(慶長3年) 12月30日	毛利輝元宛勧修寺晴豊書状
43-5	(慶長3年) 12月30日	毛利輝元宛勧修寺晴豊書状
43-7	(慶長4年) 1月5日	宇喜多秀家宛勧修寺晴豊書状
43-8	慶長4年1月5日	勧修寺晴豊宛後陽成天皇女房奉書
43-9	(慶長4年) 1月5日	毛利輝元宛勧修寺晴豊書状
43-10	(慶長4年) 1月16日	毛利秀元宛勧修寺晴豊書状
43-11	(慶長4年) 1月21日	井伊直政宛勧修寺晴豊書状
43-12	(慶長4年) 2月6日	棚守左兵衛将監宛袖岡景久書状
43-13	(慶長4年) 2月16日	専修寺宛勧修寺晴豊書状
43-14	(慶長4年2月16日)	専修寺宛勧修寺晴豊書状
43-15	(慶長4年) 2月30日	周防国分寺宛勧修寺晴豊書状
43-16	(慶長4年) 2月30日	周防国分寺宛勧修寺晴豊書状
43-17	(慶長4年) 3月8日	太田宗隆宛勧修寺晴豊書状
43-18	慶長4年3月14日	勧修寺晴豊宛後陽成天皇女房奉書
43-19	(慶長4年) 3月14日	宇喜多秀家宛勧修寺晴豊書状
43-20	(慶長4年) 5月10日	吉田兼見宛勧修寺晴豊奉書
43-21	(慶長4年) 5月26日	毛利輝元宛勧修寺晴豊書状
43-22	(慶長4年) 6月13日	安国寺恵瓊宛勧修寺晴豊書状

43-23	（慶長４年）６月14日	安国寺恵瓊宛勧修寺晴豊書状
43-24	（慶長４年）６月16日	前田玄以宛勧修寺晴豊書状
43-26	（慶長４年）８月14日	毛利輝元宛勧修寺晴豊書状
43-25	（慶長４年８月）	勾当内侍宛勧修寺晴豊消息
43-27	（慶長４年）10月７日	前田玄以宛勧修寺晴豊書状
43-28	（慶長４年）10月11日	毛利輝元宛勧修寺晴豊書状
43-29	（慶長４年）10月11日	前田玄以宛勧修寺晴豊書状
43-30	（慶長４年）10月21日	毛利輝元宛勧修寺晴豊書状
43-32	慶長４年12月26日	宮木次郎右衛門尉・富家源二郎宛勧修寺家雑掌書状案
43-33	（慶長４年）12月26日	宇喜多秀家宛勧修寺晴豊書状
43-34	（慶長４年）12月26日	上杉景勝宛勧修寺晴豊書状
43-35	（慶長４年）12月26日	日野輝資・高倉永孝宛勧修寺晴豊書状
43-36	（慶長４年）12月29日	毛利輝元宛勧修寺晴豊書状
43-31	（慶長５年カ）２月９日	井伊直政宛勧修寺晴豊書状
45-1	（慶長５年）２月６日	前田玄以宛勧修寺晴豊書状
45-2	（慶長５年）２月７日	前田玄以宛勧修寺晴豊書状
45-3	慶長５年２月17日	勧修寺晴豊宛後陽成天皇女房奉書
45-4	（慶長５年）２月17日	井伊直政宛勧修寺晴豊書状
45-5	（慶長５年）３月８日	国分寺宛下賜品目録
45-6	（慶長５年）３月10日	前田玄以宛勧修寺晴豊書状
45-7	（慶長５年）３月18日	前田玄以宛勧修寺晴豊書状
45-8	（慶長５年）４月11日	前田玄以宛勧修寺晴豊書状
45-9	（慶長５年）４月18日	前田玄以宛勧修寺晴豊書状
45-10	（慶長５年）４月16日	毛利輝元宛勧修寺晴豊書状
45-11	（慶長５年）４月17日	前田玄以宛勧修寺晴豊書状
45-12	（慶長５年）５月22日	毛利輝元宛勧修寺晴豊書状
45-13	（慶長５年）６月５日	前田玄以宛勧修寺晴豊書状
45-14	（慶長５年）６月８日	毛利輝元宛勧修寺晴豊書状
45-15	（慶長５年）６月８日	毛利輝元宛勧修寺晴豊書状
45-16	（慶長５年）６月15日	前田玄以宛勧修寺晴豊書状
45-17	（慶長５年）６月29日	井伊直政宛勧修寺晴豊書状
45-18	（慶長５年）６月29日	前田玄以宛勧修寺晴豊書状
45-20	（慶長５年）７月４日	毛利秀元宛勧修寺晴豊書状
45-19	（慶長５年）７月14日	前田玄以宛勧修寺晴豊書状

45-21	(慶長５年８月)	勾当内侍宛勧修寺晴豊消息
45-22	(慶長５年) ９月３日	前田玄以宛勧修寺晴豊書状
45-23	(慶長５年) ９月13日	毛利輝元宛勧修寺晴豊書状
45-24	(慶長５年) ９月13日	前田玄以宛勧修寺晴豊書状
45-25	(慶長５年) 10月26日	井伊直政宛勧修寺晴豊書状
45-26	(慶長５年) 12月13日	井伊直政宛勧修寺晴豊書状
46-１	(慶長６年) ６月16日	前田玄以宛勧修寺晴豊書状
46-２	(慶長６年) ７月26日	井伊直政宛勧修寺晴豊書状
46-３	(慶長６年) ８月朔日	前田玄以宛勧修寺晴豊書状
46-５	(慶長６年) ８月10日	毛利輝元宛勧修寺晴豊書状
46-６	(慶長６年) ８月11日	井伊直政宛勧修寺晴豊書状
46-７	(慶長６年) ８月21日	井伊直政宛勧修寺晴豊書状
46-４	(慶長６年８月)	勾当内侍勧修寺晴豊消息
46-８	(慶長７年カ) ５月24日	池田輝政宛勧修寺晴豊書状
46-９	(慶長７年カ) ５月24日	山岡景友宛勧修寺晴豊書状
34-８	年未詳８月14日	興願律師宛一遍書状

注．収録文書は、基本的に案文あるいは写なので、文書名には案・写等を省略した。

人名索引

※公家・武家については、姓名を本項目とし、日記中の表記は、日記にみえる表記を示したうえで→をもって見よ項目を記した。

例）光豊→勧修寺光豊、左兵衛佐→勧修寺光豊

※作成にあたって、姓は通用の読みに従ったが、名はすべて音読みとした。

あ行

会津中納言→上杉景勝
あいつの少将→蒲生氏郷
青山津のかミ（青山） 313, 314
安芸宰相→毛利輝元・毛利秀元
安芸侍従→毛利秀元
安芸中納言→毛利輝元
明智光秀（あけち、明知） 29, 40, 56, 57, 58, 59, 62
明知弥平二 62, 63
あこ 7, 22, 26, 49, 50, 51, 53
あこちゝ 5
浅野長吉（あさのたいしよう、たいしよう、あさのたい正、あさ野弾正、浅野弾正） 76, 77, 78, 80, 89, 132
浅野長吉室（浅野弾正女房） 110
足利義輝（光源院殿） 65
足利義昭（しやう山） 76
飛鳥井雅教（飛鳥井中納言） 278
飛鳥井雅継（飛鳥井父子、飛鳥井中将、飛鳥井） 31, 57, 89, 95, 100, 106, 112, 113, 115, 124, 129, 141, 166
飛鳥井雅春（飛鳥井父子、飛鳥井大納言、飛鳥井前大納言） 31, 32, 36, 57, 115, 124
飛鳥井雅敦（藤原雅敦、侍従、左近衛権少将） 174
阿せち・あせち 4, 20, 37, 86, 101, 103, 108, 134, 161
足立助左衛門 92
阿茶々・あちや〳〵→勧修寺晴子
穴山梅雪（あな山） 54, 55
阿野実時（休庵） 92, 144
安倍右京 341
あまこ 89
有馬則頼（有馬中せう） 134
粟屋 135
粟屋元隆（粟屋右京亮） 132, 133, 160
安国寺→恵瓊
あんせん殿 15
あんのていし 157
安楽光院 19, 37, 94, 99
井伊直政（井伊侍従、伊井侍従、左衛門少尉、修理大夫、藤原直政） 78, 130, 131, 308, 321, 328, 336, 342, 346, 349, 350, 352
怡雲宗悦（いうん、宗悦、怡雲） 31, 65, 295, 296, 297, 298, 299
家康侍従・家康お長侍従→徳川秀忠
家康中納言→徳川秀忠
家康長・家康御長、家康御長丸・家康長丸→徳川秀忠
池田輝政（いけた、池田侍従、播磨少将） 150, 166, 352
池田三丞 286
池田秀政（いけた子） 67
泉沢久秀（いつミさハかわち、いつミさわ） 77, 120, 128, 137, 302
和泉守→宇喜多直家
一寸ほうし女・一寸女 93
伊勢新房 227
伊勢貞助（伊勢加州、加州） 173
磯部宗色（いそへ） 147
一安→横浜良慶
一安兵部 344

一九郎　47
一条殿御女房衆　13
一条内基（一条、関白）　7, 13, 18, 30, 34, 56, 92, 125, 159
鴨脚　169
厳島神家　91
一身田門跡・一身田→尭真
五辻為仲（五辻、阿波守、治部卿）　4, 13, 30, 31, 41, 42, 53, 54, 65, 169, 180, 187, 239
五辻元仲（五辻父子、左馬助、左馬頭）　13, 16, 30, 31, 47, 53, 57, 59, 64, 65, 96, 97, 98, 99, 103, 131, 135, 155, 157, 161
一凍紹滴（紹滴）　298, 299
一遍　294
いつミさハかわち（泉沢河内）→泉沢久秀
因幡女　4
井家五郎　282, 285
井家豊家（井家、井家右衛門大夫、豊家）　82, 86, 90, 91, 93, 107, 128, 131, 136, 137, 156, 282, 283, 285, 286, 301, 320, 328
井上　29, 57
井上摂津守　330
伊原　93
井原元良（井原弾正、井原）　83
今西祐庭（中臣祐庭）　202
いよ殿（伊予殿）　67
入江殿→昌隆尼
院・院御所→正親町院・後陽成院
いんてつき　60
上延安（中臣延安）　203
上様・上→後陽成天皇
上杉景勝（上杉、上杉宰相、藤原景勝、豊臣景勝、侍従、左近衛権少将、上杉少将、上杉宰相、会津中納言）　76, 77, 119, 122, 123, 127, 129, 137, 167, 300, 301, 302, 303, 320, 337
上杉内記　109
上杉女房衆・上杉内義　93, 98, 118, 133, 163
上原定正　256
宇喜多秀家（宇田宰相、宇きたさいしよう、うきた、備前中納言、備州中納言）　80, 112, 123, 287, 325, 327, 331, 336
宇喜多直家（備前ウ喜多、宇喜多和泉守、なおいへ、和泉守）　29, 281, 282, 283, 284, 285
うきようのすけ　135
右近　22
右少史→中原康政
右少弁→勧修寺晴豊・万里小路充房
内山　217, 221
右中弁→勧修寺晴豊
右兵衛督・右兵衛督、卜部→吉田兼右
右馬　61
梅若大夫　87
芸斎（うんさい、芸斎）　38, 43, 44, 46, 53, 117
雲斎　101
永孝→高倉永孝
永祝上人　181
永徳→狩野永徳
栄任→亀屋栄任
恵瓊（安国寺）　128, 332, 333, 344
衛士　39
越中→袖岡景久
江戸之大納言→徳川家康
右衛門佐→富小路秀直・高倉永慶
円阿ミ　82, 102, 113
円海上人　176
円蔵坊　14
ゑんまん院（円満院）　15
御あい　131
尾池定政（お池）　147
応胤（座主宮）　199
応真（権大僧都、権大僧正）　189
大石　8
大石長弘　243
大炊御門経頼（大炊御門）　30, 31, 47
大江輝元→毛利輝元
大江房顕（左近将監、修理大夫）　177
大御乳人・大ちの人、大御ちの人・大御ち人→万里小路秀房女

大御ちの人 313
正親町院(院、院御所、両御所、御院) 75, 76, 78, 80, 82, 83, 84, 85, 86, 90, 95, 98, 99, 112, 114, 116, 117, 120, 122, 123, 125, 127, 129, 132, 137, 138, 140, 143, 144, 145, 147, 148, 149, 150, 152, 153, 155, 156, 158, 159, 302, 313, 314, 316, 317
正親町三条公仲(三条公仲、正親町三条、正親町三条中、藤原公仲) 135, 154, 156, 243
正親町実彦・季秀(正親町、正親町中納言、正親町季秀、正親町中将) 3, 38, 44, 57, 71, 239, 339
正親町天皇(禁裏、上、禁中) 6, 14, 26, 28, 29, 32, 38, 39, 40, 43, 47, 49, 51, 52, 54, 55, 58, 60, 61, 62, 66, 67, 70, 71, 253, 289, 290, 292
大典侍・大典侍局・大典殿・大すけ殿 →万里小路賢房女
大すけ→中山親綱女・親子
太田宗隆(太田飛騨守) 330
大つか 21
大友義鎮(源義鎮、左衛門督) 190
大友義統(大友右兵衛佐、大友) 26, 106, 107
大中臣慶忠→藤波慶忠
大中臣康忠→藤波康忠
多久益(つしま) 43
多久宗(かいのかミ) 43
多忠宗(さぬき、讃岐、舞人) 43
多忠雄(かうつけ) 43, 64
多忠煇 179
大政所→豊臣秀吉母
おかゝ 49, 52
御方御所→誠仁親王
岡貞通(岡越前守) 156
御上 21
おかめ 120
岡本 95, 156, 281, 282, 283, 285
岡本越中 83
岡本源四郎(源四郎) 135
小川坊城俊昌 325
小河弥二郎 39
おく 51
奥平家治(家康の甥) 120
おくま・御くま 49, 109
おさこ(お佐五) 51
小槻朝芳(官務、くわんむ、四位史) 43, 47, 149, 240, 259, 260, 261, 263, 265
御せん 131
おたか 49
織田信孝(三七郎、三七) 59, 61, 67
織田信忠(城介) 48, 54, 55, 56, 57
織田信長(信長、前右府、のふなか) 6, 7, 9, 10, 15, 16, 17, 20, 21, 33, 35, 36, 37, 39, 40, 41, 43, 48, 49, 51, 56, 59, 62, 65, 66, 67, 297, 299
織田信雄(ちやせん、おわりたいふ) 67, 99
落合 22
お長→徳川秀忠
をつき(於次)→豊臣秀勝
御局→勧修寺晴子
小野長 5
小野之武部 50
御ふく 53, 62, 88
御袋御方→豊臣秀頼母
御室御所→任助
御らん→森蘭
おわりたいふ(尾張内府)→織田信雄

か行

戒光院(かいかうゐん) 143
かうつけ 5
かうらいの関白 97
加賀 79
楽音院喝食・楽音院(泉涌寺) 23, 48
覚恕(曼殊院准后、竹門) 249, 271
楽人久氏 203
家康・いゑやす→徳川家康
葛西長弘(葛西) 341
花山院家雅(花山院中納言) 339
梶井御門跡→最胤

勧修寺尹豊（入道、入道殿、前内府） 4, 6, 9, 13, 14, 15, 16, 17, 18, 26, 30, 37, 39, 40, 47, 49, 50, 53, 54, 55, 58, 77, 83, 87, 88, 91, 94, 95, 99, 100, 101, 104, 109, 116, 126, 128, 134, 146, 156, 282, 290, 292, 299, 317, 320, 322
勧修寺光豊（光豊、左衛門佐、弁、宰相） 29, 38, 69, 70, 76, 78, 79, 80, 82, 83, 84, 86, 88, 90, 91, 93, 94, 99, 100, 101, 103, 104, 105, 108, 109, 110, 112, 118, 119, 125, 126, 128, 129, 130, 131, 133, 134, 135, 138, 141, 143, 144, 145, 146, 147, 148, 149, 150, 151, 156, 157, 160, 162, 163, 164, 165, 166, 298, 302, 313, 314, 317, 320, 321, 339, 350, 351
勧修寺晴子（阿茶々、御あちや〳〵、御あち〳〵、若局、若御局、御局、御つぼね、准后、しゆこう） 4, 26, 29, 32, 36, 41, 42, 47, 53, 57, 60, 65, 67, 69, 75, 77, 78, 79, 81, 84, 89, 91, 93, 95, 96, 97, 99, 100, 101, 102, 103, 104, 105, 107, 108, 109, 110, 112, 113, 117, 119, 123, 124, 125, 126, 129, 131, 132, 135, 136, 137, 140, 142, 143, 146, 152, 154, 156, 157, 158, 159, 160, 163, 164, 165, 290, 313, 317, 320, 321, 326, 329, 342, 346
勧修寺晴秀・晴右（勧修寺中納言、勧中） 214, 215, 217, 219, 220, 221, 222, 223, 224, 225, 226, 227, 228, 229, 230, 231, 232, 233, 236, 241, 242, 243, 244, 246, 248, 251, 254, 262, 263, 264, 272, 274, 275, 279
勧修寺晴豊（勧修寺中納言、余、予、我、勧中納言、権大納言、晴豊、儀同、晴雲院、蔵人右少弁藤原晴豊、右少弁、蔵人右少弁、蔵人左少弁藤原晴豊、左少弁、右中弁、蔵人右中弁藤原晴豊・蔵人右中弁、左中弁、中弁、蔵人頭左中弁、儀同） 3, 4, 5, 9, 11, 12, 13, 14, 15, 16, 17, 18, 19, 20, 21, 22, 26, 28, 29, 30, 31, 32, 33, 34, 35, 36, 37, 38, 39, 40, 41, 42, 43, 44, 46, 48, 49, 50, 51, 52, 53, 54, 55, 56, 57, 58, 59, 60, 61, 62, 63, 64, 65, 66, 67, 68, 69, 70, 71, 72, 73, 74, 75, 76, 78, 79, 80, 81, 83, 84, 85, 86, 87, 88, 89, 90, 91, 93, 94, 95, 96, 97, 99, 100, 101, 102, 103, 104, 105, 106, 107, 108, 110, 111, 112, 114, 115, 116, 118, 119, 120, 121, 122, 123, 124, 125, 126, 127, 128, 129, 130, 131, 132, 133, 135, 136, 137, 138, 139, 140, 141, 144, 145, 146, 147, 148, 151, 152, 153, 154, 156, 158, 159, 162, 163, 164, 165, 166, 168, 169, 170, 171, 172, 173, 174, 175, 176, 177, 178, 179, 180, 181, 182, 183, 184, 185, 186, 187, 188, 189, 190, 191, 192, 193, 194, 195, 196, 197, 198, 199, 200, 201, 202, 203, 204, 205, 206, 207, 208, 209, 210, 211, 212, 213, 214, 215, 216, 217, 218, 219, 220, 221, 222, 223, 224, 225, 226, 227, 228, 229, 230, 231, 232, 233, 234, 235, 236, 237, 238, 239, 240, 241, 242, 243, 244, 245, 246, 247, 248, 249, 250, 251, 252, 253, 254, 255, 256, 257, 258, 259, 260, 261, 262, 263, 264, 265, 267, 269, 270, 271, 272, 273, 274, 275, 276, 279, 280, 282, 284, 285, 286, 287, 288, 289, 290, 291, 292, 293, 296, 297, 298, 299, 301, 302, 308, 311, 312, 313, 314, 315, 316, 317, 318, 319, 320, 321, 326, 327, 328, 329, 330, 331, 332, 333, 334, 335, 336, 337, 338, 339, 340, 341, 342, 343, 346, 347, 350, 351, 352, 353
勧修寺晴豊室（女房衆、北向、北むき） 12, 26, 36, 40, 47, 49, 50, 53, 54, 63, 79, 83, 84, 91, 93, 94, 95, 96, 100, 104, 109, 110, 125, 130, 131, 133, 134, 135, 141, 159, 163, 164, 313
片岡三河 164
堅田元慶（片田） 82
賀田隆元（治部少丞、治部大輔） 220
かてのこう寺（勘解由小路） 9, 15
賀藤左渡 79
加藤清正（賀藤かずへ） 159

かないへ　21
かなへと十良左衛門　23
狩野永徳(永徳、ゑいとく)　99, 100, 107
狩野光信　100
釜人(経師)　4
上坊(愛宕)　99
かめ・亀(内侍所)　41, 42, 53
鴨伊吉(出雲守)　200
蒲生氏郷(あいつの少将)　166
賀茂神主　4
賀茂在昌(在政)　35
鴨前社務　20
鴨社務　3, 20
鴨秀延(鴨)　5
賀茂重興　206
賀茂重能　206
賀茂常顕(豊後守)　249
鴨大夫　49
鴨祝　9, 88
鴨祐清　213
烏丸光広(烏弁、烏丸弁)　314, 339
烏丸光宣(からす丸、烏丸、烏丸大、蔵人右中弁、日野大納言)　38, 58, 65, 81, 89, 90, 93, 96, 107, 115, 116, 129, 149, 154, 156, 166, 238, 348
からす丸　147
かわい　134
河勝左近・川勝左近　57, 134
川勝左馬助　134
川勝与兵へ　131, 134
河くほ　53
河島小次郎　8
河端通次(河端、河端佐渡)　54, 57, 58, 86
寛欽(勧修寺宮)　198
勧修寺宮→寛欽
勧中→勧修寺晴秀・晴右
勧中納言→勧修寺晴豊
観音寺　16
関白→二条昭実・豊臣秀吉、豊臣秀次
官務・くわんむ→小槻朝芳
鑑誉上人　207
甘露寺経遠(甘露寺父子、甘露寺権弁、甘露寺、甘露、甘露寺弁)　29, 83, 84, 86, 91, 95, 100, 115, 119, 125, 130, 141, 154, 156, 162, 319, 320
甘露寺経元(甘露寺、甘、甘露寺大納言)　4, 5, 6, 7, 9, 17, 18, 19, 21, 28, 29, 32, 34, 36, 40, 43, 44, 47, 49, 50, 55, 56, 65, 66, 78, 79, 83, 184, 271, 303, 306, 307
甘露寺家雑掌元次　310
義演(三宝院)　125, 154
菊亭季持(菊亭中納言)　112, 119, 121, 149, 161
菊亭家雑掌光渕　309
菊亭晴季(菊亭、前内府、菊亭右大臣、菊、左大将)　38, 76, 78, 80, 83, 85, 89, 95, 96, 99, 100, 103, 104, 105, 106, 107, 110, 111, 112, 113, 114, 116, 118, 119, 121, 122, 123, 125, 126, 136, 138, 150, 154, 155, 156, 157, 158, 159, 161, 163, 164, 165, 166, 243, 305, 317, 321, 339
輝元→毛利輝元
貴彦　265
義俊(大覚寺准后)　189, 190, 191, 198
北方・北御方→光佐室
北小路俊孝(北小路刑部少輔)　82
北政所→豊臣秀吉室
北畠具教(北畠中納言)　244
北畠中将　244
北向・北むき・きたむき→勧修寺晴豊室
吉川広家(吉川、吉川侍従)　79, 146, 163, 164, 316, 317
儀同→勧修寺晴豊
木下勝俊(大蔵)　106
木村　107, 113
きやと　91, 92
休庵→阿野実時
久衛門(ミまさか・美作)　102
久脩→土御門久脩
久夢　76
尭運法印(権大僧正)　217
尭応権律師(権少僧都)　227
尭慧法印(権僧正)　175
京極高次(京極)　106

尭助(理性院) 69, 116
行照和尚 204
尭真(一身田門跡、一身田、専修寺)
26, 39, 82, 129
行村院 225
教如光寿(門跡父子、本願寺新門、本願寺新門主、新門、中島之新門、本願寺門跡隠居) 60, 61, 80, 81, 163
尭範権大僧都(法印) 201
玉仲宗琇(宗琇) 280
清原国賢(少納言) 66
清原隆房(左京亮、神祇権副) 219, 220
きんこ(金吾)→豊臣秀俊
金六 147
空済上人 217
空性(二宮、大かく寺殿、大覚寺殿)
15, 57, 93, 114, 129, 141, 343
空也上人 293
九条兼孝(九てう、九条、左大将)
56, 79, 125, 159, 300
九条忠栄・幸家(九条殿若公) 79, 125
楠長諳(長庵) 52
口羽春良(口羽) 82, 87
宮内法印→松井友閑
内蔵頭→山科言経
倉光主水佑 309, 310, 311
くるす左近 141
蔵人右少弁藤原晴豊→勧修寺晴豊
蔵人右中弁藤原晴豊・蔵人右中弁
→勧修寺晴豊
蔵人右中弁→烏丸光宣
蔵人権弁 239
蔵人左少弁 239
蔵人左少弁藤原晴豊→勧修寺晴豊
蔵人式部大丞→薄以継
蔵人中務丞 172, 183
蔵人頭左中弁→勧修寺晴豊
くわとの衆 16
くわんとう屋 159
慶岳上人 250
慶秀上人 253
景勝→上杉景勝
恵仙尼(大聖寺殿、大聖殿)
4, 15, 18, 19, 48
慶忠→藤波慶忠
慶友法眼 344
慶誉上人 216
外記→中原師廉・中原師生
けゆう 108, 109
幻庵老→毛利輝元
玄以・玄以法印→前田玄以
玄廓和尚(明堂仏燈禅師) 274
遣迎院(遣迎院、けんかうゐん)
4, 6, 9, 13, 22, 60, 77, 134, 142
けんさく(玄朔)→曲直瀬正紹
玄淴和尚 217
賢勝権律師(権少僧都) 170
源四郎→岡本源四郎
堅深権少僧都(権大僧都) 221
玄世 43
源中→庭田重保
源内 42
顕如光佐(本願寺、門跡、本願寺門主、本願寺門跡) 30, 32, 33, 36, 60, 76, 80, 81, 84, 85, 89, 92, 93, 94, 101, 128
顕如光佐室(北御方、北方、北ノ方、本願寺北方) 33, 37, 39, 60, 80, 83, 89, 92
玄蕃(けんは) 117
玄良権律師(権少僧都) 215
小あこ若狭 4
光永権僧正(権大僧正) 225
興願律師 294
興旭上人 232
光源院殿→足利義輝
江州中納言→豊臣秀次
興正寺・興門→佐超
興禅寺 187
皇太后宮→万里小路栄子
杲朝権少僧都(権大僧都) 223
勾当内侍→高倉永相女・薄好子
勾当内侍 321, 333, 347, 351
光豊→勧修寺光豊
香丸 163
興門→佐超

高野の上人・高野上人・高野木飲→木食応其
光雄上人 185
高麗の関白(かうらいの関白) 97
高麗の主(かうらいの主) 159
光林慶本和尚 175
悟雲和尚 194
久我季通・敦通(久我大納言・久我、久) 30, 31, 76, 89, 104, 105, 110, 111, 114, 122, 123, 156, 158, 159, 161, 317, 339
国司元相(国司右京) 82, 89
国勝権律師(権少僧都) 170
国分寺 342
古渓宗陳(こけい、古渓、宗陳) 65, 67, 70, 157, 279, 296, 297, 299
小島弥兵衛 6
五条為経(大内記) 319, 339
五条為康(菅中納言) 175
五条為良(五条、大内記) 31, 36, 66, 149, 151, 318, 319, 339
後白川院 134, 138
こつらこのしちろう 100
近衛信基・信輔(近衛殿大納言、近衛殿内府、近衛殿左大臣) 26, 40, 41, 47, 58, 61, 70, 74, 81, 82, 136, 137, 151, 159
近衛前久(近衛殿、近衛殿入道、れう山、龍山) 5, 7, 17, 20, 29, 35, 40, 53, 59, 60, 311, 312
近衛前子(女御) 75, 78, 83, 87, 112, 135, 156, 158, 159, 313, 317
近衛殿御ふくろ 8, 34, 39, 44, 54
近衛殿女房衆 72
小西立佐(小西立左) 112
五宮・五の宮→道勝
小早川隆景(小早川、藤原隆景) 79, 272, 316, 317
こほ 61
後陽成天皇(禁裏、上、禁中) 75, 78, 81, 82, 87, 90, 91, 95, 98, 99, 101, 103, 104, 112, 117, 118, 122, 123, 124, 125, 126, 127, 128, 129, 132, 133, 136, 137, 140, 142, 143, 144, 145, 146, 147, 148, 149, 150, 152, 155, 156, 158, 159, 162, 163, 302, 313, 314, 316, 317, 320, 324, 327, 329, 334, 337, 342, 345, 349
御霊別当法印・御霊別当・五りやう別当・こりやう別当 99, 110, 127, 132, 159
権少外記→中原康政

さ行

さい(内侍所) 89
宰相→徳川秀忠
最胤(かち井門跡、梶井御門跡) 154, 292
西園寺公朝(左大臣) 229, 230
西園寺実益(藤原実益、西園寺右大将) 233, 273, 314, 339
西教寺 103
西教寺上人(西きよ寺上人) 104
祭主・さいしゆ→藤波慶忠
さいしやう 134
西大寺 107
斎藤利三(斎藤蔵助) 59
さい法印 69
さうさき左近 63
佐伯盛英(宮内少輔、大膳大夫) 182
佐伯盛次(民部少輔) 182, 184
佐伯忠清 178
左衛門かう 81
左衛門佐→勧修寺光豊・富小路秀直
左衛門佐内儀→富小路秀直室
さかい大くら 15
榊原康政(さかき原式部少輔、榊原式部大夫) 136, 314
前右府→織田信長
前内府→勧修寺尹豊・菊亭晴季
さくのあふみ 63
佐久間信盛(さくま) 10
桜井家一(桜井和泉) 86
左少弁→勧修寺晴豊・勧修寺光豊
座主宮→応胤
佐世元嘉(させ) 108
左大将→菊亭晴季・二条昭実
左大臣→西園寺公朝
佐竹義宣(佐武) 122

左中弁→勧修寺晴豊
佐超(興正寺、興門)
33, 44, 60, 80, 116, 128
里見義康(里み) 137
里村昌叱(しやうしつ) 91
里村紹巴(せうは、紹巴) 74, 91
さぬき 5, 21, 26, 43
左兵衛佐→吉田兼治
左馬頭→五辻元仲
左馬助→土御門久脩
左馬佐 129, 131
三条 115, 131
三条公広(三条、てんほうりん) 92, 95, 99, 100, 101, 119, 124, 125, 126
三条実綱(てんぽうりん) 12, 14, 19
三条殿御ふく 88
三条西公国(中納言、三条大納言) 14, 32
三条西公明(藤原公明) 233, 236
三条西実枝(三条大納言) 13, 14
三条西実条(西三条、称名院)
92, 186, 187
三大郎 88, 90
三宮→良恕
三宝院→義演
四位史→小槻朝芳
始翁上人 246
重みちのあそん→庭田重通
宍戸隆家(しゝと、しゝ戸) 79, 82
侍従殿→豊臣秀保
四条隆憲(四条侍従) 79
四条隆昌(四条六位) 125
治大夫 8
しなのゝせんかうし女はう上人(信濃善光寺女房上人) 160
信濃兵部 47
柴山しゆり 117
治部卿→五辻為仲
治部大夫 7, 8, 16
治部大輔(春日社) 331
渋谷与吉郎(しふや大夫) 71
島津義弘(島津) 316
持明院基孝(持明院、持明院中納言) 9, 13, 15, 16, 18, 31, 41, 48, 53, 55, 65, 79, 100, 101, 102, 213
下野守→松平忠吉
下間仲孝(下間少進、少しん、少進、少進法印) 30, 32, 33, 81, 93, 106
下間や玄物 91
下冷泉為勝(藤原為勝、少将、左近衛権少将) 234, 237, 273
しやうけんのちやうろう 17
聖護院(しやうこいん) 30
しやくせん院・しやくせんゐん・しやくせん→尊雅
守□禅室 207
十阿弥 7
秀康→結城秀康
秀次→豊臣秀次
周養上人 260
准后・しゆこう→勧修寺晴子
春屋宗園(宗園、しゆんおく)
295, 298, 299
舜恵禅室 194
しゆんせう(安楽光院) 37
舜聡大法師(権律師) 227
舜甫明韶(来迎院)
50, 87, 98, 102, 107, 115, 118, 144
常胤(妙法院殿) 30, 88, 134, 138
勝右衛門尉→松田政行
しやうゑもん 164
承快(若宮、二宮) 134, 138
乗海権少僧都(権大僧都) 206
浄花院 14
正かく院 164
菖休上人 210
照饗上人 175
紹董→督宗紹董
昭玄(興正寺) 346
聖護院・聖護院殿・しやうこんゐん・しやうこ院→道澄
しやう山(昌山)→足利義昭
しやうしつ(昌叱)→里村昌叱
正什和尚(明徳正什禅師) 169
承舜大法師(法橋) 201

上乗院→道順
少しん・少進→下間仲孝
祥真和尚 271
城介→織田信忠
昭世(日代) 36
浄泉(法橋) 251
紹智上人 176
少納言→清原国賢
正法寺 13, 77
称名院→三条西実条
聖門→道勝
勝門→松田政行
松誉上人 218
上らく寺中老 48
昌隆尼(入江殿) 34, 72
笑嶺宗訴(宗訴) 277, 278
青蓮院・しやうれん院→尊朝
上臈御局・上臈の局・上ろう(花山院家輔養女)
35, 41, 47, 50, 51, 52, 56, 65, 67, 313
如雪(法眼、法印) 309
女中 15
白川雅朝(伯、白川侍従、雅英王) 7, 13, 16, 18, 19, 20, 28, 29, 30, 34, 37, 41, 44, 53, 54, 61, 64, 81, 82, 84, 88, 89, 91, 92, 96, 97, 98, 99, 100, 101, 102, 103, 107, 111, 113, 114, 115, 116, 118, 129, 134, 135, 141, 144, 155, 157, 161, 196, 197, 242
白関 42
白屋 19
深安上人 208
深応法印(権僧正) 225
新大典・新大典侍局→万里小路房子
神光・神光院 8, 21
甚七郎 7
真秀権律師(権少僧都) 174
甚十郎 10
任助(御室御所、仁和寺宮) 33, 199
新すけ殿→冷泉為益女
深忠権律師(権少僧都) 214
信長・のふなか→織田信長
新藤(進藤) 8
進藤久衛門 341
新宮→道勝
仁瑜権大僧都(法印) 191
瑞昌法眼(法印) 226
出納職清(出納、出納豊後) 101, 102
周防国分寺 330
薄以継(蔵人式部大丞 240
薄好子(勾当内侍) 207
薄諸光(薄) 17, 31, 40, 57
鈴木孫一(孫一) 36
すミくら(角倉) 39
せい 9
せいあん 22
蜻庵・せい庵・せいあん→尊悟
晴雲院→勧修寺晴豊
誓願寺(せいくわん寺) 39, 132, 139, 144
誓願寺之木食 87
聖秀(曇花院、とうけゐん、とんけい、とうけんいん) 7, 43, 62, 95, 108
せい春院 21
清順上人(伊勢上人、慶光院) 40, 260
誠仁親王(御方御所、親王御方、下ノ御所、二条之御所、二条、陽光院) 4, 5, 8, 14, 15, 16, 17, 18, 19, 20, 21, 25, 26, 28, 29, 31, 32, 35, 36, 39, 40, 41, 44, 46, 47, 49, 50, 51, 55, 57, 58, 59, 60, 61, 70, 71, 74, 144, 154, 281, 290, 291, 292, 293, 312
西須上人 176
西なん院(西南院) 8
性弁権大僧正(法印) 228
晴豊→勧修寺晴豊
せいほういん・せい法印・盛法院→吉田浄慶
清和院 9
せうせき 94
せうせんゐん 143
せうは・紹巴→里村紹巴
せうゆゐん 7
せた 22
設叟和尚 221

仙(大工) 145
せんし 49
善七 19
善七郎 14
専修寺 329
禅重大法師(権律師) 191
全宗(薬院) 76, 78, 80, 101, 102, 105, 107, 114, 149, 150, 156
泉涌寺 19, 30, 61, 62, 89, 100, 163, 165, 216, 268
千少庵(少庵) 76, 82, 84, 115, 118, 123
千利休(宗易、利休) 136, 137
先甫宗賢(先甫、宗賢) 296, 297
仙丸(経師) 4
せんや 4
千屋おやこ 134
然誉上人 227
千若 62
宗易利休→千利休
宗悦→怡雲宗悦
宗越 13, 16
宗園→春屋宗園
宗義智(つしまのやかた) 112
宗賢→先甫宗賢
宗琇→玉仲宗琇
宗順→和渓宗順
宗乗 313
僧都 20
そうせき 103
宗然権少僧都(権大僧都) 221
宗訢→笑嶺宗訢
宗陳→古渓宗陳
増鎮(にやくわう寺) 141, 164
宗哲→明叔宗哲
宗紋→竹澗宗紋
そち 252
帥局・そち殿・帥殿(葉室頼房女) 75, 78, 84, 104, 110, 113, 137, 313
袖岡景久(袖岡、袖岡越中守、越中) 36, 56, 61, 67, 82, 89, 328, 332
袖岡彦七 91
園基任(その侍従、園) 79, 102
尊雅(しやくせん院、積善院) 4, 20, 89, 116, 135, 137, 141, 143
尊悟(せいあん、蜻庵) 17, 18, 39, 46, 54, 60, 64, 95, 97, 99, 101, 111, 116, 125
尊信(大覚寺殿) 22, 40
尊勢(一乗院) 133
そんち殿 72
尊朝(青蓮院、しやうれん院) 56, 116, 119, 129, 154

た行

他阿上人→普光
たいあミ 108
たいあミ子 107
大覚寺准后→義俊
大覚寺殿→尊信
大かく寺殿→空性
大教院・大けふ院 87, 93
大外記→中原師廉
大閤→豊臣秀吉
たいしよう→浅野長吉
大聖寺→恵仙尼
大聖寺 193
大織冠(たいせうくわん) 119
大せのすけ 15
太素宗謁(太素) 296
大藤 46
大東大夫 129
大徳寺 3, 18, 31, 165, 166
大徳寺うんしか 42
大徳寺和尚 43
大徳寺長老(ちやうろう) 18, 31
大徳西堂(大徳せいとう) 160
大内記 →五条為良・東坊城盛長・五条為経
大納言→勧修寺晴豊
大納言 342
大納言法印 198, 199
大仏師・大仏師法印 289, 293
大仏本願上人→木食応其
高岡 110
高岡出雲守 127, 130

高倉永孝(藤中納言父子、藤右衛門督、高倉右衛門督、藤右すけ、藤宰相、藤侍従、永孝、藤ゑもんのかミ)　8, 28, 37, 59, 76, 78, 81, 82, 88, 89, 90, 91, 96, 97, 102, 103, 106, 110, 112, 116, 134, 136, 137, 138, 146, 156, 166, 239, 311, 312, 337, 339
高倉永相(藤中納言父子、藤中納言、藤中)　8, 20, 28, 31, 34, 35, 36, 41, 43, 44, 48, 57, 71
高倉永相女(長橋殿・長橋局、勾当内侍)　30, 31, 32, 41, 42, 58, 67, 73, 297
高倉範国(藤原範国)　244
鷹司信房(たかつかさ殿、高司、たか司)　101, 114, 125
たかの出雲　115
高橋　89
高橋(経師)　4, 21, 23, 39
高橋(包丁)　35
高橋若狭(包丁)　40, 44
瀧川一益(瀧川)　14, 15
竹内長治(竹内、源長治)　31, 225
竹内殿(曼殊院)　13, 17, 36, 38, 49, 55
竹内殿・竹内御門跡→良恕
竹田定加(竹田法印)　65
武田信玄(武田入道)　250
武田信勝(武田大郎)　43
武田信豊(武田典厩馬頭)　43
武田勝頼(武田四郎)　41, 43
竹村　9, 16, 48, 105
竹村兵部　314
立花かつしとくうん　63
立花宗茂(立花)　316
辰市祐金(中臣祐金)　202
伊達政宗(たて、伊達)　132, 133, 134, 138
立入　6
立入宗継(立佐、立入立佐)　36, 60, 107
立入入道　51
立入卜斎　38
棚守左近衛将監　329
棚守左近大夫　108
大夫　4, 5, 6, 21, 85
大夫史　172, 184
多羅尾玄蕃(多羅尾けんは、多羅尾玄蕃)　84, 85, 86, 91
丹後守・丹後→人見丹後守
たんは(丹波)の女房衆　7
丹波頼慶(備後守)　192, 212
竹音院　13
竹澗宗紋(当住、竹澗)　65, 295, 296
筑後国専修寺　203
竹御門跡→良恕
竹門→良恕、覚恕
竹門→竹内殿
ちこ　141
千坂景親(千坂、ちさか)　76, 77, 99, 120, 127, 128, 129
智仁親王(若宮御方、八条殿、六宮)　13, 78, 85, 86, 105, 107, 119, 123, 124, 125, 126, 128, 138, 140, 159, 348
ちそう院・チサウイン(高尾)　22, 24
ちやうけん院　107
ちやせん(茶筅)→織田信雄
茶屋四郎衛門　157
茶屋の四郎二郎・茶屋四郎次郎→中島清延
中弁→勧修寺晴豊
長庵→楠長諳
長円上人　218
長海　267
ちやうしゆゐん　4
長福寺(ちやうふく寺、ちやふく寺)　94
長丸→徳川秀忠
珍昭大法師(権律師)　201
通仙→半井光成
つしま(対馬楽人)→多久益カ
対馬三丞　283
対馬治部丞・治部　283, 285
つしまのやかた(対馬の屋形)→宗義智
土御門久脩(治部大夫、左馬助、土御門左馬助、久脩)　15, 18, 19, 35, 38, 46, 47, 53, 54, 92, 97, 102, 130, 133, 134, 135, 141
土御門有脩(土御門三位)　159

つね川・恒川 22, 42
局 79
鶴松(若公) 76, 78, 114, 123, 142, 144, 147
貞久(勧修寺家雑掌) 152
貞幸(外宮八祢宜) 265
定者権律師(権少僧都) 228
定盛(権大僧都、法印) 220
定宥権少僧都(権大僧都) 180
寺家 89
寺内内匠(寺内たくミ) 37
寺内若狭(寺内わかさ) 32, 33
典厩 43
天徳寺→宝衍
天徳寺当住 77
てんほうりん(転法輪)
→三条実綱・三条公広
てんほうりん御ふく 99
典薬頭・典薬 4, 10, 11, 87, 286
藤右衛門督・藤右衛門佐・藤右
→高倉永孝
藤吉郎→豊臣秀吉
道玉上人 203, 204
洞賢上人 254
藤玄入道 61
藤宰相→高倉永孝
道三→曲直瀬正盛・曲直瀬玄朔
藤侍従→高倉永孝
道順(上乗院) 9, 18, 19, 55, 65, 116, 143
道勝(五宮、五の宮、新宮、聖護院殿新宮、しやうこうゐん) 15, 37, 42, 57, 93, 98, 115, 117, 127, 130, 141, 158
督宗紹董(督宗上人、紹董)
202, 208, 277, 278, 280
藤中納言→高倉永相
道澄(聖護院殿、しやうこ院との、聖護院、聖門) 31, 79, 89, 92, 106, 112, 125, 127, 129, 135, 137, 138, 143, 146, 155
頭中将 33
頭中将→中山慶親・庭田重通
頭中弁 33
頭弁
→万里小路充房、葉室頼宣・日野資勝
道柳→柳原淳孝
徳川家康(徳河、家康、いゑやす、江戸之大納言、徳川参河守、侍従、右近衛権少将、左近衛権中将、参議、内大臣、内府) 54, 55, 77, 78, 79, 91, 100, 120, 130, 131, 132, 133, 134, 135, 152, 157, 166, 252, 304, 305, 306, 307, 309, 310, 311, 312, 313, 314, 315, 320, 321, 333, 336, 341, 343, 344
徳川秀忠(家康子長、お長、家康長、家康侍従、長丸、御長丸、家康御長丸、家康子お長、宰相、江戸中納言、徳川宰相、徳川中納言、家康中納言) 76, 120, 123, 130, 132, 142, 144, 147, 158, 159, 313, 314, 320, 321
徳善院→前田玄以
徳大寺公維(徳大寺、左大将、侍従、権中納言) 4, 5, 192, 302
徳大寺実満(藤原実満) 274
とち 41
土橋平次(土橋) 36
富小路秀直(極﨟、右衛門佐)
28, 31, 34, 64, 82, 98, 348
富小路種直(藤原種直、中務少丞)
170, 224
富永山城守 209
豊臣景勝→上杉景勝
豊臣秀吉(藤吉郎、羽柴、羽柴筑前、関白、殿下、大閤) 59, 63, 65, 66, 67, 74, 75, 76, 77, 78, 80, 81, 83, 86, 89, 90, 95, 96, 102, 103, 104, 105, 106, 110, 111, 112, 114, 115, 119, 122, 123, 124, 127, 128, 132, 133, 137, 142, 144, 147, 148, 153, 154, 155, 156, 158, 159, 160, 166, 314, 317, 320, 321, 337, 339
豊臣秀吉室(政所・北政所) 124, 142, 166
豊臣秀吉母(大政所)
86, 87, 88, 110, 114, 115, 154, 155
豊臣秀次(中納言孫七郎、秀次、江州中納言、大納言、内府、関白)
86, 87, 88, 148, 149, 150, 153, 164, 166
豊臣秀俊(金吾) 123, 150

豊臣秀勝（をつき、こきち、たんば之中納言、丹波中納言） 67, 150, 155, 159
豊臣秀長（大和大納言、和州大納言） 84, 86, 101, 102, 110, 111, 112, 117
豊臣秀保（侍従殿、大和侍従、和祐宰相） 117, 123, 150
豊臣秀頼母（御袋御方） 342
虎屋弥九郎 341

な行

内記・内き 29, 83, 91, 104, 320
内儀→勧修寺晴豊室
内少 43
内親王御方 67
内府→徳川家康、鷹司信尚
なおいへ→宇喜多直家
直江兼続（なお江、なをへ、なを江山城、直江山城） 76, 120, 127, 128, 301, 302
長岡右門佐 141
長岡久衛門 141
長岡好重（長岡平小） 143
長岡権佐 48
長岡兵部大夫→細川藤孝
中島清延（ちや屋の四郎二郎、茶屋の四郎二郎、茶屋四郎次郎） 77, 79, 120, 131, 132, 133, 135, 152, 313, 314
中島之新門→教如光寿
中務大夫 5
中臣延安→上延安
中臣祐金→辰市祐金
中臣延時 202
中臣祐庭→今西祐庭
中臣祐父→東池井祐父
中院通勝（中院、源通勝） 16, 18, 20, 234, 237, 348
中坊秀祐（中坊） 100
長橋・長橋局・なかハし→高倉永相女
長橋・長橋局・長橋御局 75, 102, 104, 126, 130, 136, 158, 163, 165, 278, 313
中原康政（権少外記、右少史） 205
中原師廉（外記、大外記） 13, 15, 53, 66, 88, 149, 168, 171, 189, 191, 240
中原師生（大外記） 339
中御門 191
中御門宣教（左衛門佐） 177, 178
中御門宣光・宣衡・資胤（中御、中御門左少弁、中御門弁、中御門、中御門頭弁） 19, 43, 44, 57, 69, 79, 81, 84, 88, 89, 90, 93, 94, 99, 100, 101, 103, 110, 111, 115, 124, 139, 149, 155, 157, 159, 298, 308, 339
中村又右衛門尉 287
中山慶親（中山父子、中山御方、頭中将、頭中将慶親、中山弁、中山宰相） 28, 31, 44, 47, 57, 66, 97, 112, 128, 155, 307, 308, 315
中山孝親（中山大納言、中山大） 168, 169, 170, 173, 174, 177, 178, 179, 180, 181, 182, 184, 189, 190, 191, 192, 193, 194, 195, 196
中山親綱（中山、中山宰相、中山中納言、中山大納言、中山大） 4, 7, 9, 13, 15, 16, 18, 20, 28, 29, 30, 31, 32, 33, 35, 36, 38, 40, 41, 43, 44, 46, 47, 48, 49, 50, 53, 54, 60, 61, 65, 66, 67, 70, 76, 78, 80, 81, 85, 86, 88, 89, 90, 91, 94, 95, 96, 97, 98, 99, 100, 101, 102, 103, 104, 105, 106, 107, 110, 111, 112, 114, 116, 118, 119, 122, 123, 124, 125, 126, 127, 136, 138, 145, 146, 154, 156, 158, 159, 163, 164, 165, 166, 305, 317, 321
中山親子（中山親綱女、大すけ殿） 134, 313
中山頭中将雑掌親次 311
半井光成（驢庵、驢庵法印、通仙） 13, 14, 15, 18, 22, 40, 44, 54, 58, 82, 87, 88, 99, 117, 141, 145
半井成信（半井父子） 18, 54
成水 51
成瀬国次（なるせ伊加） 120
南英宗頓（南英和尚） 277, 279
南化玄興（南化和尚） 255
なんこウ 4
なんしゆ（経師） 4, 21

二位殿御局 132
西三条→三条西実条
西殿 173, 175
西洞院時慶(西洞院、にしのとうゐん) 31, 88, 94, 106
西坊 179
西坊(仏光寺) 100
二条昭実(二条殿御方、二条殿、関白、左大将) 3, 17, 29, 56, 64, 70, 79, 95, 98, 101, 115, 125, 159, 305
二条晴良(二条殿) 3, 14, 17, 18, 20
二尊の長らう 157
日乗上人 253
二宮→空性・承快
若王子僧正→増鎮
入道殿・入道→勧修寺尹豊
女房衆・女ほう衆・女房→勧修寺晴豊室
女はう大夫 158
女御→近衛前子
庭田 36, 37, 47, 50, 92, 93
庭田家雑掌通氏 309
庭田重通(庭田御方、源中納言、権中納言、重みちあそん、頭中将、源重通) 3, 4, 15, 18, 20, 30, 31, 44, 48, 67, 68, 102, 128, 207, 238, 304, 305, 308
庭田重通女(庭田源中納言むすめ) 157
庭田重定(源少将) 163
庭田重保(庭田、源大納言、庭田大納言、庭田大、源中納言、源中、庭中) 3, 4, 7, 8, 9, 13, 14, 15, 17, 18, 19, 20, 33, 43, 44, 46, 48, 49, 54, 57, 59, 60, 61, 65, 68, 81, 101, 102, 116, 200, 201, 202, 205, 206, 209, 210, 215, 258, 259, 302, 304, 306
仁和寺・仁和寺宮→任助
念誉上人 203
能重(能重、のうせう) 6, 17, 36
野々口五兵衛 112, 130
野々村三十郎 36

は行

梅軒(宗匂) 90, 104, 147
ハイヤ(飛鳥井町) 14
伯→白川雅朝
はくやかい 157
羽柴・羽柴筑前→豊臣秀吉
羽柴藤五郎→長谷川秀一
長谷川宗二 112
長谷川秀一(藤五郎) 112, 113, 129
長谷川等伯(はせ川) 99, 100
秦相光→松尾相光
八条殿→智仁親王
八屋 7
はちや 54
はつとり五右衛門 60
葉室御局→めヽすけ殿
葉室長教(藤原長教、兵部権少補) 246, 247
葉室頼宣(葉室、葉室右大弁、頭弁、葉室弁、葉室頭大弁) 4, 5, 43, 44, 118, 119, 124, 125, 131, 138, 149, 162, 298
葉室頼房(藤原朝臣頼) 274
林元善(林志摩守) 345
林就長(林肥前守、林肥前、林ひせん、林) 82, 87, 104, 109, 119, 147
林利元(りけん) 134
速水武益(藤原武益) 243
速水有益(早水あき) 54, 86, 128
速水友益(早水左衛門大夫) 86
原源兵 97
播磨少将→池田輝政
半左衛門 82
はんせつ 18
はんとり六兵衛(六兵衛) 36, 37
東池井祐父(中臣祐父) 203
東坊城盛長(坊城、大内記) 13, 14, 31, 36, 44, 53, 54, 58, 95, 98, 100, 107, 161, 239, 275
ひこ七 92
備前(ひせん、経師) 13, 67
備前宰相→宇喜多秀家
備前中納言→宇喜多秀家
人見 320
人見出雲守 163

人見丹後守（丹後守、丹後、人見）
14, 15, 19, 22, 26, 29, 34, 61
日野一位→柳原資定
日野輝資（日野、日野大納言、日野大、日野新大納言、輝資、日野前大納言、唯心軒、唯心、日野入道） 76, 78, 79, 81, 82, 84, 88, 89, 90, 94, 96, 98, 102, 103, 105, 106, 110, 111, 112, 113, 114, 118, 125, 126, 132, 136, 146, 156, 158, 162, 166, 337, 339, 343
ひの口 84
日野資勝（日野弁、頭弁）
79, 90, 124, 149, 156, 339
日野大納言→烏丸光宣
ひめ宮 30, 37, 42, 57, 87
ひやうとんのちょうろう 34
兵へのかミ 61
兵部大輔 176
日吉大夫（日吉） 84, 85
平井主水（主水） 60
平松資澄（藤原資澄、侍従、左近衛権少将） 193
広橋兼勝（広橋、広、広橋中納言、広橋中、広橋大納言、兼勝、広大、広） 26, 31, 35, 37, 38, 44, 47, 54, 59, 65, 89, 95, 100, 102, 111, 113, 114, 115, 116, 130, 149, 156, 166, 339
福寿院（ふくしゆ院） 144
福原広俊（福原、ふく原、福原式部少輔）
78, 81, 87, 108, 334, 335
ふく山い介 16
富家源二郎 336
普光（遊行、遊行上人、他阿上人）
289, 290, 291, 292, 293
ふさ 53
藤田泉 54
藤波慶忠（祭主、さいしゆ、大中臣慶忠、慶忠、神祇権少副） 5, 7, 48, 159, 166, 231, 261, 262, 263, 264, 265
藤波康忠（大中臣藤波） 258, 259
伏見殿・ふしミ殿→邦房親王・邦輔親王
藤原朝臣輔→万里小路輔房
藤原朝臣頼→葉室頼房
藤原家康→徳川家康
藤原為勝→下冷泉為勝
藤原雅敦→飛鳥井雅敦
藤原季満→四辻季満
藤原秀綱（刑部少輔・刑部大輔） 212
藤原玉澄（治部大夫、玉澄） 209
藤原景勝→上杉景勝
藤原好堅（左近衛将監） 179
藤原光次（図書少属） 254
藤原公仲→正親町三条公仲
藤原公明→三条西公明
藤原輔子 226
藤原自綱→三木自綱
藤原実益→西園寺実益
藤原実満→徳大寺実満
藤原資澄→平松資澄
藤原重祐 275
藤原種直→富小路種直
藤原淳孝→柳原淳孝
藤原常久 181
藤原宣光→中御門宣光
藤原宗道→松木宗道
藤原宗房→松木宗房
藤原長頼（兵庫頭） 308
藤原直政→井伊直政
藤原範国→高倉範国
藤原久秀→松永久秀
藤原武益→速水武益
藤原隆景→小早川隆景
仏心円融禅師 323
筆屋 4
筆屋そうふくきやうたい 89
二三 92
古市入道宗超 40
豊後 10
豊後屋 107
文周和尚 271
ふんせい 104
文託上人 256
弁→勧修寺光豊
法安寺（ほうあん寺） 144

法印→前田玄以
宝衍(天徳寺) 76, 102
法音院 89, 104, 113, 132, 144
豊家→井家豊家
はうきやうゐん(宝鏡院) 7
はうしやう→東坊城盛長
芳春軒 33
坊城・はうちやう→東坊城盛長
北条氏照(北条陸奥守、むつのかミ) 96
北条氏政(北条) 96
法しんゐん 108
ホウセイクウ(梅津) 4
ほうせいたう 14, 34
邦房親王(伏見殿、ふしミ殿) 8, 67, 125
邦輔親王(伏見殿) 175
法誉上人 223
牧庵 40, 46, 48, 50, 53, 61
細川藤孝(長岡兵部大夫、ゆうさい、幽斎) 67, 143, 348
法花寺 53, 56
法性院僧正 275
本願寺→顕如光佐・准如光昭
本願寺隠居・本願寺門跡隠居→教如光寿
本願寺面之門跡→准如光昭
本願寺北方・本願寺北御方→佐超室
本願寺新門・本願寺新門主→教如光寿
本願寺門主→顕如光佐
梵泰和尚 271
本多広孝(本田豊後守) 78
本門→顕如光佐

ま行

前田玄以(玄以、玄以法印、法印、民部卿法印、民法印、徳善院) 70, 74, 76, 77, 78, 81, 85, 88, 89, 90, 92, 96, 98, 99, 100, 101, 102, 104, 107, 110, 111, 112, 116, 117, 118, 119, 122, 126, 127, 128, 129, 130, 133, 135, 137, 138, 142, 144, 145, 147, 153, 155, 157, 160, 163, 165, 302, 317, 325, 332, 333, 334, 335, 336, 337, 340, 341, 342, 343, 344, 345, 346, 347, 348, 349, 351
前田利家(前田ちくせん、前田俊家) 76, 88, 314
孫一→鈴木孫一
孫七郎→豊臣秀次
孫四郎 29
孫八郎 20
増田長盛(ました右衛門丞、ました右衛門尉) 136, 302
松井友閑(宮内法印、友感、ゆうかん) 46, 47, 49, 51, 59, 60, 61, 62
松尾相光(秦相光) 183
松尾社公文中務大輔館 190
松尾月読社祢宜館 172
松木源大夫 36
松木宗道(藤原宗道) 222
松木宗房(藤原宗房) 222
松木堂 265
松下 107
松下述久(松下民部少輔) 127
松平忠吉(下野守) 345
松田政行(勝右衛門尉、勝門、松田勝右衛門尉) 142, 147, 163, 325
松永久秀(藤原久秀) 184
松坊 174, 175
松村 21
松山兵庫(松木ひやうこ) 79
曲直瀬正紹(けんさく、玄朔、道三) 35, 342
曲直瀬正盛(道三) 35, 36, 61
万里小路惟房(万里小路前大納言) 168, 169, 171, 173, 177, 178, 179, 184, 185, 189, 191, 204, 208, 211, 212, 220, 225, 228, 246, 250, 266, 267, 269, 272, 273
万里小路栄子(皇太后宮) 253
万里小路賢房女(大典、大典侍、大典侍局、大典殿、大すけ) 4, 15, 29, 32, 67, 69, 252, 253, 290
万里小路雑掌幸康 310
万里小路充房(万里小路寺、頭弁、右少弁、万里小路頭弁、万里、万里小路中納言) 5, 10, 13, 16, 19, 20, 28, 29, 30, 32, 41, 42, 43, 47, 48, 49, 53, 59, 60, 61, 81, 84,

88, 92, 95, 101, 119, 124, 129, 135, 154, 155, 289, 299, 300, 302, 303, 305, 306, 307, 308, 309, 339
万里小路秀房女(大御乳人、大ちの人、大御ちの人、大御ち人) 15, 32, 50, 51, 52, 53
万里小路房子(新大典、新大典侍局) 4, 8, 15, 32, 290
万里小路輔房(藤原朝臣輔、頭弁) 181, 197, 211, 233, 234, 237, 242
曼殊院→良恕、覚恕
曼殊院准后→覚恕
万仭宗松 278
まんちゐん殿 34
満長大宮司 257
政所→豊臣秀吉母・豊臣秀吉室
三浦元忠(三浦兵こ) 108
三木自綱(藤原自綱、太宰大弐) 266, 267, 269, 270
御蔵兵蔵 102
溝江秀勝(みそ江ほうき) 133
水無瀬 56
水無瀬家雑掌氏将 310
水無瀬兼成(水無瀬父子、水無瀬中納言、水無瀬) 31, 34, 50, 53, 61, 307
水無瀬氏成(水無瀬父子) 31, 61
南向 126
源朝臣家康→徳川家康
源為仲→五辻為仲
源義長→三好義長
源義鎮→大友義鎮
源重通→庭田重通
源大納言→久我敦通・庭田敦通
源中納言→庭田重通
源長慶→三好長慶
源長治→竹内長治
源通勝→中院通勝
源少将→庭田重定
御牧景則(三まき) 112
ミまさか→久衛門
宮木次郎右衛門尉 336
妙法院・妙法院宮→常胤
三好義長(源義長、筑前守、三好孫次郎) 173, 188
三好助兵衛 80, 112, 133
三好長慶(源長慶、筑前守、修理大夫) 173, 188
民部・民部卿法印・民部法印→前田玄以
眠誉上人 215
村井さくへもん 60
村井専二・専次 17, 20, 33
村井宗信(村井新衛門、村井新右衛門) 5, 31
村井貞勝(村井、長州) 5, 6, 7, 9, 12, 15, 20, 22, 24, 25, 28, 34, 35, 36, 38, 39, 40, 41, 44, 48, 49, 50, 51, 52, 54, 55, 56, 57, 62
むらいの子 49
村井播磨(村井はりま) 48
村井孫 61
明叔宗哲(宗哲) 295, 298
明叟宗普(明叟上人) 280
明堂仏燈禅師→玄廓和尚
めゝすけ(庭田重通女) 157
毛利輝元(毛利、毛利宰相、大江輝元、安芸中納言、幻庵老) 79, 82, 83, 84, 87, 88, 89, 90, 91, 96, 98, 100, 103, 104, 105, 106, 108, 109, 119, 123, 128, 144, 145, 147, 272, 316, 317, 320, 321, 322, 326, 327, 332, 334, 335, 338, 344, 345, 346, 347, 348, 351
毛利輝元女房(毛利女房、もり女しゆう、毛利南方、毛利輝元内義、毛利内義、毛利宰相南方) 77, 78, 79, 81, 83, 84, 93, 94, 104, 109, 110, 134
毛利吉政(毛利壱岐) 156
毛利吉政子(毛利壱岐子) 156
毛利元就(毛利陸奥守) 187
毛利秀元(毛利輝元子、毛利侍従、安芸侍従、安芸宰相) 156, 164, 328, 347
毛利秀就(毛利藤七郎、侍従) 334, 335
毛利秀包(毛利内記、もり内記) 77, 78, 79, 98, 135
毛利秀包南方 109

毛利秀頼（毛利河内守、もりかわち） 134
毛利隆元（毛利大膳大夫） 187
最上義光（山形出羽守） 128
木食 87
木食応其（高野の上人、大仏本願上人、木しき） 103, 104, 144, 154, 165
目代→昭世
森蘭（御らん） 51, 52
門跡→顕如光佐
門跡父子→顕如光佐・教如光寿
主水→平井主水

や行

矢木駿河守（八木するか、八木） 32, 33, 37
薬院→全宗
弥二郎 46
安井飛騨（やすいひた、安井） 77, 87, 125
柳川調信（柳河） 112
柳サハ 89
柳原資定（日野一位） 194, 196, 197, 256, 258, 259, 261, 262, 263,
柳原淳光（柳原、柳大納言、柳原大納言、藤原淳孝、左中弁、右大弁） 3, 38, 41, 43, 44, 48, 57, 61, 64, 79, 89, 90, 98, 101, 102, 107, 111, 120, 130, 133, 135, 171, 174, 188, 201, 211, 241, 289, 313, 314
山岡景友（山岡法印） 353
山形光政（山形、山形賀、山形加賀） 53, 54, 86, 107
山形出羽守→最上義光
山口正弘（山口） 77, 99, 100
山科言継（山科、山科大納言） 13, 16, 17, 173, 178, 179, 181, 182, 184, 190, 193, 202, 246, 251
山科言経（内蔵頭） 248, 267
山田有介 19
大和 313
大和侍従・大和侍従宰相・大和宰相・大和中納言→豊臣秀保
大和大納言→豊臣秀長
やゝ 99, 109
友感→松井友閑
結城秀康（秀康） 314
宥空上人 204
幽斎→細川藤孝
友盛 26, 67
ゆうせう 107
有節瑞保（保長老） 54
雄誉上人 246
ゆき松 135
遊行・遊行上人→普光
予・余→勧修寺晴豊
陽光院→誠仁親王
養徳院（信長めのと） 67
横大路勘七郎 13
よこおちたてわき 43
横浜良慶（一安） 89, 105, 107, 113, 117, 314
吉田 61
吉田兼和・兼見（吉田、吉田父子、吉田右衛門督、吉田三位、吉田二位、右兵衛督・右兵衛督、卜部） 38, 43, 46, 53, 57, 58, 61, 78, 85, 89, 94, 103, 114, 119, 146, 166, 331, 339
吉田兼右（右兵衛督、神祇大副） 198, 234
吉田兼治（吉田父子、吉田侍従、左兵衛佐、吉田佐表佐） 46, 95, 100, 331, 339
吉田浄慶（せいほうゐん、せい法印、盛法院） 53, 61
吉田肥前 301
四辻季遠（四辻大納言） 170, 230, 275
四辻季満（四辻父子、四辻中将、藤原季満） 31, 57, 233, 237
四辻公遠（四辻中納言、四辻父子、四辻大納言、四辻前大納言、左中将、信宰相中将） 16, 31, 32, 34, 47, 56, 65, 100, 102, 124, 156, 229, 231, 300, 303, 308, 309

ら行

頼恵法印（権僧正） 212
来光院 55

頼重権律師(権少僧都) 190
楽誉上人 252
利休→千利休
りけん→林利元
理性院→尭助
理性院 172, 183, 221
立佐→立入宗継
龍山→近衛前久
龍造寺政家(りうさう寺) 316
立卜 14, 37
立本寺(立本) 5, 6, 8, 9, 109
良休上人 250
両御所→正親町院・後陽成天皇
良恕(三宮、竹内殿、竹内、竹御門跡)
15, 89, 94, 98, 343
良仁親王(若宮) 95, 98, 118, 123, 146, 312
良徧権大僧都(法印) 179
りよ和寺のけんこう 60
琳英和尚 319
林泉寺 47
麟宅和尚(宏徳応並禅師) 318
冷泉為将(冷泉少将) 125
冷泉為益女(新すけ殿) 34
れう山→近衛前久
連社上人 245
驢庵(驢庵法印)→半井光成
六条有広(六条) 31, 343, 344
六宮→智仁親王
六兵衛→はんとり六兵衛

わ行

若御局・若局→勧修寺晴子
若君 51
若公→鶴松
若狭(武曽村庄屋) 347
わか上ろう・若上らう 43, 49, 52
若宮→和仁王・良仁親王・承快
若宮御方→智仁親王
和渓宗順(宗順) 277, 278, 280
和州宰相→豊臣秀保
和州大納言→豊臣秀長
和仁王(若宮、若宮御方、後陽成天皇)
15, 24, 29, 31, 37, 39, 42, 47, 57
わた 64
私・わたくし→勧修寺晴豊
渡辺長(渡辺) 82
度会寧久 257
我等・我→勧修寺晴豊

編集・解説

藤井　讓治

京都大学史料叢書　20

晴豊公記

令和六（二〇二四）年十一月十日　発行

編　者　京都大学文学部日本史研究室

発行者　田中　大

印刷所　株式会社思文閣出版印刷事業部

発行所　株式会社　思文閣出版

京都市東山区元町三五五

電話（〇七五）五三三―六八六〇㈹

ISBN978-4-7842-2087-8　C3321　Printed in Japan